문안 편지
한 장으로 족합니다

문안 편지 한 장으로 족합니다 ― 고문서와 옛 편지에 관한 에세이, 독사수필讀史隨筆

초판 1쇄 인쇄 2022년 7월 22일
초판 1쇄 발행 2022년 7월 29일

지은이 김현영
펴낸이 정순구
책임편집 조수정
기획편집 정윤경 조원식
마케팅 황주영

출력 블루엔
용지 한서지업사
인쇄 한영문화사
제본 한영제책사

펴낸곳 (주) 역사비평사
등록 제300-2007-139호 (2007.9.20)
주소 10497 : 경기도 고양시 덕양구 화중로 100(비전타워21) 506호
전화 02-741-6123~5
팩스 02-741-6126
홈페이지 www.yukbi.com
이메일 yukbi88@naver.com

문안 편지
한 장으로 족합니다

고문서와 옛 편지에 관한 에세이, 독사수필 讀史隨筆

김현영 지음

역사비평사

차례

책을 펴내며

옛사람들이 남긴 흔적을 읽어나가는 것은 보통 재미있는 일이 아니다. 그 흔적은 손도끼나 반달이 같은 유물, 사찰의 돌탑이나 성곽과 같은 유적이 될 수도 있고, 종이나 비단에 쓰인 글씨 또는 그림이 될 수도 있다. 조선시대의 역사 논문을 쓰기 위해서 처음 읽기 시작한 사료는 조선왕조실록, 『비변사등록』, 『승정원일기』와 같은 왕실이나 중앙정부의 연대기 자료였다. 이런 사료는 국왕이나 지배층의 시각에서 기록된 것인 만큼 큰 줄거리를 파악하는 데는 중요하고 필요한 자료이지만, 일반 민인들의 실상을 이해하는 데는 한계가 있었다. 양반이든 노비든 일반 백성의 생활상을 이해하는 데는 당시 사람들이 서로 주고받은 고문서만큼 절실한 자료가 없다.

문서에는 발급자와 수취자가 있다. 간찰簡札, 간독簡牘, 서간書柬·書簡, 서독書牘이라고 불리는 옛 편지의 경우에도 발신자와 수신자가 있다. 옛 문서나 편지를 읽는 것은 당시의 발급자와 수취자의 관계 속에서 구체적으로 그 시대의 역사를 미시적으로 들여다보는 일이다. 구체적이고 생생한 당대 사람들의 목소리를 옛 문서나 편지 속에서 찾아볼 수 있다.

이 책은 조선시대의 고문서와 옛 편지를 읽고 당시의 역사를 해석해보려는 시도에서 시작되었다. 그동안 읽고 공부하였던 고문서나 편지 가운데 혼자만 읽기에는 아까운 자료들이 제법 있었다. 이것들 가운데 특히 독자들과 공유하고 싶은 자료들을 엮어서 스토리를 만들었다. 그러다 보니 간단하지만 39개의 소재가 모아졌고, 중앙정부의 역사에서부터 일반 하층민의 역사까지 포괄할 수 있는 스토리텔링으로 구성하게 되었다. 이를 통해 조선시대의 역사·정치·사회·문화를 서술하고자 했다.

간찰을 주요 소재로 삼아 서술한 글이 18개이고, 고문서를 소재로 우리 역사를 읽고 서술한 글이 21개이다. 고문서는 표전문表箋文·자문咨文·국서國書·서계書啓 등 사대교린 문서에서부터 천민이 양인 신분이 되었음을 증명하는 장예원掌隷院 속신입안贖身立案과 민사재판의 판결 기록인 결송입안決訟立案, 자손들에게 재산을 나누어주는 분재기分財記, 토지·노비 등 재산 매매에 관한 약속인 명문明文이나 수기手記, 관료들의 녹봉 자료인 녹패祿牌 문서까지 두루 활용해 서술하였다. 또한 문서 작성의 형식과 방법까지 소개하여 고문서를 처음 접하는 분에게 이 책이 입문서의 역할을 했으면 하는 바람도 담았다.

조선시대를 전공하는 연구자들 사이에서도 간찰이나 시고詩稿는 거의 역사 자료로 쓰이지 않았다. 이러한 자료들은 선인들의 문집에 정서되어 자료화 된 것도 있지만, 대부분은 원자료 그대로 남아있다. 원자료는 대개 초서나 행초行草로 쓰여 있기 때문에 읽기가 무척 어렵다. 한문을 웬만큼 알아야 할 뿐만 아니라 초서까지 읽어내야 하기 때문이다. 그래서인지 원문의 탈초본을 수록하는 경우는 있어도 원자료를 그대로 책에서 보여주는 경우는 드물다. 이 책에서는 고문서나 간찰 등 주요 문서의 사진을 제시하여 원자료의 모습을 간접적으로나마 느낄 수 있게 하였다. 또 초서나 행초로 되어 있는 원자료를 해서楷書로 정서하는 이른바 탈초脫草 과정을 거쳐 석문釋文을 제시하고, 그에 대한 해설을 붙여 독자들이 고문서나 간찰을 학습할 수 있도록 기대하면서 편집하였다.

모든 역사는 사람의 마음속에 있다. 우리의 마음을 울리지 않는 역사는 아무것도 아니다. 우리의 마음을 울리는 역사는 사료, 즉 역사 자료를 통해서 감지된다. 아득한 구석기시대부터 지금 우리가 살고 있는 이 시대까지 모든 역사 자료는 산더미처럼 쌓여 있다가 사라져간다. 산더미처럼 쌓여 있는 역사 자료를 끄집어내고 골라서 이를 재생시키며 사람들의 마음을 움직이게 하는 것이 역사학자의 임무다.

조선시대사를 공부하는 역사학자로서 처음에는 연대기 자료를 주로 읽었지만, 조선 후기의 양반 연구를 하면서 지방 사료를 찾아다니다 보니 분재기나 호구단자, 교지 등 고문서들을 많이 접하게 되었다. 필자가 박사논문을 쓸 당시에는 아직 고문서를 활용한 연구가 많지 않았다. 사회사·지방사를 공부했던 덕분에 일찍부터 고문서를 접할 수 있게 된 것은 역사학도로서는 행운이었다고 하겠다. 이러한 지방 자료들은 역사학자가 눈길을 주지 않으면 영원히 묻히는 죽은 사료가 될 수밖에 없다.

20여 년 전부터 옛사람들의 간찰이나 시고詩稿 읽기에 재미를 들이기 시작했다. 점차 옛 간찰이나 시고야말로 그 시대 사람들의 진짜 모습을 볼 수 있는 통로라고 생각하게 되었다. 이런 간찰이나 시고들도 고문서와 마찬가지로 역사의 저 밑바닥에 묻혀 있는 단계에 머무른 자료였다. 이렇듯 묻혀 있는 역사 자료를 찾아내 우리의 마음을 울리는 역사 자료로 재탄생시키는 일을 역사학자가 해야 하지 않을까?

이 책은 옛 편지와 고문서를 소재로 하여 39개 꼭지의 글로 이루어졌지만, 각 꼭지는 거의 독립적이고 완결성을 가지고 있는 에세이다. 사료를 읽고 쓴 글이어서 '독사수필讀史隨筆'이라는 그럴듯한 제목이 떠올랐다. 처음에는 이 책의 제목을 '고문서와 옛 편지에 관한 에세이, 독사수필'로 정하였지만, 좀 길기도 하고 '독사수필'이라는 말이 낯설게 느껴질 수도 있을 듯하여 부제로 돌렸다. 그러고서 옛 간찰의 가장 중요한 목적 중 하나인 문안 편지에 초점을 맞추어 '문안 편지 한 장으로 족합니다'를 제목으로 삼았다.

간찰과 고문서를 각각 3개 장으로 구성함으로써 어느 정도 균형을 맞췄다. 모두 역사, 정치, 생활, 글씨(문화)에 관련된 글이다. 서고書庫에서 오랫동안 잠들어 있던 사료가 역사학자를 통해 진정한 역사로 승화되는 과정이 이루어지기를 기대한다.

마지막으로, 여기에 실린 글들은 모두 몇 년 전 출범한 한국학호남진흥원의 부탁으로 '호남학산책'이라는 메일링 레터에 연재한 것이다. 이

글을 쓸 수 있도록 귀중한 자리를 마련해주신 이종범 전 원장께 감사의
말씀을 드린다.

2022년 7월, 장마가 계속되는 계절

낙산 아래 연구실에서 저자

1

간찰로 글씨를 읽다

동국진체와 송하 조윤형

동국진체

추사秋史 김정희金正喜(1786~1856)가 제주로 유배를 가는 도중 전라남도 해남 대흥사에 잠시 들렀다. 그곳에서 원교圓嶠 이광사李匡師(1705~1777)가 쓴 '대웅보전大雄寶殿' 현판을 본 그는 그 글씨가 매우 촌스럽다며 당장 떼어내라고 하였다. 그러나 10여 년 뒤 유배 생활을 끝내고 돌아오는 길에 다시 대흥사에 들렀을 때는 옛날에 자신이 잘못 생각했다며 이광사의 현판을 도로 걸게 했다는 일화가 전해진다.

이 유명한 이야기는 동국진체東國眞體에 대한 김정희의 이해를 잘 보여준다. 또, 이광사의 글씨를 배워 전주에서 이름을 날린 창암蒼巖 이삼만 李三晚(1770~1847)을 추사가 만나 본 뒤 그의 글씨를 대강은 인정하면서도 크게 칭찬하지 않았다는 이야기 역시 추사가 우리나라 전통 글씨에 대해 어떻게 생각했는지를 잘 보여준다.

그림 1-1 이광사가 쓴 해남 대흥사의 '大雄寶殿대웅보전' 현판 글씨. 추사에 의해 내려졌다가 다시 걸렸다는 일화가 있다.

그림 1-2 김정희가 윤정현尹定鉉을 위해 써준 침계梣溪. 윤정현의 부탁을 받고 적절한 글자를 찾지 못해 30여 년이나 묵혀두었다가 비로소 써주었다고 한다.

그림 1-3 『화동서법華東書法』. 미불米芾, 채양蔡襄, 동기창董其昌 등 중국의 서가 3인과 한호, 윤순, 이광사 등 우리나라 서가 3인의 글씨를 수집하여 1800년에 전주에서 판각하였고, 19세기 중엽 서울에서 다시 복각하였다. 글씨를 익히는 모범서인 『화동서법』은 이규환이 간행했는데, 이규환은 이삼만의 또 다른 이름으로 보고 있다.

위는 『화동서법』의 동기창, 한호 부분. 한호의 '영자팔법永字八法'을 소개하고 있다.

아래는 이광사의 대자(오른쪽)와 간기刊記. 1800년 가을 전주의 계남산방에서 간행하였다.

추사 글씨를 보는 사람들의 관점은 크게 둘로 나뉜다. 추사에 완전히 경도되어 세계 최고의 글씨로 추앙하는 부류가 있는가 하면, 추사 말년의 기험崎險하고 괴벽한 글씨에 흥미를 잃고 우리 고유의 서체인 원교나 창암의 글씨가 좋다는 부류가 있다. '동국진체'는 옥동玉洞 이서李漵의 현손玄孫인 이시홍李是鉷이 쓴 옥동 행장行狀에서 처음 언급된 용어로, 옥동에서 출발하여 그의 막역한 벗 공재恭齋 윤두서尹斗緒를 거쳐 백하白下 윤순尹淳, 원교 이광사, 송하松下 조윤형曺允亨, 창암 이삼만으로 이어지는 우리나라 고유의 소박하면서도 자연스러운 서체를 말한다.

정산貞山 이병휴李秉休는 옥동 이서의 유고집인 『홍도선생유고弘道先生遺稿』의 「서첩에 쓴 발문(跋書帖)」에서 이렇게 말하였다.

우리나라의 글씨는 석봉 한호를 거벽巨擘으로 친다. 그것을 변화시켜 중국과 같게 한 것은 옥동 선생에서부터 시작되었다. 선생이 왕 우군王右軍(왕희지)의 글씨를 각고면려하여 신품神品으로 만든 뒤 공재 윤두서에게 전하고, 다시 백하 윤순에게 전하였다. 오늘날 사람들은, 한석봉의 글씨에서 벗어나 왕희지를 흠모하게 된 것이 선생의 공로임을 모두 알고 있다.

東國之筆 以石峯爲巨擘 其變而中國 則自玉洞先生始 先生刻意右軍 神而化之 一傳而恭齋 再傳而白下 今人皆知舐韓豔王先生之功也

동국진체의 창시자로 일컬어지는 옥동 이서는 성호星湖 이익李瀷의 이복형으로서 공재 윤두서, 식산息山 이만부李萬敷 등과 가까운 벗이었다.

그림 1-4 공재 윤두서의 해남 녹우당 현판. 공재의 벗인 옥동 이서의 글씨이다.

해남 녹우당綠雨堂의 현판은 옥동의 잘 알려진 글씨이다.

송하 조윤형의 편지

송하 조윤형(1725~1799)의 간찰은 짧은 글이지만 ^{그림 1-5} 당대 명필인 그가 우리나라 서법의 정통을 어떻게 파악하고 있었는지 드러낸다. 정조는 그의 글씨를 높이 평가하고 애호하여 사직서社稷署, 서향각書香閣, 화성의 장안문長安門과 방화수류정訪花隨柳亭 현판, 용산 읍청루挹靑樓의 '제일강산第一江山' 현판, 현륭원(사도세자 묘)의 지문誌文, 새로 수입해온 『도서집성圖書集成』의 서명書名, 『춘추春秋』의 대자大字, 화성 행궁 장남헌壯南軒의

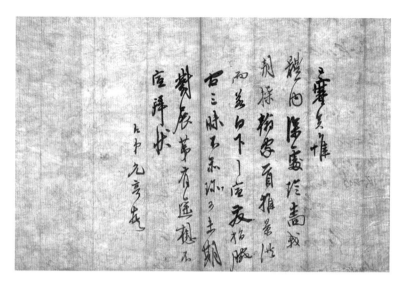

그림 1-5 송하 조윤형의 간찰

벽서壁書, 이문원摛文院의 초서 병풍, 궐문의 문첩門帖 등을 쓰게 하였다. 정조로부터 재능을 인정받은 조윤형은 당대에 표준이 되는 글씨를 구사한 인물이었다.

이미 추워졌습니다. 몸 건강하기를 바랍니다.

우리나라에서 글씨를 쓰는 사람으로는 첫째로 경홍景洪을 칩니다. 그런데 백하白下가 손가락과 팔뚝 사이의 기운을 펴내는 삼매경도 역시 좋지 않습니까?

대면하여 이야기를 나눌 수 있을지는 기약할 수 없습니다만, 오로지 멀리서 그리워합니다.

이만 줄입니다. 절하고 편지를 씁니다.

즉 제 윤형 돈수

已寒矣 惟/體內深處珍嗇 我/朝操翰家 首推景洪/ 而若白下之宣發指腕/

間三昧 不亦可珍 未期/對展 第有遙想 不/宣拜狀

卽 弟 允亨 頓首

총 53자에 불과한 짧은 편지다. 그럼에도 불구하고 우리나라 글씨의 큰 흐름에 대해 명확히 언급하고 있다. 한 구절씩 검토해보자.

이 편지는 앞머리에 대뜸 '이미 추워졌습니다(已寒矣)'라는 문장으로 시작한다. 편지를 받는 상대방이 조윤형보다 한참 어린 후배라는 것을 짐작할 수 있다. 또 계절이 가을에서 겨울로 접어들고 있다는 것도 알 수 있다. 그다음 '몸 건강하기를 바랍니다(體內深處珍嗇)'라는 구절을 통해 상대방은 벼슬을 하고 있지 않은 사람이라는 것을 추정할 수 있다. 보통 벼슬을 지냈거나 관직에 있으면 안부를 물을 때 '대체台體' '영체令體' '정체政體' 등 신분에 걸맞은 호칭을 쓴다. 벼슬이 없으면 '정체靜體', '도체道體' 또는 그냥 '체體'라고 쓴다.

그러고 나서 별다른 말없이 우리나라의 글씨에 대한 평을 한다. 우리나라에서 글씨를 잘 쓰는 사람으로는 경홍景洪, 즉 한석봉을 제일로 친다는 것이다. 흔히 알려진 석봉石峯은 한호韓濩의 호이고 경홍은 자字이다. 선조는 한석봉을 특별히 대우하여 그로 하여금 문서 작성을 맡아보던 사자관寫字官으로서 외교문서 전반을 쓰게 하였다. 이후 한석봉의 글씨는 우리나라의 표준 글씨로 자리 잡게 된다. 이렇듯 한석봉의 글씨는 국왕의 인정을 받고 칭양을 계속 받아왔지만, 일부 고상한 문필가들은 그의 글씨가 몰개성적인 관각체館閣體라면서 배울 것이 못 된다는 평가지 하였다. 하지만 위 간찰에서 보듯이 송하 조윤형은 한석봉의 글씨를 우리나라 최고의 글씨로 평가하였다. 이어서 그는 자신의 스승인 백하 윤순의 글씨를 언급한다. 백하의 글씨에서 느껴지는 '손가락과 팔뚝 사이의 기운을 펴내는 삼매경도 좋지 않냐'며 백하 윤순의 글씨를 익힐 것을 은근히 권유하고 있다.

편지의 마무리는 '대면하여 이야기를 나눌 수 있을지는 기약할 수 없습니다만, 오로지 멀리서 그리워합니다'라고 적어 두 사람이 가까운 곳에 살고 있지 않다는 것을 알 수 있다. 발신자 앞의 '즉卽'은 상대방의 편지를 받은 그날 그 즉시 답장을 쓴다는 뜻이다. 조윤형은 상대방보다 나이가 훨씬 많을 텐데 자신을 아우 '제弟' 자로 칭하였다. 이런 경우는 우리말로 풀어내는 일이 참으로 난감하다. 필자가 석사 과정을 마치고 대학에 처음 출강하였을 때 처음 뵙는 대선배 교수가 대뜸 내게 '김 형'이라고 호칭을 하여 당황했던 기억을 떠올리게 한다. 이름 부분에서는 성명을 쓰지 않고 '윤형允亨'이라고만 썼는데, 이는 상대방보다 연장자이기 때문에 그러한 것이다. 마지막으로 실제 간찰인 그림 1-5를 보면 끝의 '돈수頓首'는 '돈頓' 자만 제대로 쓰고 '수首' 자는 약필略筆을 하였다. 이 역시 '머리를 조아림'으로 번역할 것인가 아니면 그냥 '돈수' 혹은 '돈'으로 둘 것인가, 어떻게 번역해야 할지 난감한 단어이다. 이 책에서는 굳이 풀이하지 않고 예를 표하기 위한 말로 '돈수'라고 그대로 썼다.

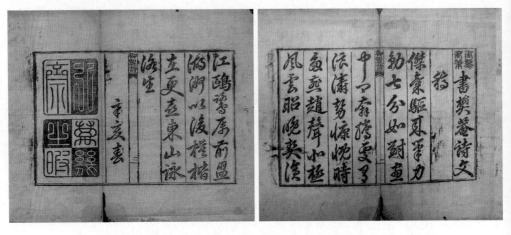

그림 1-6 『청구필법』의 첫머리에 실린 정조의 어제 어필 시 「번암의 시문을 읽고(書樊巖詩文稿)」. 목판에 새겨 찍어서 영남 남인들 사이에 두루 공유하였다.

『청구필법』

조윤형의 이 간찰은 경상도 상주 연안 이씨 집안의 유물인 『청구필법靑丘筆法』에 수록되어 있다. 『청구필법』 첫머리에는 정조가 채제공蔡濟恭의 문집인 『번암집樊巖集』에 써준 어제御製 어필御筆 목판 탁본을 앞에 두고, 이어서 백 번 참으라는 뜻의 집안 가훈인 '백인재명百忍齋銘', 신석희申錫禧·강세륜姜世綸·이몽화李夢華와 이협李浹·이만유李萬維·이융연李隆延 등 상주의 연안 이씨, 그다음으로는 조윤형曹允亨·서영보徐榮輔·김유근金逌根·이익회李翊會·홍의호洪義浩 등 10여 명 서가書家의 간찰을 수록하고 있다. 앞쪽에 연안 이씨 몇 대의 간찰이 이어지는 것으로 보아 상주 연안 이씨 집안에서 만든 서첩인 듯하다. 그런데 남인 서가뿐만 아니라 소론과 노론까지 망라되어 있다. 따라서 이는 '필법'을 기준으로 수집하여 엮었음을 알 수 있다. 정파별 가문별 글씨의 흐름도 무시할 수 없겠지만, 글씨는 역시 정파나 가문을 초월했던 것 같다.

상주의 연안 이씨는 옥동 이서와 가까운 식산 이만부의 후손으로, 이 집안에는 이만부의 조부인 근곡芹谷 이관징李觀徵에 이어 박천博泉 이옥李沃 등 명필이 즐비하였고, 대대로 글씨를 소중히 여겼다. 조윤형의 간찰은 젊은 연안 이씨 청년이 송하 조윤형에게 자신이 익혀야 할 우리나라 글씨의 모범을 알려달라고 요청한 편지에 대한 답장으로 보인다.

사람들이 흔히 송하 조윤형은 백하 윤순의 사위이고 자하紫霞 신위申緯는 송하의 사위라며 백하에서 송하, 자하로 이어지는 소론 일맥의 글씨 흐름을 꼽는다. 그러나 자하가 송하의 사위인 것은 맞지만, 송하가 백하의 사위라는 것은 확인할 수 없다. 아마도 백하, 송하, 원교, 자하 등 당시 소론 서가들을 강조하다 보니 빚어진 오해인 것 같다. 처음 송하가 백하의 사위라고 한 것은 위창葦蒼 오세창吳世昌(1864~1953)의 『근역서화징槿域書畫徵』에서다. 근대의 서화가이자 감식가인 위창 오세창은 『근역서화징』을 써서 근대 이후 최초로 우리나라 서화가의 데이터베이스를 구축하고 서화사를 정립했지만,☞ 2장 「선비에게 가장 핍근한 것, 『유자최근』」 128-129쪽 참조 더러는 사실에서 오류를 범하였다.

벼루 열 개를 구멍 내고
간찰체는 따로 없다

___

간찰체

옛사람들이 편지를 쓰는 데 간찰체라는 체식은 따로 없었습니다. 『순화
각첩淳化閣帖』에는 진晉나라 사람의 글씨가 많지만 거기에는 간찰 하나
만 있지 않습니다. 이는 우리나라 습속에서 가장 나쁜 것입니다.

제 글씨는 비록 말할 바가 못 되지만, 저는 일흔 해 동안 열 개의 벼루
를 갈아 구멍을 냈고 천 자루의 붓이 다 닳아 몽당붓이 되었음에도 간
찰체의 서법을 한 번도 익힌 적이 없습니다. 실로 간찰에 따로 한 가지
체식이 있는 줄 모르겠습니다.

그런데 와서 요구하는 자들은 바로 간찰을 써달라고 하므로 거절하고
감히 써주지 않습니다. 중들은 간찰 법식에 더욱 심하게 집착하니, 그
뜻을 제대로 알지 못한 것입니다.

古人作書 別無簡/札一體 如淳化所刻/ 多晉人書 未嘗專/主一簡札 是東

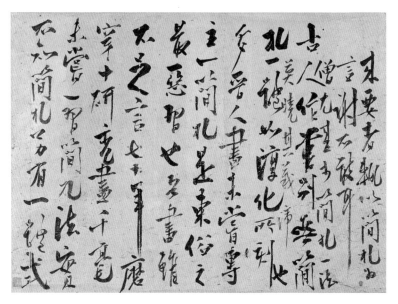

그림 1-7 김정희가 권돈인에게 보낸 간찰. 시후 인사나 발신일, 서명 등이 없어서 간찰의 별지로 보인다.

俗之/最惡習也 吾書雖/不足言 七十年 磨/穿十研 禿盡千毫/ 未嘗一習簡

札法 實/不知簡札另有一體式// 來要者輒以簡札爲/言 謝不敢耳/ 僧尤甚

於簡札一法/ 莫曉其義諦也

  윗글은 『완당집阮堂集』에 추사 김정희가 절친한 벗 이재彝齋 권돈인權

敦仁에게 보낸 간찰이라고 실려 있다(卷3 書牘 與權彝齋 33). 여기에 그 유

명한 '일흔 해 동안 열 개의 벼루를 갈아 구멍을 냈고 천 자루의 붓이 다

닳아 몽당붓이 되었다'는 구절이 나온다. 김정희는 1856년(철종 7) 일흔한

그림 1-8 김정희가 생전에 썼던 벼루 (김정희 종가 유물)

살에 죽었으므로 이 간찰은 거의 말년에 쓴 것이다. 과장이 심하기는 하지만 칠십 평생을 글씨 연마에 바쳐온 삶에 대한 자부심이 느껴진다. 이 편지의 핵심은 '간찰체는 따로 없다'는 것이다.

『완당집』에 실린 문장과 실제 간찰의 문장 사이에는 몇 군데 사소한 차이가 있다. 실제 간찰에는 '未嘗專主一簡札(거기에는 간찰 하나만 있지 않습니다)'이라고 되어 있는데 문집에는 '一'자가 빠져 있고, 간찰의 '是東俗之最惡習也(이는 우리나라 습속에서 가장 나쁜 것입니다)'가 문집에는 '是吾東之惡習也'로 되어 있다. 마지막의 '謝不敢耳 僧尤甚於簡札一法(거절하고 감히 써주지 않습니다. 중들은 간찰 법식에 더욱 심하게 집착하니)'이 문집에는 '謝不敢 而僧輩尤甚於簡札'이라고 하여 '耳'를 '而'로, '僧'을 '僧輩'라 쓰고 '一法'은 생략되었다. 간찰을 문집으로 옮기는 과정에서 이러한 정도의 오류는 인정할 수 있다.

사실, 그보다는 이 편지에서 더 이상하게 생각되는 것이 있다. 그것은 바로 간찰의 형식이 전혀 갖춰지지 않았다는 점이다. 대개 간찰은 첫머리에 절기에 따른 시후時候 인사를 하고 상대방의 안부를 묻거나 확인한 뒤 자신의 안부를 전하고, 이어서 용건을 전한 다음 마무리를 하는 구성이다. 그런데 시후 인사나 안부를 묻는 내용도 없이 간찰체에 대한 자신의 의견을 개진하는 것으로 끝냈다. 서체로 볼 때 추사체가 틀림없지만, 내용상으로 본다면 정식 편지가 아니거나 간찰의 태지胎紙 또는 협지夾紙에 본인의 생각을 적은 듯하다. ☞ 태지·협지에 대해서는 3장 「나리님 덕택이라고」 157쪽 참조

장년기의 추사 간찰

추사의 글씨를 이해하기 위해서는 그의 여러 작품과 비문, 시고, 서첩, 간찰 등에 쓰인 서체를 비교해보아야 한다. 대개 작품이나 비문 등은 다른 사람에게 자신의 정성을 다해 만들어주는 것이므로 서체나 구도, 포치布置에서 미적 감각을 최대한 드러낸다. 추사 글씨의 진면목을 감상하기 위해서는 작품 글씨보다는 시고나 간찰 등 대중을 의식하지 않고 평소에 쓰던 그대로의 글씨를 보는 것이 좋다. 본연의 글씨이기 때문이다. 옛사람들이 흔히 글씨를 심화心畵라고 하는 까닭도 바로 거기에 있다.

추사의 글씨는 몇 번 변화를 겪었다. 일단 젊은 시절의 글씨와 만년의 간찰 글씨는 많은 변화가 보인다. 특히 장기간의 제주 유배 생활 이후 만년의 추사 글씨에서는 골경기험骨骾崎險한 추사체를 볼 수 있다. 흔히 추

사체는 제주 유배로 신산辛酸한 생활을 겪은 뒤 기험하면서도 조형미가 느껴지는 글씨로 바뀐 서체를 말한다. 어떤 이들은 이러한 추사체가 읽기도 어려울 뿐 아니라 까다롭고 기묘해서 그다지 좋아하지 않는다.

젊었을 적 추사의 글씨는 다른 사람들의 글씨와 별다른 게 없다. 다음 간찰은 41세의 김정희가 아버지 김노경金魯敬(1766~1837)의 환갑연에 박용수를 초청하는 글이다.그림 1-9 화갑연 초청장인 셈이다.

> 박 정언 댁에 드립니다.
>
> 섣달 추위에 건강하신지요? 우러러 위로되고 또 그립습니다. 저의 아버지 환갑이 얼마 남지 않았으니 개인적으로는 기쁘기도 하고 두렵습니다. 또 매우 흔쾌히 경하하여야 해서 이달 18일에 잔치를 베풀어 기쁨을 표하고자 하오니 광림해주십시오. 잔칫상을 올리겠습니다. 나머지는 예를 갖추지 못하고 이만 줄입니다.
>
> 병술년(1826, 순조 26) 납월(12월) 초7일 김정희 배

> 朴正言宅 入納
>
> 伏惟臘沍/ 動止萬安 仰慰且漾/ 正喜家君 周甲隔日/ 私以喜懼 繼切欣/
>
> 慶 將以今月十(九)八日/ 設酌識喜 奉/賜光臨 以貢筵席/如何 餘姑不備禮
>
> 丙戌臘月初七日 金正喜 拜

1826년(순조 26) 김정희는 사헌부 집의였고, 아버지 김노경은 판의금부사 벼슬을 하고 있었다. 김노경은 12월 17일생인데 잔치를 18일에 한다

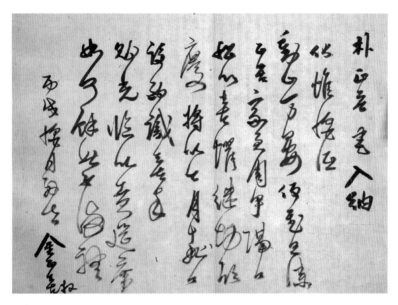

그림 1-9 김정희가 아버지 김노경의 환갑연에 박용수를 초청하는 간찰

고 했으니, 날짜를 하루 늦춰 회갑연을 베풀 예정이었나 보다. 처음에는 19일로 썼다가 18일로 수정하였다.

김노경의 회갑연에 초청받은 박 정언은 박용수朴容壽(1793~1849)이다. 자는 중성仲成이고 본관은 반남潘南이다. 정언은 당시 그가 맡았던 사간원 관직명이다. 박용수는 1814년(순조 14) 정시庭試 문과에 급제하고 벼슬 생활을 시작하여 내직으로는 이조 참의, 성균관 대사성, 외직으로는 광주목사, 강원도 관찰사 등을 역임하였다.

박용수에게 보낸 간찰의 글씨는 우리가 일반적으로 말하는 추사체의 느낌이 전혀 없다.

간찰 서식

『간독정요簡牘精要』와 『한훤차록寒喧箚錄』은 편지 쓰는 체식이나 용어 등을 정리한 책이다. 이에 따르면 계절별 인사법인 시령時令은 물론이고, 왕부王父(할아버지), 엄군嚴君·가군家君(남에게 자기 아버지를 일컬을 때), 춘부장春府丈(남의 아버지) 등 부당父黨(아버지 쪽 친족)에 대한 칭호, 왕모王母(할머니), 자친慈親(자기 어머니)·훤당萱堂(남의 어머니), 위양장渭陽丈(남의 외삼촌) 등 모당母黨에 대한 칭호, 내자內子·형처荊妻(자기 아내), 현합賢閤(남의 아내), 빙군聘君(장인) 등 처당妻黨에 대하여 자신과 남의 위치에 따라 쓰는 용어가 달랐다. 또한 조부모와 부모를 모두 모시고 있으면 중시하重侍下, 부모만 있으면 구경하具慶下, 아버지만 있으면 엄시하嚴侍下, 어머니만 있으면 자시하慈侍下, 모두 돌아가셨으면 영감하永感下라고 상대방을 칭하였다.

『간독정요』에는 아버지가 집에 있고 자식이 객지에 나가 있는 경우와 자식은 집에 있고 아버지가 객지에 나가 있는 경우 등을 상정해 아버지가 아들에게, 아들이 아버지에게 쓰는 편지 형식도 제시되어 있다. 필자가 초등학교 6학년 때 서울로 처음 유학을 와서 시골에 계시는 아버지께 편지를 쓸 때 '아버님 전상서'라고 첫머리를 시작했는데, 그때는 그냥 그렇게 써야 한다고만 알았지, 그것이 '앞에 올리는 글'이란 뜻을 지닌 '전상서前上書'인지 몰랐다. 조선시대 간찰의 투식이 그렇게 저렇게 전해져 내려와서 일종의 편지 쓰기 양식으로 굳어져 현대에까지 쓰이고 있었던 것이다. 물론 지금은 이런 표현도 거의 쓰지 않는다. '전 상서'를 좀 더 고투로 쓴다면 '상사리(上白是: 아뢴다)'라는 표현도 있다. 조선시대 서간문

그림 1-10 『간독정요』. 편지 쓰는 형식, 예문, 요령 등을 정리해놓았다.

은 용어 하나도 처지와 형편에 따라 골라 써야 했는데, 『간독정요』는 이렇게 어려운 편지의 투식과 요령, 정형화된 용어를 정리해놓은 책이다.

하지만 투식집에 나와 있지 않은 관례가 있는데, 그것은 바로 서체이다. 해서, 행서, 초서, 예서, 전서 등 서체는 그 형태나 쓰는 방식으로 분류한 것이지만, 사람에 따라서는 해서를 잘 쓰는 이가 있는가 하면 행초서를 잘 쓰는 이도 있다. 또한 추사처럼 한 사람의 글씨체가 몇 번 변화를 하기도 한다. 그러나 사람마다 잘 쓰는 서체가 각각 다르다고 하더라도 지켜야 할 원칙이 있다. 상대방에게 위문을 하는 편지인 조장弔狀은

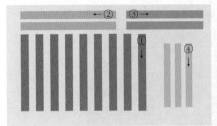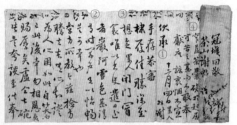

그림 1-11 간찰의 글을 쓰는 순서. 오른쪽 편지는 정약용이 이관기에게 보낸 것(53쪽 그림 1-17)인데, 왼쪽 그림의 번호순대로 쓰였음을 볼 수 있다.

아주 작은 글씨의 해서로 써야 한다. ☞ 2장 「슬픔을 달래주는 편지」 121쪽 그림 2-14 참조 이렇게 작은 글씨의 해서를 소해小楷라고 한다. 이 외에 발신자와 수신자에 따라 글씨의 서체도 조금씩 달라진다. 아랫사람이 윗사람에게 올리는 편지는 으레 해서 또는 해행서에 가깝게 쓴다. 그에 반해 윗사람이 아랫사람에게 쓰는 경우나 친구들 사이에는 행초서로 쓰는 것이 일반적이다.

한편, 간찰을 보면 글이 시작되는 처음이 어디인지 끝이 어디인지 찾기 힘들 때가 종종 있다. 가장 전형적인 형식은 편지지의 3분의 1 또는 4분의 1쯤 되는 부분에서 시작하여 끝까지 쓰고 앞부분에 발신일과 발신자를 써서 마무리한다. 그러나 사연이 길어지면 끝까지 쓴 다음 시계 반대 방향으로 돌려서 왼쪽(바로 놓았을 때 상단 좌측)의 여백에 2~3행의 사연을 쓰고, 다시 또 돌려서(바로 놓았을 때 상단 우측) 또 2~3행을 쓴 뒤에 앞부분에서 마무리를 한다. 즉 4분의 1쯤에서 시작하여 ①본문→②상단 좌측→③상단 우측→④우단에서 마무리를 하는 형식이다. 그림 1-11 사연이 더 긴 경우에는 아예 처음부터 행과 행 사이에 한 칸 정도의 여백을 두고 썼다가 행간에 한 단 내려서 써 내려간다.

또, 우리 간찰에서 자주 보이는 편지 형식은 대두擡頭와 간자間字이다. 문장을 쓰다가 상대방을 지칭하는 어구가 나오면 그를 존경하는 의미에서 줄을 바꾸어(改行) 다른 행보다 한 칸 올려 쓰는 대두를 한다. 그렇지 않으면 이름 앞에서 몇 글자 띄우는 간자를 하여 존중을 표한다.

간찰에 사용하는 종이와 피봉도 당시 문사들의 생활을 이해하는 데 도움이 된다. 보통 간찰은 간지簡紙라고 하여 적당한 크기의 종이에 쓰는데, 요즘 규격으로 말한다면 A5 종이의 크기나 좀 큰 것은 A4 정도 크기라고 할 수 있다. 이 간찰지를 품격 있게 하기 위하여 화전花箋을 찍은 화전지를 쓰는 경우도 있고 그냥 한지를 쓰기도 한다. 대대로 서울에 살면서 높은 벼슬을 한 가문인 경화사족京華士族, 중앙 관서나 큰 고을의 관원들은 A4 크기 이상의 잘 도침된 장지를 썼다. 가난한 시골 선비의 간찰과 중앙 경화사족의 편지지는 큰 차이를 보인다.

또한 보통의 간찰은 속지와 딱 규격이 맞는 겉봉, 즉 피봉皮封이 있다. 피봉에는 수신자의 거소와 간단한 관함, 상대방을 존중하는 의미로 '집사執事' '하사下史' 등의 말을 쓰기도 한다. 집사는 편지 받는 이를 높이어 감히 직접 받아 보라고 하기 어려우니 그를 모시고 있는 사람이 대신 받아서 전해달라는 뜻으로 쓴다. 어떤 경우에는 피봉을 봉한 뒤 봉인을 찍기도 하며 아랫부분에는 '근봉謹封' '생식省式' 등의 용어를 쓰고 자신의 수결로 대신하기도 한다. ☞ 3장 「구름 위 진사 이야기」 173쪽의 그림 3-14와 원문 참조 근대 이후에는 청나라의 영향으로 시전지와 피봉이 소형화되어갔다. 간찰 속지(본지)가 큰 것은 작은 봉투에 접어서 넣기도 하였다.

기운생동, 연암의 글씨

기운생동

'기운생동氣韻生動'이라는 말은 기운이 가득 넘치고 리듬이 있어 살아 움직이는 것 같은 그림을 감상하며 표현할 때 쓰는 용어이다. 이 말은 그대로 글씨에도 적용할 수 있다. 조선 후기의 대문장가 연암燕巖 박지원朴趾源(1737~1805)의 편지 글씨에서 그러한 느낌을 받는다. 연암은 문장뿐만 아니라 글씨에서도 매우 뛰어난 필력을 보이고 있다. 그의 간찰 서체는 지금까지 본 것 중 가장 생동감을 주는 글씨다.

연암 박지원은 족손族孫인 박남수朴南壽(1758~1787)에게 보낸 편지에서 윤상서체尹尙書體가 비록 벼슬하는 사대부들의 모범이 되기는 하지만

* 윤급의 서체를 일컫는 말이다. 영조 때 문신 윤급尹汲(1697~1770)은 글씨를 잘 쓰기로 유명하여 고관대작의 비갈碑碣을 많이 썼다. 사람들이 그의 글씨를 다투어 흉내냈는데, 그가 이조 판서를 역임하였으므로(판서는 6조의 으뜸 벼슬로 '상서'와 같은 말이다) 그의 서체를 가리켜 '윤상서체'라고 하였다.

그림 1-12 연암 박지원 초상

대가의 필법은 아니라고 주의를 주었다. 문곡文谷(김수항金壽恒)이나 용곡
龍谷(윤급尹汲)의 글씨가 우아하기는 하지만 풍골風骨이 전혀 없어서 대가
의 필법은 아니라는 것이다. 아마도 박남수가 당시 유행하는 윤상서체를
따라 쓴 글씨로 연암에게 먼저 편지를 보냈던 것 같다. 연암은 그 편지의
글씨를 보고 훈계하는 답장을 썼던 것이다.

　그렇다면 연암은 어떤 글씨를 썼는가? 연암의 친필은 큰 글씨든 작은
글씨든 찾아보기가 무척 어렵다. 서울대학교박물관에는 식민지 시기에
박영철朴榮喆이 수집하여 경성제국대학에 기증한 서화첩들이 있다. 그중

에 『연암선생 서간첩』이 있는데, 여기에는 무려 30여 편이나 되는 연암의 간찰이 오롯이 보관되어 있다. 몇 년 전에 한문학을 하는 동학들이 역주·탈초본을 낸 바 있다. 『고추장 작은 단지를 보내니』(박희병 역주, 돌베개, 2005)라는 제목으로 나온 역주서가 있고, 『연암선생 서간첩』을 소개하고 역주·탈초하여 학술지에 수록한 글(정민, 「새 발굴 『燕巖先生書簡帖』의 자료적 가치」, 『대동한문학』, 2005)도 있다.

『연암선생 서간첩』은 박지원이 60세 때 안의 현감을 하던 시절부터 면천 군수를 할 때까지 큰아들 종의宗儀(1766~1815)와 처남 이재성李在誠(1751~1809), 지인인 개성 유수 황승원黃昇源, 서산 군수 김희순金羲淳, 저동苧洞에 사는 학사學士 등에게 보낸 간찰 30여 편을 장첩한 것이다. 이 간찰들을 통해 연암 말년의 일상과 가정사, 문장 작법, 관료 생활 등을 구체적으로 볼 수 있다. 『연암집』이나 『열하일기』의 글이 정련되고 다듬어진 보석과 같다면, 이 서간첩의 글은 꾸미지 않고 살아있는 그대로 연암의 모습인 듯하다. 그런데 서간첩을 소개한 역주·탈초본은 연암의 간찰을 독자가 쉽게 읽을 수 있도록 번역하고 편집해놓았음에도 불구하고 연암이 썼던 글씨나 간찰의 실제 형태를 볼 수 없다는 아쉬움이 있다.

아들에게 보낸 편지

서간첩에 수록된 몇몇 간찰은 이미 다른 곳에서도 공개되고 있다. 연암 간찰을 보고 느낀 첫 소감은 '기운생동!' 바로 그것이었다. 다음에 소

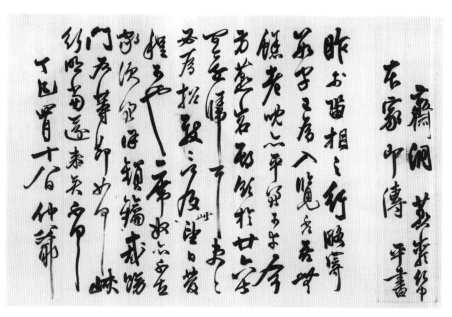

그림 1-13 박지원이 아들 종의에게 보낸 편지 (유리필름)

개하는 연암의 간찰 두 편을 통해 연암 글씨의 편린이라도 이해하고 감
상할 수 있으면 좋겠다.

【 재동 본가에 바로 전할 것. 연암을 여행하는 중에 보내는 안부 편지 】
어제 개성 유수의 행차에 대강 몇 자 편지를 부쳤는데 이미 들여다봤는
지? 나는 아픈 데 없고 노아도 평안하고 좋으니 다행이다. 지금 막 연암
에 있는데 26, 27일 사이에 돌아갈 예정이다. 꼭 이조 서리를 초치하여
여기서 보름날 출발할 수 있다고 말해줘라. 석노도 집에 없으니 반드시

자물쇠 채우는 일을 잘하고 문단속도 잘해라. 골짜기에 들어갔다가 내일 돌아올 것이다. 이만 줄인다.

정사년(1797, 정조 21) 4월 18일 중부仲父

【 齋洞本家卽傳　燕巖行中平書 】

昨於留相之行 略寄/數字 已爲入覽否 吾無/蜚 老兒亦平善 可幸 今/方燕
岩 期欲於廿六七/間還歸耳 吏吏/必爲招致 言及此望日發/程可也 席奴
亦不在/家 須善謹鎖鑰 戒飭/門戶等節如何 峽/行明當還來矣 不具

丁巳四月十八日 仲爺

일필휘지로 쓴 글씨인데 강약의 리듬이 있고 힘이 있으면서도 부드럽다. 마치 하나의 서예 작품을 보는 듯하다. 연암의 글씨에 대해서는 둘째 아들 종채宗采(1780~1835)가 『과정록過庭錄』에서 언급한 바 있다.

> 아버지의 글씨는 필획이 굳세고 힘차서 기골이 우뚝한 안진경의 서체에다가 조맹부의 짙고 두터운 서체와 미불의 기이하고 가파른 서체를 보탠 듯했다. 빼어난 자태가 넘쳐흘렀지만 그 써 내려가는 법도가 가지런하여 소해小楷의 세자細字로 쓴 시문의 초고들은 모두 서첩을 만들어 보배로 삼을 만했다. 그리고 행초行草로 쓴 큰 글씨는 붓자루 끝머리를 잡아 붓을 드리워 팔을 놀려 쓰신 것인데 농담이 잘 조화를 이루어 사람들이 모두 보배로 간직하였다.
>
> —박희병 옮김, 『나의 아버지 박지원』, 돌베개, 1998.

연암이 큰 글씨도 썼다고 했는데 지금 그런 글씨는 찾아볼 수 없다. 횡액 대련對聯과 묵국墨菊이 각각 한 점씩 전해지지만 연암의 것이라 단정할 수는 없다. 벽에 붙여두고 감상하기 위하여 쓰는 대련과 같은 큰 글씨는 찾아볼 수 없어 모르겠으나, 서간첩에 남아있는 행초行草의 글씨는 활력이 넘치고 리듬감이 있고 자유분방하면서도 짜임새가 있다. '기운생동'이라는 표현에 적합하다. 박종채는 아버지의 글씨가 안진경顔眞卿(당나라 서예가), 조맹부趙孟頫(원나라 서화가), 미불米芾(북송의 서화가)의 서체를 배워서 필획에 힘이 있고 기골이 있다고 평하였다.

앞의 편지는 연암이 안의 현감을 지낸 뒤 서울에서 잠시 제용감 주부, 의금부 도사, 의릉령 등의 벼슬을 하다가 그만두고 황해도 개성 옆 금천의 연암 전장田莊에 들어갔을 때 서울의 큰아들에게 보낸 것이다. 피봉에 서울 '재동 본가에 바로 전할 것'이라 쓰고 편지 말미에는 '정사년(1797, 정조 21) 4월 18일 중부'라고 썼는데, 큰아들 종의가 연암의 형인 박희원朴喜源의 양자로 들어가 뒤를 잇게 되어서 자신이 중부仲父가 된 것이다.

개성 유수로 있는 친구 황승원의 행차 편에 연암은 아들에게 쓴 편지를 집에 보냈다. 황승원은 20세 전후에 연암과 산사에서 과거시험 공부를 같이한 친구이다. 아들에게 이조吏曹 서리를 불러 자신이 서울에 돌아올 일정을 알리라고 하였다. 아직 면천 군수에 임명되지는 않았지만, 이조에 자신이 서울로 돌아오는 예정일을 알림으로써 인사 일정을 조정하려 한 것으로 보인다. 또한 편지에는 일반적인 가장家長의 언행과 다를 바 없는 연암의 소탈한 모습도 나타난다. 집안일을 돌봐주는 석노라는 종이 없으니 집안 문단속을 잘하라는 당부까지 하고 있다.

별지에 나타난 연암 그룹

보통 피봉이 없는 경우라도 발신인이나 발신 날짜가 간찰 본지에 적혀 있으면 대강 그 편지의 수신인도 추측할 수 있다. 그런데 『연암선생 서간첩』에 수록된 30여 편은 피봉이 없는 것, 발신인이나 발신 날짜도 없이 메모처럼 써놓은 간찰이 있다. 아마도 아들에게 보내는 편지나 처남 이재성에게 보내는 편지에 별지別紙로 함께 발송했기 때문에 피봉도 없고 발신인이나 발신 날짜가 적혀 있지 않은 것으로 추정된다.

간찰 본지에서 언급하기 어려운 사연은 태지胎紙 또는 협지夾紙, 별지에 따로 써서 동봉하므로 수신인도 발신인도 발신 날짜도 기록되지 않은 것이다. 서간첩에도 내용상으로 보면 처남 이재성에게 전해져야 할 것 같은 별지, 아들에게 전해져야 할 것 같은 별지들이 소해 글씨로 깨알같이 쓴 것이 있다. 아래에서 살펴볼 별지그림 1-14는 아들에게 보낸 간찰에 동봉한 것으로 생각된다.

연암의 소해 글씨, 즉 작은 해서체는 반듯하고 깔끔하지만 그렇다고 사자관寫字官의 글씨처럼 무미건조하지도 않고 문자향文字香 서권기書卷氣가 느껴지는 활달한 문인체의 세자細字 글씨이다. 아들 종채가 평하였듯이, 사람들이 보배로 간직할 만하다. 흐트러짐 없이 한 장의 별지에 가득 채워진 연암의 메모는 석치石痴 정철조鄭喆祚의 그림 두 첩과 나빙羅聘의 묵죽墨竹을 감상하며 그림이 작문의 요령이 될 수 있음을 말할 뿐만 아니라, 합천 화양 땅의 선대 제사 축문에 대해서 외삼촌과 같이 논의해보라는 것, 이덕무李德懋(1741~1793)의 행장을 짓는 문제, 관아의 업무를 보느라

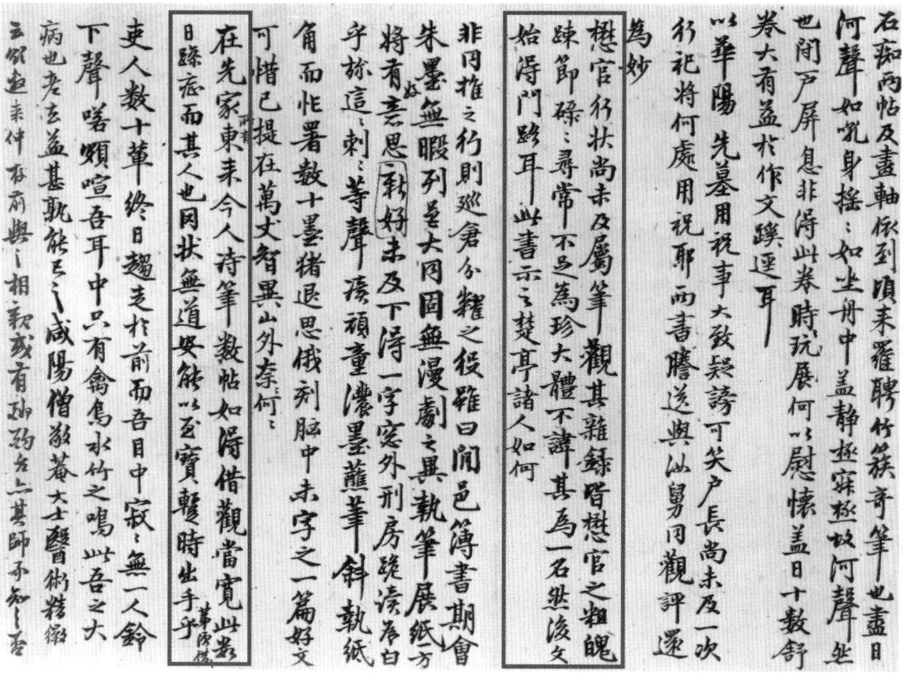

그림 1-14 박지원 간찰 별지 (유리필름)

좋은 문장이 떠올라도 제대로 쓸 수 없다는 것, 박제가朴齊家(1750~1805)
가 가지고 있는 중국 시인들의 시첩을 빌려보라는 것, 함양의 의승醫僧
경암敬菴에 대한 관심 등을 전하고 있다. 이 중 이덕무의 행장 찬술에 관
한 부분과 박제가가 소장하고 있는 중국 시인들의 시첩을 운운한 부분만
본다면 다음과 같다. 그림 1-14의 붉은색 네모 안

　무관懋官 이덕무의 행장은 아직 글을 짓지 못하였다. 그의 잡록을 보면

모두 무관의 찌꺼기 글이고 하찮은 글이다. 별 볼 일 없는 보통 이야기여서 보배로 삼기에 부족하다. 대체로 그가 서얼임을 꺼리지 않고 숨기지 말아야만 비로소 글이 제 길을 얻게 된다. 이 편지를 초정楚亭(박제가)이나 여러 사람들에게 보여주는 것이 어떠냐?

懋官行狀 尚未及屬筆 觀其雜錄 皆懋官之粗魄/疎節 碌碌尋常 不足爲珍 大體不諱其爲一名 然後文/始得門路耳 此書示之楚亭諸人如何

재선在先(박제가)이 중국에서 온 지금 사람의 친필 시 몇 첩을 가지고 있어 이를 얻어 빌려 본다면 이 며칠간의 조급증을 늦출 수가 있을 텐데, 그 사람이 망상무도하여 어찌 그 지극한 보배를 잠시라도 손에서 내놓겠는가? 그래도 꼭 한번 빌려보아라.

在先家所有東來今人詩筆數帖 如得借觀 當寬此數/日躁症 而其人也 罔狀無道 安能以至寶暫時出手乎 第須借之

『연암집』에 수록되어 있지 않은 조선 후기 북학과 연암 그룹에 대한 새로운 정보를 알려주는 자료이다. 앞 구절에서는 이덕무의 행장을 아직 짓지 못했다고 하면서, 잡록에 실린 그의 글이 찌꺼기 글이고 하찮은 글이어서 보배가 될 수 없는데 이는 스스로가 서얼이라는 사실을 숨기지 말고 진솔하게 써야 비로소 제대로 된 글이 될 수 있었다고 말한다. 그러면서 박제가나 유득공柳得恭, 이희경李喜經과 같은 자신 문하의 서얼 그룹에게 이러한 자신의 말을 전하라 하고 있다. 뒤 구절을 보면 당시 박제가집에는 연행을 통해 들여온 당대 중국 시인들의 시첩이 있었던 듯하다.

그 시첩 몇 개를 빌려 보면 자신의 조급증이 나아질 수 있을 것이라면서 박제가를 도리가 없는 못된 놈이라 비난하고 있다.

이 별지는 아들 종의에게 보낸 간찰에 동봉한 것인데, 아들에게 쓴 것이라기보다는 처남 이재성에게 부탁을 하는 글이다. 박지원은 이재성을 통해 자신의 문도들인 이희경, 박제가, 유득공 등에게 본인의 생각을 전하고 있는 것이다. 박제가를 '망상무도'하다고 비난하면서도 그들에게 이 편지를 보이라고 한 것은 그만큼 연암 문도들의 친밀감을 말해주는 것이라 하겠다. 그것은 박제가가 상처喪妻하고 그의 지기인 이덕무까지 죽었을 때 박지원이 "박제가는 이제 천하의 외로운 사람이 되었다"고 하면서 같이 슬퍼한 편지글에서도 느낄 수 있다(『燕巖集』卷10 罨畫溪蒐逸 與人 安義時).

현란한 문장
추사가 초의에게 보낸 편지

추사의 문장

추사 김정희 하면 우리는 흔히 그의 글씨만 말한다. 하지만 그의 글을 좀 더 깊이 읽어보면 탁월한 은유와 철학적 사유가 배어 있다는 것을 알 수 있다. 특히 그의 간찰은 문학적 표현에서 볼 때 현란하다 싶을 만큼 아름다운 문장을 구사하고 있다.

『완당집阮堂集』에는 초의 선사艸衣禪師, 이재彝齋 권돈인權敦仁 등 지인 들에게 보낸 편지 100여 점이 실려 있다. 후학들이 추사의 문집을 편찬 하면서 거두어 수록한 편지이다. 물론 김정희가 평생 동안 실제로 쓴 편 지는 이보다 백배 천배는 많았을 것이다. 『완당집』에 수록된 추사의 간 찰은 초의에게 보낸 편지가 38통으로 가장 많고, 권돈인에게 보낸 편지 가 34통이다. 그런데 추사가 초의에게 보낸 실제 간찰 모음집인 『나가묵 연那伽墨緣』이 국립중앙박물관에 수장되어 있다. 초의에게 보낸 간찰 17 통을 장첩한 것이다. 나가那伽는 범어로 용龍이라는 말이고, 묵연墨緣은 필묵연筆墨緣, 즉 글의 인연이라는 말이다. 추사는 제주 유배 시기에 '나수那叟'라고 서명을 하기도 했다. 『나가묵연』에 장첩된 추사의 간찰 17통 가운데 11통은 『완당집』에도 수록되어 있다. 다산의 간찰과 비교해보면 추사의 간찰은 화려한 문체가 돋보이는 한 편의 문학작품이자 불가어佛家語가 난무하는 철학서이기도 하다.

제주에 유배 중인 추사가 초의에게 보낸 간찰 ^{그림 1-15}을 살펴보자(『완당집』「여초의與草衣」 28).

> 스님의 편지 세 통이 연이어 도착하니 적막했던 바닷가에 마치 하늘 꽃
> 이 어지럽게 떨어지는 것 같습니다. 어디든지 모두 기쁜 인연입니다.
> 포갈蒲褐(포단갈의蒲團褐衣: 불법이나 불도를 이르는 말)과 향등香燈의 공양이
> 청정하여 가는 곳마다 자재하시니, 이러한 경계에서 게 굴이나 우렁이
> 집의 열뇌업熱惱業과 비교하면 한갓 속된 세상의 한 경계로 삼는 것에
> 그칠 뿐입니다.
> 진묵대사의 행록은 바로 남아있는 옛사람의 은혜와 향기로운 흔적에
> 불과합니다. 조그만 것 하나하나에도 향기가 있지만 진실로 이것으로
> 서 진묵대사의 행록을 다했다고 하기에는 부족합니다. 겨자씨가 수미
> 산을 받아들인다 했으니 진묵대사도 기껍게 받아들일 것입니다. 전후
> 의 기記·서叙 글이 너무 좋아 다시 정정할 데가 없을 듯하지만, 더욱 세
> 세히 살피고 헤아려서 다시 속된 것과 바른 것을 바로잡기 바랍니다.
> 이선二禪의 살활殺活 등의 글은 진실로 이와 같이 말하는 것이 마땅한데
> 이리저리 얽힌 것을 어찌하겠습니까. 근래 어둠과 막힌 것을 바로잡은

것은 아주 잘한 일입니다. 다만 살활의 체용體用을 헤아림이 조금 부족합니다. 살활은 모두 용用일 뿐입니다.

박 선비는 다섯 가지 탁한 나쁜 세상에서 쉽지 않은 선근善根을 지녔습니다. 가장 진실하고 거짓이 없는 사람입니다. 서도書道에서도 매듭을 지을 만하고 또 지혜로운 기질을 갖춘 데다 정진하여 향상하려고 하니, 막거나 당해내지 못할 것입니다. 후일을 기약하고 돌아갔습니다. 잠시 이렇게 말씀드립니다. 나머지는 모두 남겨두고 이만 줄입니다.

6월 12일 나수.

『법구경』의 니원품(『법구경』 39품 중의 제36품으로 36수의 경구로 이루어짐)을 등초해 부치니 거두어주십시오. 여기에 하나의 큰일이 있어 이번 돌아가는 길에는 끝내서 보낼 수 없으니 다시 천천히 해보겠습니다.

梵械三度 鱗次而至 寂寞之/濱 如天花亂墜 在在是喜歡/綠 藉悉蒲褐香燈 供養淸淨 隨順/自在 以此蟹宅蝸殼 熱惱業較對/ 不止一界以塵凡而已 震師行錄 卽/不過殘膏剩馥 然寸寸皆香 固不/足以此盡震師 須彌納芥子 震師/亦當肯受 前後記敍甚好 似無更加點/定 又當熟看爛商 再請塵正 二/禪殺活等文 固當如是說去何庸千/藤百葛 廓掃近日霧窟茆障/ 善哉善哉 但殺活之一體一用 稍欠商量// 殺活俱是用耳 朴雅 五濁惡世/ 不易有之善根 最其眞實無虛僞/者 可禩於書道 亦俱慧性 重之/精進 欲得向上一竅 有不可禁當耳/ 留後期而歸 暫申如此 都留不宣/ 六月十二日 那叟

泥洹抄寄 亦領收 此有一大案 今回無以卒/奉及 且在緩圖耳

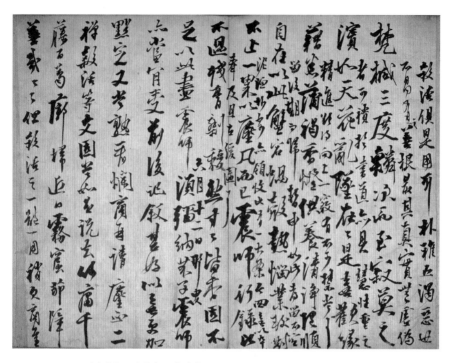

그림 1-15 김정희가 초의에게 보낸 편지(1)

    추사의 간찰에 대해 단정지어 말할 수는 없으나, 적어도 이 간찰은 다른 어떤 편지글보다 어지러울 정도로 현란하게 꾸민 수사가 많다. 게다가 불가어가 많이 사용되어 무척 어렵다. 그런데도 워낙 문장이 아름다워 눈길을 끈다. 특히 '스님의 편지 세 통이 연이어 도착하니 적막했던 바닷가에 마치 하늘 꽃이 어지럽게 떨어지는 것 같습니다'라는 첫 문장은 단번에 마음을 사로잡는다. 그의 편지는 문학적 예술성과 철학까지 담고 있다. 추사와 초의는 동갑내기인데(둘 다 1786년생), 추사의 편지는 신분과 사상을 뛰어넘어 마치 연애편지를 보내는 듯하다. 이는 그들이 오랜 브로맨스(Bromance)를 지니고 있다는 것을 보여준다.

이 편지에서 추사는 시후時候 인사를 한 다음 본론으로 들어가서 초의가 정리하고 있는 진묵대사 행록에 대해 언급하고 있다. 진묵대사의 남아 있는 기서문記敍文을 통하여 마치 겨자씨 하나로 수미산을 알 수 있듯이 그의 생각을 알아볼 수 있다고 하였다. 나아가 살활殺活과 체용體用에 대한 추사의 견해를 말하였다.

다음으로, 자신을 찾아온 박 선비에 대해 극구 칭찬을 아끼지 않았다. 이 편지만으로는 추사를 찾아온 박 선비가 누구인지 알 수 없다.

추사의 우정

다음은 추사가 유배에서 풀려 용산 마포 강상江上으로 돌아와 있을 때 초의에게 보낸 편지그림 1-16이다(『완당집』「여초의」 31).

【 초의 보십시오. 승연노인 씀 】

일체 소식이 없으니 부처가 사시는 맑은 정계淨界와 속인이 사는 범로凡路(번뇌가 가득한 속된 세상)가 이와 같이 동떨어져 있는 것인가요. 이건 사람이 스스로 막은 것이지 산이나 강이 능히 사람을 막을 수 있는 건 아니겠지요. 이 때문에 대숲 소리와 시냇물 흐르는 곳이 그립습니다. 선사와 같은 이가 열 자나 되는 뜨거운 세속 먼지 속에 생각을 맺을 까

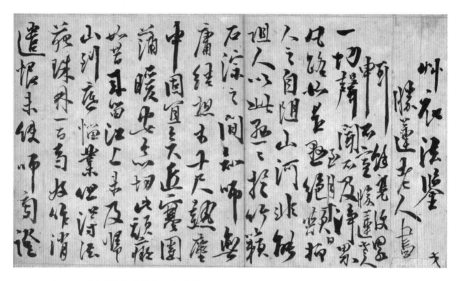

그림 1-16 김정희가 초의에게 보낸 편지(2)

닭이 없는 것도 당연한 일이겠지요. 근일의 추위에 지내시는 자리는 다
습고 편안한지요? 생각이 간절합니다. 이곳은 완악하고 어리석은 것이
예전 그대로인데, 강상에 와 머물고 미처 산에 돌아가지 못하니 이게
모두 열뇌업일 것입니다. 다만 『법원주림』 100권을 얻어서 좋은 소일거
리가 되고 있습니다만, 선사 같은 이가 곁에서 입증을 못해주니 한탄스
럽습니다. 나머지는 인편으로 대략 알립니다. 이만 줄입니다.
승연노인. 지월(11월) 10일.

【 艸衣法鑒　勝蓮老人書 】

一切聲聞不及 淨界/凡路 如是懸絶歟 抑/人之自阻 山河非能/阻人 以此

懸懸於竹籟/石淙之間 知師無/庸結想於十尺熱塵/中 固宜矣 近寒 團/蒲

暖安 念切 此頑癡/如昔 來留江上 未及歸/山 到底惱業 但得法/苑珠林

一百弓 好作消/遣 恨未使師旁證//耳 餘憑便暑/申 不宣

勝蓮老人 至月十日

    용산 마포 강상에 머물던 추사는 초의로부터 아무런 소식이 없자 무척 그리워하면서, 산중의 정토 세계와 열 자나 되는 뜨거운 풍진 세속 사이에 소식이 없는 건 당연하다고 받아들인다. 소식이 없는 것은 산하로 가로막혀 있기 때문이 아니라 선사 스스로 세속과 인연을 끊으려 하기 때문이리라. 한편 추사 자신은 뜨거운 업보에서 벗어나지 못한다. 원문의 '惱業뇌업'은 곧 열뇌업熱惱業이라는 말로, 과거의 숙업宿業과 지금의 현업現業을 모두 말한다.

    강상에서 추사는 당나라 승려 도세道世가 편찬한 불경 『법원주림』을 읽고 쓰면서 소일하고 있다. 다만 초의와 함께 읽지 못하는 것을 안타까워하고 있다.

    추사의 편지에 나타난 문학적 현란함은 불가어를 섞어가면서 삶과 인생의 깊은 문제를 표현하는 데서 나온다고 생각된다. '이건 사람이 스스로 막은 것이지 산이나 강이 능히 사람을 막을 수 있는 건 아니겠지요'라는 표현에서 보듯이, 일상의 용어도 깊은 사유를 반영하는 문장으로 바뀐다.

다산과 추사

추사의 간찰과 비교해서 보면 다산茶山 정약용丁若鏞(1762~1836)의 간찰은 매우 실용적이고 실무적이다. 다산은 추사보다 한 세대 앞 시대의 인물이다. 다산은 간찰을 실용문으로 보았다. 그래서 그의 간찰도 실용을 우선시하는 실학자 다산에게 딱 맞는 문체로 쓰였다. 오랜 유배 생활을 하고 차를 좋아했으며 수많은 저술을 남기고 많은 승려들과도 교유했다는 점에서 다산과 추사는 공통점이 많다. 다산과 추사의 간찰은 모두 하나하나가 작품에 가깝다. 멋을 내는 예술가 추사는 시후 인사나 사물에 사변적 의미 부여를 하여 문장이 아름다우면서도 철학적이다. 반면에 실용 학자 다산은 간찰을 실용문으로 여겨 직설적이고 꼭 필요한 말만 쓴다. 군더더기 말이 거의 없다. 글씨체도 알아보기 쉬운 행서로 한번에 내리쓰는 일필휘지이다. 그렇다고 멋이 없는 것도 아니다.

다음은 강진에서 유배 생활을 하는 정약용이 전라남도 장흥에서 유배 생활을 하는 같은 처지의 이관기李寬基에게 보낸 편지이다(『다산간찰첩』, 다산학술문화재단, 2012, 198쪽). 피봉에 수신자가 장흥의 옛 지명인 '관성冠城'으로 되어 있어 장흥에 있는 사람에게 보낸 편지임을 알 수 있다. ^{그림 1-17}

이 편지는 유배객의 사소한 일상을 담고 있다. 다산초당에서 이불을 뒤집어쓰고 글을 읽고 있다는 것, 눈 내린 바위의 설색이 매우 맑고 아름다워서 창문을 열고 마음을 푼다는 것, 당신의 아우가 약방문을 물어왔는데 자신은 이를 잘 알지 못해 찾아서 베껴 보낸다는 것, 보내주신 것에 고맙다는 인사, 차를 너무 많이 마시지 말라는 조언 등이다. 모두 자신의 주변에서 일어나는 소소한 일을 썼다. 그런데 보통 다산의 편지에서 잘 보이지 않는 문학적 표현이 이 편지에는 나타나 있다. 겨울에 눈 내린 주변의 풍치에는 차마 어쩔 수 없었는지 "근래에 바위에 쌓인 눈 색깔이 매우 청아하여 때때로 문을 열고 즐거움을 드러내니 이것이 행복입니다" 라고 만덕산의 설경을 만끽하고 있다.

【 관성에 보냄. 다산의 답장 편지. 근봉 】

편지를 받고 형제가 다 좋다는 것을 알아 마음에 위로가 됩니다. 유배객인 저는 문을 닫아걸고서 이불을 뒤집어쓰고 오직 글 읽는 것으로 소일하고 있습니다. 근래에 바위에 쌓인 눈 색깔이 매우 청아하여 때때로 문을 열고 즐거움을 드러내니 이것이 행복입니다.

아우가 말씀하신 것은 지금 여기에 약방문을 찾아 베껴 보냅니다. 본래 아는 것이 없는데, 자칫 다른 사람을 위해 한다는 일이 오히려 곤란하게 하는 것 같아서 혼자 웃을 뿐입니다. 앞으로는 제발 서로 욕보게 하지 마십시오.

내려주신 것이 넉넉합니다. 노동盧소의 일곱 잔(七碗)이라는 것은 과장된 말이고, 이공봉李供奉도 꼭 하루에 300잔을 마시지는 않았을 것입니다. 자신를 위하여 전하는 말이니 삼가 너무 많이 마시지 말기를 바랍니다. 좁은 집에서 차주머니는 기거하는 데 장애가 되니 고생이 심합니다. 감히 봉헌하지 못하니 널리 저의 마음을 양해해주시기 바랍니다. 이만 줄입니다.

12월 4일 유배 온 사람이 절하고 답장함.

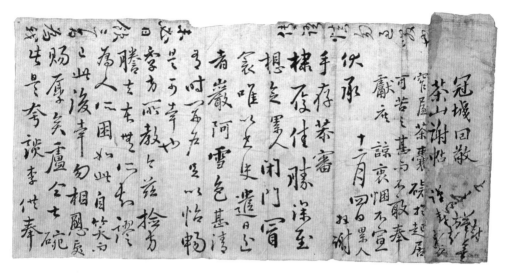

그림 1-17 정약용이 이관기에게 보낸 편지

【 冠城 回敬　茶山 謝帖　謹封 】

伏承/手存 恭審/棣履佳勝 深慰/想念 累人閉門冒/衾 唯以書史遣日 近/

者 嚴阿雪色甚清/ 有時開戶 足以怡暢/ 是可幸也/ 季方所教 今玆撿方/

膳去 本無所知 謬/爲人所困如此 自笑而/已 此後 幸勿相恩 受/賜厚矣

盧仝七碗/ 此是夸談 李供奉//未必日飮三百 爲我/傳語 愼勿過啜也// 窄

屋茶囊 礙於起居/ 可苦之甚 而不敢奉/獻 庶諒衷悃 不宣

十二月四日 累人/ 拜謝

'노동盧仝의 일곱 잔(七碗)이라는 것은 과장된 말이고, 이공봉李供奉도
꼭 하루에 300잔을 마시지는 않았을 것입니다'는 차에 관한 이야기다.

앞 구절은 당나라 시인 노동의 「차가茶歌」에 나오는 말로, "다섯째 잔은 기골을 맑게 해주고, 여섯째 잔은 선령을 통하게 해주고, 일곱째 잔은 다 마시기도 전에 두 겨드랑이에 날개가 돋아 맑은 바람이 솔솔 이는 걸 깨닫겠네(五椀肌骨淸 六椀通仙靈 七椀喫不得 也唯覺兩腋習習淸風生)"라는 문장에서 인용한 문구이다. 뒤 구절은 이태백李太白(이공봉은 이태백이다)이 하루에 차 300잔을 마셨다는 이야기를 언급한 것인데, 노동이나 이태백의 차 이야기는 과장되었을 뿐이니 차를 너무 많이 마시지 말라고 충고하는 말이다.

다산의 글씨는 빠르고 명쾌하다. 특히 이 간찰의 글씨는 맑고 투명하다. 정조가 애호하던 당대 명필 송하 조윤형과 다산 정약용은 동시대 사람이다. 다산의 글씨는 정조와 송하의 글씨체와 많이 닮아서 빠르고 거침이 없어 보인다.

실용의 도구로서 간찰
다산의 생각

다산 시대의 좋은 글씨

다산 정약용은 간찰을 쓰는 글씨체의 전범典範으로 죽남竹南 오준吳竣 (1587~1666)과 원교 이광사의 글씨를 언급하였다. 근래에 사람들이 윤순 尹淳(1680~1741)의 글씨를 모범으로 배워서 서법이 어지럽고 천박해졌다 며 오준의 글씨를 배워야 한다고 강조하였다.

지금 전하는 오준의 간독 글씨들은 모두가 정밀하고 법도가 있어서 후 생에게 모범이 될 만하다. 근세에는 모두 윤순의 간독을 익히고 있지 만, 윤순의 글씨는 너무 다듬어서 함축성이 적다. 근세 40년 동안에 걸 쳐 서법이 어지럽고 천박해진 것은 모두 이 때문이다. 이를 어떻게 바 로잡아야 하는가 하면, 죽남竹南(오준)의 글씨만이 바로 그 병통을 잡을 수 있는 화타와 편작이다. 그러나 기예로 말한다면 윤순이 더 낫다.

—『與猶堂全書』卷14 跋竹南簡牘

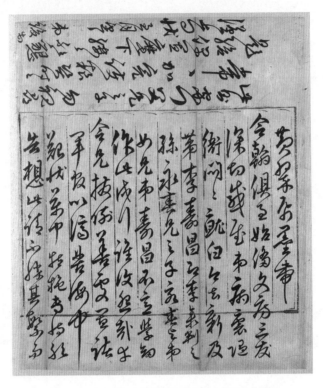

그림 1-18 다산 정약용이 칭찬한 오준의 글씨. 『근묵』에 수록.

앞서 「기운생동, 연암의 글씨」 편에서 연암 박지원이 간찰 글씨체에 대해 언급한 내용을 살펴본 바 있다. 족손 박남수가 당시 시중에 유행하던 윤상서체尹尚書體로 편지 글씨를 쓴 것을 보고서, 그 글씨가 비록 벼슬하는 사대부들의 모범이 되기는 하지만 대가의 필법은 아니라고 주의를 주었다. 윤상서체, 즉 윤급尹汲(1697~1770)의 글씨는 우아한 서체임에도 불구하고 풍골은 전혀 없기 때문에 대가의 필법이 못 된다고 한 것이다.

그림 1-19 정조와 다산이 비판한 윤순의 글씨. 『근묵』에 수록.

윤순尹淳은 박지원이 비판한 윤상서체의 당사자인 윤급의 집안 형님이다. 윤순의 글씨는 집안 동생인 윤급에게 영향을 미쳤을 것이고, 그래서 당시 일컬어지는 윤상서체란 윤순이나 윤급의 글씨를 가리킨다. 다만 다산은 윤순 글씨의 예술성은 인정하였다. 간독 글씨에서는 윤순의 글씨를 배우지 말라고 하면서도 예술성의 면에서는 그의 글씨를 인정하는 모순적인 태도이다. 오준의 글씨는 조선 전기 사대부의 글씨를 지배했던 송설체松雪體(원나라 조맹부의 서체)의 완성으로 보인다. 한석봉이나 오준 등 명가들의 글씨를 극복하고 나온 윤순의 글씨를 다산이 부정하는 것은 좀 의아하다.

다산이 백하 윤순의 글씨를 비판한 것은 자신이 하늘처럼 생각하는 정조의 서예관에서 비롯되었을 것으로 생각된다. 정조는 우리나라 서예가들이 안평대군과 한석봉을 명필로 생각하여 그 틀에서 벗어나지 않았는데, 윤순 이후에 서풍이 크게 변하여 진솔한 기운이 없어지고 메마르고 껄끄러운 글씨를 쓰는 병이 생겼다고 하였다. 그러면서 먼저 촉체蜀體(송설체)를 배우라고 하였다.

> 우리나라의 명필로는 안평대군을 제일로 꼽을 수 있을 것이다. 안평대군은 여우꼬리털 붓(狼尾筆)으로 백추지白硾紙에 글씨를 썼는데, 오직 한호韓濩만이 그 묘리를 깨달았다. 그러므로 우리나라의 서예가들이 모두 비해당匪懈堂(안평대군)과 석봉石峯(한호)의 문호에서 벗어나지 못했던 것이다. 그러다가 고 판서 윤순이 나오자 온 나라 사람들이 쏠리듯 그 뒤를 따랐으니, 이에 서도가 한번 크게 변하여 진솔한 기운이 없어지고 점차 마르고 껄끄러운 병통이 열리게 되었다. 이제 서풍書風을 순박한 쪽으로 돌려놓고자 하는 바이니, 그대들부터 먼저 촉체를 익혀야 할 것이다.
>
> —『弘齋全書』卷163 日得錄 3

윤순을 비판하고 오준의 간찰 글씨를 배우라고 했던 다산이지만, 또 다른 글에서 다산은 이광사의 글씨를 높이 평가하였다. 이광사는 윤순의 제자이다.

이 『야취첩夜醉帖』한 책은 원교 이광사의 글씨이다. 근세의 서가로는 오직 이광사만이 독보적인 존재인데, 참판 조윤형과 표암 강세황은 그를 여지없이 심하게 비방하였다. 이는 대체로 자기 역량을 헤아리지 못하였기 때문이다. 그러나 비방을 부를 만한 이유는 있다. 그의 잔글씨 해서와 행초行草는 서법에 맞아 정밀하고 기묘하여, 그중에 아주 좋은 것은 왕희지王羲之·왕헌지王獻之의 경지이고, 조금 낮은 것도 장지張芝·장욱張旭의 경지를 잃지 않았다. 그러나 대자大字인 반행서半行書는 도무지 법도가 없어서 그 글자 모양만 보기 싫을 뿐 아니라 획법도 무디고 막혀서 신묘함이 없다. 이런 글씨를 본받을 만하다고 한다면 그것은 지나치게 현혹된 것이다. 이 『야취첩』도 잔글씨 해서와 작은 글씨 초서가 뛰어날 뿐이다.

—『與猶堂全書』卷14 跋夜醉帖

다산은 간찰 글씨체의 본보기로 죽남 오준을 내세웠으면서도 잔글씨 해서(소해자小楷字)나 행초서로는 원교 이광사의 글씨가 좋다고 하였다. 그러나 원교의 큰 글씨 반행서는 '미친 듯이 엎어진(顚狂敧倒)' 모양이라며 매우 싫어하였다. '획법도 무디고 막혀서 신묘함이 없다(鈍滯無神)'고 혹평하였다.

원교의 큰 글씨에 보이는 광적인 느낌을 조선의 보수적 서가들이 받아들이는 데는 일정한 한계가 있었다. 조선의 서가들은 왕희지를 본받고자 하였다. 그러나 황기로黃耆老의 '은일隱逸' 지향적 서풍, 양사언楊士彦의 도가적인 '유선遊仙' 지향에 담긴 서풍, 이광사의 '미친 듯이 엎어진' 서풍의 흐름도 하나의 예술적 취향을 가진 서가들의 글씨이다. 이러한

그림 1-20 이광사가 쓴 『해동악부海東樂府: 원교진첩圓嶠眞帖』. 이광사가 우리 역사를 소재로 초서·해서·전서 등으로 써서 엮은 악부시집이다. 16.2×27.9cm 위 왼쪽은 대자大字, 위 오른쪽은 행초行草, 아래는 소해자小楷字이다. 같은 책에 엮여서 크기가 동일하지만, 소해자는 글씨가 작은 까닭에 그림 크기를 확대하였다.

예술가적 광기를 가진 서풍을 다산은 싫어하였다. 현재 남아있는 다산의 글씨에서 광초狂草(자유분방하게 휘갈겨 쓴 초서체)는 찾아볼 수 없다. 또 큰 글씨도 그다지 남아있지 않다. 가장 큰 글씨가 아마 『하피첩霞帔帖』*의 글씨일 것이다. 요컨대 다산은 간찰 글씨를 실용의 수단으로 생각했을 뿐, 그것을 통해 자신의 성정性情을 투영하는 예술 작품을 만든다는 생각은 없었던 것 같다.

실용문으로서 간찰

다산은 유배된 이후 자신의 일족이 이제는 폐족廢族이 되었다고 생각하였다. 자식들에게 폐족이 살아남으려면 간찰 정도는 쓸 수 있어야 한다고 강조하였다. 다산은 서간문을 선비가 세상을 살아가는 데 필수적인 교양이라 생각하고 자식들에게 간찰을 잘 쓸 수 있도록 독서를 하고 문장과 글씨를 익히라며 다그쳤다.

둘째의 필법이 조금 나아지고 문리文理 또한 진보가 있으니 나이를 먹은 덕이냐, 아니면 때때로 익혀서 그런 것이냐? 절대로 자포자기하지 말고, 성의를 다하고 부지런히 힘써서 책을 읽고 초록하고, 글을 짓는

❋ 1810년 정약용이 전남 강진에서 유배하던 시절에 부인 홍씨가 시집올 때 예복으로 입었던 치마를 보내오자 이를 잘라 여기에 두 아들 학연·학유에게 교훈이 될 만한 글을 적은 서첩이다. '하피霞帔'는 노을 빛깔의 붉은색 치마라는 뜻으로, 다산이 직접 이름을 지었다.

일에 혹시라도 허투루 해서는 안 될 것이다. 폐족으로서 글도 모르고 예법도 모른다면 어찌하겠느냐? 모름지기 보통 사람들보다 백배의 공력을 더하여야 겨우 사람 축에 들게 될 것이다.

—『與猶堂全書』卷21 書 答二兒 壬戌二月七日

윗글은 다산이 1802년(순조 2)에 둘째 아들에게 써 보낸 편지이다. 실용문으로서의 간찰에 대해 다산은 극도의 경계심을 가지고 있었다. 간찰에 쓰는 한마디 말도 아무 생각 없이 함부로 써서는 안 된다고 경계하였다. 간찰에 대한 경계의 말은 자신의 당호이자 머문 집의 이름인 여유당與猶堂에 대해 쓴 「여유당기與猶堂記」에서도 언급하였지만 강진에 유배 중이던 1810년(순조 10) 2월 만덕산 동암東庵에서 둘째 아들 학유學游에게 써준 교훈에도 나온다. '남이 알지 못하게 하려면 하지 않는 것이 낫고, 남이 듣지 못하게 하려면 말하지 않는 것이 낫다'고 거듭 강조하였다. 하늘을 우러러 땅을 굽어 한 점의 부끄러움이 없는 행동을 역설한 말이겠지만 실제로는 공서攻西(서학에 비판적이던 세력)의 회오리 속에서 생존하기 위한 몸부림이었을지도 모른다. 당시 많은 역모 사건의 물증이 간찰에서 비롯되었다. 간찰 때문에 패가망신하는 선례를 다산은 숱하게 보았을 것이다.

다산보다 약간 윗세대인 복암伏菴 이기양李基讓은 자신의 어머니가 며느리에게 보낸 언간을 순암順菴 안정복安鼎福이 외부에 공개했다고 하여 스승 격인 순암을 격렬하게 비판하였다. ☞ 6장 「너무 마음이 아파 기록한다」 388-392쪽 참조 순암의 손녀가 복암의 동생 이기성에게 시집갔으니, 순암은 복암의 스승이자 사돈어른이며 친구의 아버지다. 복암이 스승인 순암을 찾아가 절교하듯 격렬하게 항의한 이 사건은 신서信西(서학에 긍정적이던 세력)와 공서를 막론하고 근기近畿 지식인들 사이에서는 유명한 이야기였다. 이기양이 그토록 거세게 순암에게 항의했던 까닭은 간찰이 가문을 망치는 화근이 될 수 있다고 생각하였기 때문이다. 이 사건은 바로 다산이 어렸을 때 지근거리에서 들었던 이야기일 것이다.

> 남이 알지 못하도록 하고 싶으면 행위를 하지 않는 것보다 더 좋은 것이 없고, 남이 듣지 못하도록 하고 싶으면 말을 하지 않는 것만 한 것이 없다. 이 두 구절의 말을 평생 동안 몸에 지니고 왼다면 위로는 하늘을 섬길 수 있고 아래로는 집안을 보존할 수 있다. …(중략)…
>
> 편지 한 장을 쓸 때마다 모름지기 두 번 세 번 읽어보면서 기원하기를 "이 편지가 길가에 떨어져 있어 원수진 사람이 보더라도 나에게 죄가 없을 것인가?" 하고, 또 "이 편지가 수백 년 뒤까지 유전되어 견식이 많은 사람들이 보아도 나에게 비난이 없을 것인가?"라고 한 뒤에 봉함해야 하니, 이것이 군자가 근신하는 태도이다.
>
> 나는 젊은 시절에 글씨를 빨리 썼으므로 이 계율을 많이 범하였다. 중년에는 화난이 두려워서 점차로 이 법도를 지켰더니 매우 유익하였다. 너희들은 이 점에 명심하라.　　　　　　　　—『與猶堂全書』卷18 家誡

심지어 다산은 열흘에 한 번씩 편지를 점검하여 번잡스럽거나 남의 눈에 걸릴 만한 것이 있으면 모두 가려내 심한 것은 불에 태우고 덜한 것은 노를 꼬고 그다음 것은 찢어진 벽에 바르거나 책가위를 만들어 정리하라고 당부하였다. 이러한 훈계에서 우리는 다산이 세상을 살아가는 자세가 어떠하였는가를 알 수 있다.

19세기 조선의 '동파열'과
소동파의 「백수산 불적사 유기」

추사와 자하 그리고 옹방강과 소동파

1812년(순조 12) 자하紫霞 신위申緯(1769~1845)는 연행사로 연경에 가서 김정희의 소개로 담계覃谿 옹방강翁方綱(1733~1818)을 만나고 온 뒤 그의 매력에 푹 빠지고 말았다. 더 나아가 가슴 깊이 사랑했던 소동파는 자하에게 신앙이 되었다.

'중국 마니아(唐魁)'라는 말을 들을 정도로 중국에 자주 드나들었던 박제가는 그곳 지인들에게 신진기에 김정희를 소개해두었다. 그 덕분에 추사는 중국에 가기도 전에 이미 연경의 지식인들 사이에서 널리 알려져 있었다. 추사 역시 연경에 가기 전부터 중국의 문화사를 꿰뚫고 있었다. 추사가 연경에 다녀오고서 4년 후 중국에 사신으로 가는 자하를 전별하며 지어준 10수의 장편 시는 거의 중국 서화사를 요약한 듯하다. 다음은 그 서문이다.

자하 선생이 멀리 만 리를 지나서 중국에 들어간다. 보배롭고 훌륭한 경관이 얼마나 많을지 모르지만 소재蘇齋 노인(옹방강) 한 사람을 만나 보는 일만 못할 것이다. 옛날에 불법을 말하는 자가 세상에 있는 모든 것을 자신이 다 보았지만 부처만 한 것이 없다고 했다. 자하가 가는 길에 내가 하고 싶은 말이 바로 이것이다. 그래서 소재의 『천제오운첩天際 烏雲帖』에 쓰인 절구에 차운하여 작별시를 써 올린다. 이 시 하나를 가지고 화두의 하나를 이룰 수 있으니, 제 환공齊桓公이 늙은 말로 길잡이 삼았듯이 나의 경험을 길잡이 삼아보는 것도 좋을 듯하다.

—『阮堂全集』卷10「送紫霞入燕」

추사는 중국으로 떠나는 자하에게 중국의 어느 경관이나 인물을 보는 것보다 옹방강 한 사람을 만나보는 것이 더 낫다고 극력 강조하였다. 추사의 권유대로 자하는 중국에 들어가서 곧바로 옹방강을 찾아갔다. 옹방강이 소장하고 있는 소동파의 진적眞跡 『천제오운첩天際烏雲帖』과 『시주소시施註蘇詩』의 송나라 판본을 보고는 완전히 소동파에 매료되었다.

옹방강은 소동파를 보배롭게 생각한다는 의미로 자신의 서재를 '소재蘇齋', '보소재寶蘇齋', '보소실寶蘇室'이라 이름 짓고 소동파에 대한 자신의 존경을 과시하였다. 자하에 앞서 옹방강을 방문했던 추사는 그에게 매료되어 담계 옹방강을 보배로 한다는 의미에서 자신의 서재 이름을 '보담재寶覃齋'로 지었다. 추사의 뒤를 이어 담계를 방문한 자하 역시 그에게 푹 빠져서 자신 또한 담계 옹방강을 보배로 하고 싶은데 이미 추사가 선점해버렸다. 어찌할 것인가. 그는 '나도 담계를 보배로 한다'는 의미에서

그림 1-21 오른쪽 그림

혜호, 〈소동파입극도蘇東坡笠屐圖〉. 19세기 조선에서 소동파는 숭상의 대상이었다. 담주 유배 시기(1097~1100) 삿갓을 쓰고 나막신을 신은 소동파를 묘사한 그림이다.

그림 1-22 아래(왼쪽) 그림

허련, 〈완당선생해천일립상阮堂先生海天一笠像〉. 소치 허련이 제주에서 유배 중인 스승 김정희의 모습을 그린 초상화로, 김정희가 조선의 소동파임을 회화적으로 형상화하였다.

'우일보담재又一寶覃齋'를 재호로 쓰기도 하였다. ^{그림 1-24}

　추사와 지인들의 기대 속에 처음 중국에 간 자하는 스스로도 큰 기대를 가지고 있었다. 옹방강을 통해 소동파의 진적을 마음껏 들여다보는 기회도 갖고, 옹방강의 문하들과도 교류하였다. 또한 중국에 갈 때 가지고 간 조선의 진적들을 그들에게 보여주며 평을 받기도 하였다.

　자하 신위는 자신이 '소재蘇齋'라는 재호를 쓰는 것에 대해 설명하면서 옹방강이 자신과 소재와의 인연에 출발점이자 종착점이라고 말하였다.

> 소미재, 보소실, 소재는 모두 담계 노인이 거처하는 곳이다. 내가 왜 또 (나의 거처를) 소재라고 하였는가? 대개 내가 전에 담계 노인의 집에 갔을 때 『천제오운진적첩天際烏雲眞跡帖』과 『시주소시송참잔본施註蘇詩宋槧殘本』을 얻어 보았다. …(중략)… 뒤에 상산(곡산 부사)에 있을 때 냉금전지를 가지고 쾌설당이 모각한 『천제오운첩』을 임모하여 병풍으로 만들었다. …(중략)… 홍두주인紅豆主人(옹방강의 아들 옹수곤의 호)이 일찍이 소동파상 연배본硯背本을 가져왔고 나는 전에 송설본松雪本을 가지고 있었다. 또 원나라 사람의 입극본笠屐本을 이모한 것과 상관주만소당본上官周晩笑堂本도 있으니 소동파의 상이 넷이어서 모두 청풍오백간淸風五百間에 걸고, 왕재청汪載靑이 그린 나의 초상을 옆에 걸었으니 바로 송목중宋牧仲(송락宋犖)의 고사를 따른 것이다. 서안을 깨끗이 정리하고 공의 문집을 그 위에 두고 냉금전지에 쓴 『천제오운첩』을 뒤에 펼쳐두었다.
>
> ―신위, 『警修堂全藁』 책3 「蘇齋拾草序」

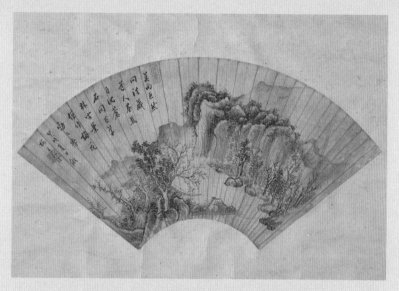

그림 1-23 신위, 〈방매도인 선면 산수倣梅道人扇面山水〉

그림 1-24 〈방매도인 선면 산수〉의 두인頭印은 '우일보담재又一寶覃齋'이고(왼쪽), 낙관
은 '신위지인申緯之印'(오른쪽)이다.

자하는 소동파를 추앙하는 옹방강처럼 자신의 방도 소동파 방으로 꾸미고 '소재'라는 이름을 붙였다. 『천제오운첩』을 그대로 옮겨 그려서 병풍을 만들어 치고, 소동파 시집을 서안에 올려놓고, 소동파의 초상을 4종이나 얻어 걸고, 옹방강을 방문했을 때 왕재청이 그려준 자신의 초상을 옆에 걸었다.

옹방강을 통해 이어진 추사와 자하의 소동파에 대한 흠모는 자하가 조선에 들어와서 자신의 방에 '소재'라는 재호를 붙였다는 데서 단적으로 드러난다. 자하는 더 나아가 효명세자(익종)와 헌종에게 중국 문화의 교양을 익히게 하였다. 헌종은 당대 최고의 전각을 모아 『보소당인존寶蘇堂印存』으로 집성하였다.

자하 신위는 담계 옹방강뿐만 아니라 그의 아들 성원星原 옹수곤翁樹崑과도 교유를 하였다. 신위는 옹방강보다 36년 연하이기 때문에 두 사람은 사제 간의 의를 맺어도 될 정도의 연령 차이가 있었다. 옹방강의 제자 섭지선葉志詵과 왕여한汪汝瀚은 나이 든 스승을 대신하여 조선 문인들의 상대역을 했던 것으로 보인다. 옹수곤은 조선에서 찾아온 문인들 중에서도 특히 추사秋史 김정희, 자하紫霞 신위, 정벽貞碧 유최관柳最寬을 좋아하여 이 세 사람의 호에 본인의 호인 성원까지 합해 자신의 거처에 '성추하벽지재星秋霞碧之齋'라고 이름을 써 붙일 정도였고, 또 이것으로 인장까지 새겼다.

당시 조선에서 자하와 추사만 소동파를 흠모한 것은 아니었다. 정조가 죽은 후 벽파가 득세하고 시파 세력이 쫓겨날 때 경상도 기장으로 유배 간 심노숭沈魯崇도 소동파 마니아 중 하나였다. 심노숭은 소동파를 유배 생활의 본보기로 삼아 정신적 힘을 얻었다. 유배지에서 심노숭은 소동파의 문장을 정독하면서 울분을 해소하고 자신과 동생 심노암沈魯巖을 소식蘇軾(소동파)과 소철蘇轍 형제에 빗대어 마음을 가라앉혔다. 심노숭은 소동파의 근신하고 반성하는 태도와 정신을 본받아 내면화하고자 하였다.

소동파에 대한 자하의 흠모는 여러 가지 면으로 나타났다. 매년 12월 19일 소동파의 생일에는 동파제東坡祭 또는 배파회拜坡會라고 하여 소동파의 초상을 걸어놓고 제사를 지내며 시회를 열기도 하였다. 또 소동파의 작품 『적벽부赤壁賦』를 흉내내어 7월 16일에는 배를 타고 뱃놀이를 하였다. 이렇듯 옹방강과 소동파에 대한 흠모는 19세기 조선 지식인들 사이에서 하나의 유행이 되었다.

「백수산 불적사 유기」

2020년 9월에 성균관대학교박물관에서 소동파의 「백수산 불적사 유기白水山 佛跡寺遊記」(이하 「유기」로 약칭)그림 1-25를 공개하였다. 서예가 검여劍如 유희강柳熙綱(1911~1976)이 소장하고 있던 것이다. 1950년대 후반에 미국으로 이민 가는 파평 윤씨 후손에게서 입수하였다고 한다.

「유기」는 1095년(소성 2)에 썼다고 하는 작품이다. 소식이 말년에 혜주惠州(현 광둥성 후이저우시)에서 유배 생활을 할 때 그곳 지주知州인 첨범詹範의 초청으로 가상柯常, 임변林抃, 왕원王原, 뇌선지賴仙芝와 함께 백수산 불적사에 놀러 가서 한가롭게 시간을 보내고 온 일을 쓴 글이다.

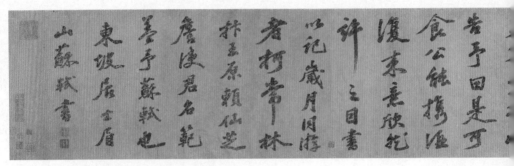

그림 1-25 소식, 「백수산 불적사 유기」

다음은 그 내용이다.

소성紹聖 2년(1095, 송 철종 2, 고려 헌종 1) 3월 4일에 첨 사군詹使君이 나
를 초청하여 백수산 불적사를 유람하였다. 탕천에서 목욕하고 떨어지
는 폭포 아래서 바람을 쏘인 뒤 중령에 올라 폭포가 나오는 곳을 바라
보았다. 가마를 타고 산을 나와서 지팡이를 짚고 걸으며 산을 구경하였
다. 나그네들과 이야기도 하고 저물녘 여포에서 쉬기도 하고 대숲 그늘
아래에서 지팡이를 끌고 걷기도 하였다. 이때 여지 열매가 연밥처럼 주
렁주렁 열려 있었다. 나이 드신 분이 여지를 가리키며 나에게 "이 열매
는 먹을 수 있는 것이니 공께서는 술을 가지고 다시 오시겠습니까"라고
하여 마음속으로 기뻐서 그러겠다고 하였다.
글을 써서 날짜를 기록한다. 함께 유람한 사람은 가상柯常, 임변林抃, 왕
원王原, 뇌선지賴仙芝이다. 첨 사군은 이름이 범範이고 나는 소식이다.
동파거사東坡居士 미산眉山 소식이 쓰다.

紹聖二年三月四日 詹使君邀予遊白水山佛跡寺 浴於湯泉 風於懸瀑之

下 登中嶺望瀑所從出 出山肩輿筇行觀山 且與客語 晚休於荔浦之上 曳

杖竹陰之下 時荔子纍纍如芡實矣 父老指以告予曰 是可食 公能携酒復來

意欣然許之 因書以記歲月 同遊者柯常林抃王原賴仙芝 詹使君名範 盖

予蘇軾也 東坡居士 眉山 蘇軾 書

끝에는 '東坡居士동파거사'와 '子瞻자첨'이라는 소식의 호와 자가 낙관으로 찍혀 있다. 백수산에 함께 간 사람 중에서 가상이라는 인물은 확인할 수 없으나 임변은 혜주의 박라 현령博羅縣令이었고, 왕원과 뇌선지는 소동파가 유배지에서 더불어 지낸 젊은 벗들이었다.

소동파의 「유기」를 이해하기 위해서는 「유기」 전후에 쓴 시와 함께 검토해야 한다. 소동파는 셋째 아들 소과蘇過와 뇌선지, 수재 왕원, 승 담영, 행전, 도사 하종일과 함께 나부도원 및 서선정사에서 놀았는데, 소과가 시를 짓자 그 시에 화운하여 첫째 아들 소매蘇邁, 둘째 아들 소태蘇迨에게 시를 써서 차운하였다. 이후 여지 밭을 지나다가 나이 든 어르신이 술을 가지고 와서 안주로 삼으라며 초청하자, 이에 응한다는 짧은 줄거리이다. 「유기」의 내용은 「도연명의 귀원전거에 화운함 6수(和陶歸園田居六首)」의 서문과 같다. 같이 간 사람들을 나열한 마지막 부분만 없다.

소동파는, 공자가 제자들에게 무엇을 하고 싶은지 묻자 삼월 삼짇날 기수沂水에서 목욕하고 바람을 쐬고 돌아오고 싶다 답한 증점曾點의 취향 그리고 도연명의 전원 생활을 동경하였다. 소동파가 도연명의 시에 화운한 「화도연명시和陶淵明詩」는 책 한 권이 될 정도였다.

「유기」 본문과는 별도의 종이에 조맹부의 아들인 조옹趙雍(1289~1369), 원말 사대가의 한 사람인 황공망黃公望(1269~1354)의 제발題跋이 있다. 조옹은 이 발문에서 소식이 웬만해서는 글씨를 잘 써주지 않았다는 것, 또 그는 몇 잔만 마셔도 취하여 코를 골며 잠을 자다가 깨서는 비바람처럼 글을 써서 신선처럼 살았다 하고, 그의 필법은 '빼어나고 굳세며 무궁하게 팔을 운용한 신묘함(秀勁有無窮轉腕之妙)'이 있어 조옹 당대인 원대의 글씨와는 비교할 수 없다고 칭양하였다. 황공망은 소동파의 이 글씨가 마치 '화산의 세 봉우리가 별처럼 우뚝 선 것(華嶽三峯 卓立參昴)'과 같다고 칭송하였다. 조옹과 황공망의 발문 이외에 다른 감상기로는 강리기康里巙, 주원옹周元翁이 만송령萬松嶺 혜명선원惠明禪院에서 「유기」를 보았다는 기록, 하동河東 장원증張源曾이 보았다는 기록도 있다. 주원옹은 북송의 황정견黃庭堅(1045~1105)과 동시대 사람인데, 그렇다면 이 배관기拜觀記는 조옹이나 황공망의 배관기보다 오래된 것이라 할 수 있다(黃庭堅,「古風寄周元翁」).

그림 1-26 「백수산 불적사 유기」 앞부분(오른쪽)의 인장 중 흰색 □ 안이 '위씨지보危氏至寶' 인이고, 뒷부분(왼쪽)의 인장 중 □ 안이 '위소危素' 인이다.

소동파의 「유기」는 한 세대도 지나지 않아서 다음 황제인 송 휘종 선화宣和(1119~1125) 연간에 황실로 들어간 것으로 보인다. 주변에 찍힌 소장인 '宣和선화' '內府圖書내부도서' '內府圖書之印내부도서지인'으로 보아서 그렇다. 다음으로 주목할 만한 소장인 또는 감상인鑑賞印은 '危氏至寶위씨지보'와 '危素위소' 인이다. 특히 '위소' 인은 다른 소장인의 인주 색깔과 달리 깊은 색을 띠고 있어 위소(1303~1372)와 「유기」의 깊은 인연을 말해 주는 듯하다. 위소는 원말명초元末明初의 역사학자·문학자로서 원 왕조에서 송宋, 요遼, 금金나라의 역사를 편찬하였다. 우리나라에는 보물 제

107호로 지정된 '고려임주대보광선사비高麗林州大普光禪寺碑'(부여 보광사지 대보광선사비)의 찬자撰者로 알려져 있다. 대보광선사비는 고려 말 승려 원명국사圓明國師 충감冲鑑의 탑비이다. 비문은 충감의 제자이자 당시 선원사禪源寺 주지였던 굉연宏演이 원나라에서 문장가로 이름 높았던 위소에게 부탁하여 지은 것이다. 게굉揭法이 비문 글씨를 썼으며, 주백기周伯琦가 전액(전서체로 쓴 비의 이름)을 썼다. 「유기」에서 또 눈에 띄는 소장인·감상인으로는 '史氏家傳翰院收藏書畵圖章사씨가전한원수장서화도장'인이다. 사씨는 명나라 초의 대수장가 사감史鑑(1433~1496)으로 추정된다. 사감은 오강吳江의 대수장가로서 그의 수장품은 당대의 서화가 겸 수장가인 심주沈周(1427~1509)에 못지않았다고 한다.

이러한 소장인·감상인을 살펴보건대, 「유기」는 북송 선화 연간에 송 황실 내부에 들어갔다가 원대에는 위소가 수장하였고, 명대에 들어와서는 사감가의 수장품이 되었을 것으로 보인다. 이렇게 추정해볼 때 「유기」는 조선 초·중기 이후 어느 시기에 우리나라에 들어왔을 것이다.

19세기 이후 조선에서 '동파제'나 '배파회'라는 소동파 열풍이 불 때도 소동파의 「유기」는 비장秘藏으로 숨을 죽이고 있다가, 해방 후 마침내 '소완재蘇阮齋' 유희강의 손에 들어왔다. 소동파를 보배로 여겨 '보소재'·'소재'를 재호로 쓴 옹방강, 또한 그런 옹방강을 보배로 여겨 '보담재'라는 재호를 쓴 김정희, 역시 또 옹방강을 보배로 여겨 '우일보담재'라는 재호를 쓴 신위를 거쳐, 소재 옹방강(담계 옹방강의 재호)과 완당 김정희의 정신을 계승하겠다는 소완재 유희강이 「유기」를 진장珍藏하게 된 것은 우연이 아니리라.

그림 1-27 소식, 「한식첩寒食帖」. 대만 고궁박물원故宮博物院에 소장된 소동파의 진적 「한식첩」은 「유기」의 차분하고 균정한 글씨와 비교하여 소동파의 개성이 강하게 드러난 글씨이다. 건륭제는 배관기에서 소동파의 글씨가 '호탕하고 빼어나다(豪宕秀逸)'고 하였다.

이 글을 쓴 이후 「유기」가 진적眞跡이 아니라 명대 이후에 만들어진 위작이라는 연구가 나왔다(윤성훈, 「소동파 글씨 특유의 개성 찾을 수 없는 모방작: 최근 공개된 '백수산불적사유기'의 진위를 검토함」, 『문자와 상상』 5, 아단문고, 2020). 그러나 진위 여부를 떠나서 이런 작품 자체가 조선시대 '동파열'을 반영하고 있다고 본다. 논란이 있는 만큼 처음에 썼던 글에서 「유기」가 '진적'이라고 표현한 부분은 삭제하였다.

2

간찰로 역사를 읽다

부채 정치와 책력 정치

부채 정치

'하로동선夏爐冬扇', '하선동력夏扇冬曆'이라는 말이 있다. 하로동선은 여름철의 화로(爐)와 겨울철의 부채(扇)라는 말로, 그다지 쓸모없는 것을 뜻한다. 반면, 하선동력은 여름철의 부채와 겨울철의 책력(曆)이라는 말로, 그 시기에 꼭 들어맞는 절실한 물품을 말한다.

조선시대 선비들 사이에서 널리 상식으로 이해되고 있던 사회적 매너, 아니 매너라기보다는 오히려 정치적 행위에 가까운 용어가 있었다. 바로 '선정扇政(부채 정치)'과 '역정曆政(책력 정치)'이다. 힘 있는 사람은 매년 단오가 가까워오면 더운 여름에 대비하여 부채를 나눠 주고 동지 즈음에는 새해의 책력을 선물해주었다. 정치적 영향력이 큰 사람일수록 또는 영향력을 더욱 키우려는 사람들은 1년에 두 번 단오와 동지에 각각 부채와 책력을 선물함으로써 자신의 네트워크를 관리하였다. 부채나 달력이 오늘날에는 별것 아니지만 조선시대 선비들에게는 필수품이나 다름없었다.

최근의 연구에 따르면, 조선시대에는 단오를 전후하여 위로는 국왕에서부터 아래로는 하인과 기녀에 이르기까지 '절선節扇', 즉 단오절 부채를 나눠 가졌다. 절선은 전라 감영과 경상 감영, 각 병영이나 수영의 주요 진상품이었다. 각 감영, 병영, 수영은 직속의 절선소節扇所에 장인匠人을 두고 6월 하순부터 부채를 만들기 시작하여 이듬해 3월 초순까지 제작을 완료한 뒤 4월 3일에 진상進上을 하였다. 절선소에서는 먼저 부채의 수요를 파악하고 각 고을에 대나무, 종이, 두석豆錫(놋쇠) 등 재료를 나눠 맡긴 뒤 이에 대한 수납과 품질 검사를 진행하였다. 그런 다음 부채가 본격적으로 만들어졌는데, 부챗살(矢)에 칠을 하고(착칠着漆) 부채 종이(선지扇紙)를 도배한 뒤 장식을 하는 공정이 분업적으로 이루어졌으며, 마지막으로 봉과封裹, 즉 잘 싸서 봉하여 작업을 끝냈다.

칠접선漆摺扇, 칠별선漆別扇, 백접선白摺扇, 백별선白別扇 등 궁중(대전, 중궁전, 세자궁)에 진상되는 부채의 총량은 25,000~30,000자루였다. 그런데 이 숫자는 말 그대로 진상용 분량일 뿐이고, 각 감영이나 병영·수영에서는 '봉여封餘'(진상하고 남은 물건)라는 명목하에 과외로 그 이상의 부채를 생산하여 조정의 관료들과 자신의 친인척들에게도 나누어 주었다.

단오 부채

이렇듯 단오절 즈음에 지인들을 비롯하여 주변 인물들에게 부채를 나눠 주는 모습이 이돈영李敦榮(1801~1884)의 간찰그림 2-1에 잘 나타나 있다.

그림 2-1 경상도 관찰사 이돈영이 절선節扇을 보내면서 함께 부친 편지

이른 더위에 벼슬하시기 좋으신지요? 여러 가지로 그립습니다. 저는 공
무에 많은 어려움이 있고 사사로운 걱정도 있어서 오로지 근심뿐입니
다. 다만 혼자 안타까울 뿐입니다. 나머지는 이만 줄입니다.

임술년(1862, 철종 13) 4월 염일(20일) 기하 이돈영 배

부채 8자루, 간지 40폭

肇熱/ 仕候萬重 溯仰區區 記下公/務萬難 負荷私憂 一是/熏惱 只
自悶憐耳 餘不/備書禮

壬戌四月念日 記下 李敦榮 拜

扇子 捌柄/ 簡紙 肆拾幅

이돈영은 1862년(철종 13) 정월에 경상도 관찰사로 부임하였다. 1862년 임술년에는 2월 초부터 진주 지역에서 농민항쟁이 막 일어나기 시작했고, 위 편지를 보낸 4월 20일이면 민란이 아직 정리되지 않은 채 여전히 삼남 지역에 파급되던 무렵이다. 민란이 진행되는 와중임에도 불구하고 그는 그해 4월에 문안 편지와 함께 부채와 종이를 지인들에게 선물로 두루 보냈다. 본문만 34자, 날짜와 본인의 이름, 선물 목록까지 모두 55자에 불과하다. 다른 내용은 없이 안부를 묻고 부채 8자루와 간지 40폭을 보낸다는 물목을 편지에 첨부하였다. 안부를 묻는 용어로 '仕候사후'라는 말을 쓴 것으로 보아 편지를 받는 상대방은 현직에 있는 관료로 생각된다.

이돈영은 본관이 전주이고 나중에 이돈우李敦宇로 개명하였다. 1827년 (순조 27) 증광 별시에 병과로 급제, 이듬해에 홍문록弘文錄에 올랐다. 부채와 종이를 선물하는 위의 편지를 쓴 1862년에는 경상도 관찰사가 되어 각지에서 발생하는 민란 수습에 전력하다가 중앙으로 돌아와 이듬해 판의금부사가 되었다.

경상도 관찰사를 지내기 20년 전인 1841년(헌종 7)에 그는 전라도 관찰사로 부임했었다. 전라도는 부채와 종이가 많이 생산되는 곳으로, 그 지역 관찰사는 부채 정치를 하기에 아주 좋은 자리였다. 자연스럽게 단오 때마다 전라도의 이름난 물산인 부채를 자신이 인사해야 할 지인들에게 보냈다. 이 시기 그가 지인들에게 보낸 단오 부채에 대해 고맙다는 답장으로 받은 편지 17건이 이돈영의 후손이 편집한 간찰첩에 함께 장첩되어 있다. 다음은 그중에서 이재 권돈인의 답장 간찰이다. ^{그림 2-2}

【 삼가 절하고 답장을 올림.   전라도 관찰사 대감 절하 】

남쪽을 바라보며 정이 치달리는데 적조한 생각이 매우 큽니다. 보내주신 편지를 받고 살피건대 석류가 익는 더위에 관찰사께서는 편안하시다니 위로되고 축하함을 어찌 헤아릴 수 있겠습니까. 큰 지역에 많은 업무가 있지만 이리저리 처리하는 데 무슨 어려움이 있겠습니까. 다만 새로 부임한 까닭에 혹 걱정은 없습니까? 보리는 이미 대풍이고 모내기도 잘하였으니 복이 임하는 것이 편하고 고요함을 알아서 매우 기쁩니다.

저는 바쁜 공무가 매일 어지러이 밀려들고, 노쇠하고 병든 몸은 나날이 가라앉습니다. 거의 버티기 힘들지만 오히려 다시 단속하지 않을 수 없으니 진실로 무슨 뜻인지 모르겠습니다.

보내주신 새 부채는 이처럼 예외적으로 많이 내려주시니 감사함을 이길 수 없습니다. 나머지는 손님이 번거로워서 갖추지 못합니다. 삼가 답장 예를 올립니다.

신축년(1841, 헌종 7) 단양(단오) 다음 날 제 돈인 배

【 謹拜謝上   完伯 台節下 (省式封) 】

南眄馳情 阻思殷殷 伏承/惠札 謹審榴熱/ 旬體曼護 慰祝可量 鉅/地劇務

何有於綜理 而/新莅之故 或不無貽惱耶/ 麥已大登 秧亦善移/ 福曜所臨

可驗寧謐 大可/喜也 弟公擾日以棼集/ 衰病日以沈綿 殆抵當不/得 而猶

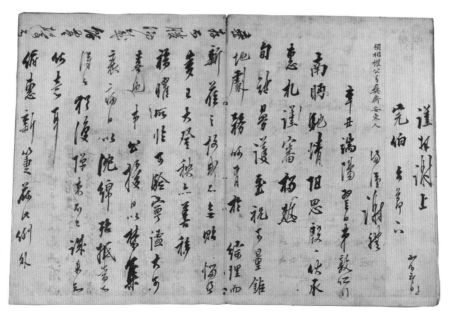

그림 2-2 권돈인이 전라도 관찰사 이돈영에게 보낸 편지

復隙束不已 誠未知/何意耳/ 俯惠新簽 荷此例外//垂存 不勝泑感 餘客擾

不//備 謹謝禮

辛丑端陽翌日 弟 敦仁 拜

편지 피봉에 '完伯완백 台節下태절하'라고 되어 있는데, '완백'은 전라도 관찰사의 별칭이다. 이는 편지 수신인이 전라도 관찰사라는 사실을 알려준다. 편지 말미에는 '辛丑端陽翌日신축단양익일'이라고 연월일을 표기하여 1841년(신축년) 5월 6일(단오 이튿날)에 보낸 편지라는 것도 알 수 있다.

따라서 이 편지는 권돈인이 전라도 관찰사 이돈영으로부터 절선을 받고 보낸 답장 편지인 것이다. 또한 피봉에 '謹拜謝上근배사상'이라고 씌어 있는데, '삼가 절하고 답장을 올립니다'라고 번역해야 한다. '謝'는 사례한다는 의미도 있지만 이 경우에는 저쪽에서 먼저 선물과 편지를 보낸 것에 대한 답장이고, 또한 선물을 보내지 않고 답장 편지만 보내는 경우에도 '사장謝狀'이라고 하므로 그냥 답장이라고 풀어도 좋다.

보리농사가 풍년이고 모내기도 잘하였다는 계절 안부를 전하고 자신의 근황을 알렸으며, 마지막에는 생각 이상으로 많은 부채를 보내준 데 대한 감사의 마음을 표하고 있다.

인맥 관리

이 글의 제목이자 주제로 '선정扇政(부채 정치)', '역정曆政(책력 정치)'이라는 생소한 개념을 썼는데, '선정'이라는 용어는 1855년(철종 6) 6월 권돈인이 자신의 삼촌에게 보낸 편지에 보인다. 편지 말미의 관련 부분만 인용한다. 그림 2-3의 **붉은색 네모 안**

각 처의 절선으로 갈 것을 온 건기件記(볼기)에 기록하여 보내니 기록한 대로 차차 나누는 것이 어떻겠습니까? 금년에는 선정扇政이 더욱 모양이 나지 않으니 형세가 그렇게 되었습니다. 어찌하겠습니까? 단지 부채 스무 자루와 미선尾扇 세 자루를 보냅니다. 쓰시기 바랍니다.

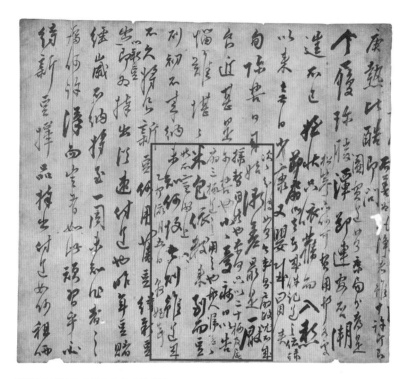

그림 2-3 권돈인이 삼촌에게 보낸 간찰

뱃사람이 돌아간다고 하여 바삐 씁니다. 다 쓰지 못합니다.
답장 편지를 올립니다.

各處/節扇所去者 來件記送之 依錄/次次分之如何 今年則扇政尤不成/樣
勢固然也 奈何 只以二十柄及尾/扇三柄送之 用之也 船人歸 恩恩/ 姑不
宣謝上

권돈인은 삼촌에게 부채 23자루를 보내면서 '선정'이 모양 나지 않는 다며 충분치 못함을 말하고 있다. 양반 사대부가 친지, 친척, 하인들에게 나눠 줘야 할 부채가 그만큼 많이 필요했던 것이다.

이돈영이 부채를 보내고 받은 어떤 답장에는 농담이긴 하지만 부채를 조금 보냈다고 불평하는 말이 담긴 글도 있다. 부채와 책력을 나누어 주는 일은 조선시대 양반 사대부들이 원만한 사회생활을 하기 위한 필수적 정치 행위였던 것이다.

책력 하나 보내오니
산중 갑자 헤아리십시오

소치가 보낸 편지

【 (진도) 쌍계사 첨성각에 회답함. 치객의 답장 편지 】

한 해가 다 되어가니 그리운 생각을 더욱 억누르기가 어렵습니다. 이러한 때에 멀리서 선승의 편지를 받으니 마치 백불白拂을 들고 연화蓮華 불법을 듣는 것처럼 황홀합니다. 더욱이 봉로방에서 맑은 공양하시는 것이 한결같다는 소식을 알게 되니 마치 물병의 물을 쏟아놓은 것처럼 흥건하게 위로가 됩니다. 다만 나 사리羅闍利가 목에 질환이 있다니 걱정입니다. 필경에는 그 선생을 속여야 그만둘 것인가요? 생각해보면 또 연민을 느끼다가 더 나아가서는 화가 납니다.

지난번에 말씀하신 일은 유념하지 않은 것은 아니지만 오히려 이는 속제俗諦라서 입을 열기가 실로 어렵습니다. 하물며 저는 관아에 붙어사는 몸인지라 항상 스스로 용납할 수 없을까 두렵습니다. 깊이 용서해주십시오.

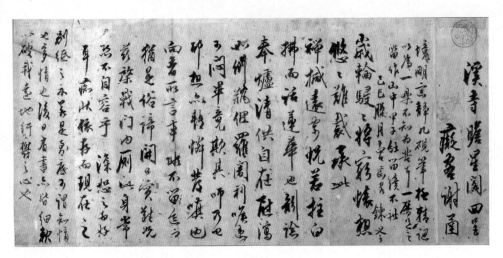

그림 2-4 소치 허련이 진도의 쌍계사 스님에게 보낸 간찰

저는 여전하고, 지금은 밝은 창가의 맑은 책상에 앉아 있으며 벼루와
붓도 매우 정교하니 이를 하나의 즐거움으로 생각하고 괴로운 줄을 모
르겠습니다.

책력을 하나 보내오니 두고서 산중의 세월을 헤아리십시오.

나머지는 다음으로 미루고 예의를 갖추지 못합니다.

기사년(1869, 고종 6) 납월(12월) 14일 치객癡客 련鍊 차수叉手

별지에 말씀하신 것이 이처럼 자세하니 가히 사정을 안다고 하겠으며
또 정이 많다고 하겠습니다. 나중에 편지를 하시면 역시 모두 자세히
알려주셔서 멀리 있는 저의 답답한 마음을 풀어주십시오.

【溪寺 瞻星閣 回呈　癡客 謝函】

歲輪駸駸將窮 懷想/悠悠難裁 承此/禪械遠寄 怳若拄白/拂而話蓮華也
矧諗/奉爐 清供自在 慰瀉/如倒瓶 但羅闍利喉患/可悶 畢竟欺其師乃已/
耶 想亦轉憐發嚶也/ 向者所言事 非不留念 而/猶是俗諦 開口實難 況/兹
榮戟門內厠此身 常/恐不自容乎 深恕之爲好/耳 癡狀依存 而現在之//境
明窓淨几 硯筆極精 認/以爲一樂 不知爲苦耳 一曆送之/ 留作山中甲子
餘留續不禮
己巳臘月十四日 癡客 鍊 叉手
別紙之示 若是到底 可謂知情也多情/也 後日有書 亦皆細報/ 以破我遠
地紆鬱之心也

　　이 편지는 소치小痴 허련許鍊(1808~1893)이 62세 때 진도 쌍계사 첨성각
의 스님께 보낸 것이다.^{그림 2-4} 그런 만큼 불교 용어도 많이 쓰고 있다. 한
해가 다 갔다는 말을 원문에서 '세륜歲輪(세월의 수레바퀴)이 다 되어가니'
로 썼다든가, '선승의 편지(선함禪械)', '백불白拂'이나 '연화蓮華', 또 '사리
闍利', '속제俗諦', '차수叉手'가 모두 불교 용어이다.
　　백불은 흰 소나 말의 꼬리털을 묶어서 자루 끝에 매어 단 장식물로, 보
통 스님이 설법할 때 손에 지니는 것이다. 소치는 편지를 받고서 스님이
백불을 들고 설법하는 광경이 떠오른다며 그리움을 표현하였다. '나 사
리羅闍利'는 소치가 편지를 보낸 스님의 밑에 있는 승려를 가리키는데,
'사리'는 제자의 품행을 바로잡는 일을 하거나 일반 승려들에게 덕행을
가르치는 승려를 높여 부르는 말이다. 도리(闍黎)라고도 한다. 본래 산스

크리트어 Ācārya로서 '아사리阿闍梨·阿闍黎'라고 음역했는데, '사리闍梨·闍利·闍梨'로 줄여 표기하기도 하며, '궤범軌範' 또는 '정행正行'으로 의역하기도 한다. '속제俗諦'는 세제世諦라고도 한다. '속俗'은 속세의 일(俗事) 또는 세속이란 뜻이고, '제諦'는 변치 않는 진리라는 뜻으로, 속제는 세속 일반에서 인정하는 도리를 말한다. 진제眞諦의 상대어이다. 속제와 진제를 가리켜 이제二諦라고 한다.

소치의 편지로 미루어, 나 사리라는 승려가 문제를 일으킨 일이 있어서 쌍계사 스님이 이를 해결하기 위해 소치에게 어떤 긴한 부탁을 하는 편지를 먼저 보냈던 듯하다. 소치가 전주, 임피(지금의 군산시)의 나포 등지에 살면서 요호부민饒戶富民에게 그림을 그려주며 생활하고 있을 때 주고받은 편지로 보인다. 쌍계사 스님이 소치를 통해 감영監營의 어떤 사람에게 청탁을 해달라고 했던 모양이지만, 소치는 완곡히 거절하고 있다.

소치의 그림 공부

소치 허련은 호남 문인화의 비조鼻祖이고 추사 김정희로부터 '압록강 동쪽에서 최고의 솜씨'로 인정받았으며, 나아가 헌종의 부름을 받아 궁궐에서 그림을 그리기도 하였다. 그의 예술적 경지에 대해서는 더 말할 필요도 없을 것이다.

소치는 스물여덟 살 때부터 해남 윤씨 녹우당의 명품을 빌려 보면서 그림 공부를 시작하였다. 본격적으로 서화의 전당에 입문한 것은 초의의 추천으로 추사의 문하에 들어가서 서화 수업을 하면서부터이다. 그의 나이 32세 때이다. 그러나 그 직후 추사가 윤상도尹尙度 옥사獄事에 연루되어 제주로 유배를 가자 몸 부칠 곳이 없어졌다. 그는 스승을 따라 세 번이나 바다를 건너 제주까지 가서 추사의 훈도를 받았다. 그는 스승 추사를 통해 그 지기知己인 권돈인權敦仁, 신헌申櫶 등의 명사와 폭넓게 교류를 가졌으며, 나아가 흥선대원군興宣大院君, 민영익閔泳翊 등 당시 실권자들과도 두루 교유하였다.

반도의 남쪽 끝에 있는 섬 진도 출신인 소치를 서울 경화사족京華士族들은 어떤 자세로 대하였을까? 진정한 벗이나 지기로 대하였을까? 엄격한 신분제 사회에서 단순히 그림에 재능이 뛰어난 하인 정도로 생각하였을까? 어쨌든 소치 자신은 그들과 맺거나 엮인 인연, 궁궐에서 국왕의 총애를 받은 일을 꿈 같은 것으로 회상하면서 '맑은 인연(淸緣)'이라고 기록을 남겼다.

소치의 그림은 유배 중인 추사를 찾아갔을 때 제주에서 실경을 그린 『소치화품첩小痴畵品帖』과 그 전후 시기의 그림이 절정인 것 같다. 50세가 되어서는 진도에 운림산방雲林山房을 마련하고 생활은 주로 전주와 임피, 남원 등에서 하며, 서울과 지방을 왕래하면서 화업畵業을 계속하였다. 그런데 그가 조선 말기 경제적으로 성장한 요호부민 집의 장식으로 그렸던 관념산수觀念山水나 묵모란墨牡丹, 묵죽墨竹 등에서는 그다지 깊은 예술적 향기를 맡을 수 없다. 생업을 위해 많은 사람의 요구에 응하여 기계적으로 그림을 그려준 느낌이 짙게 든다.

그렇다고 하여 소치를 비롯해 그의 뒤를 계승한 미산米山 허형許瀅, 의

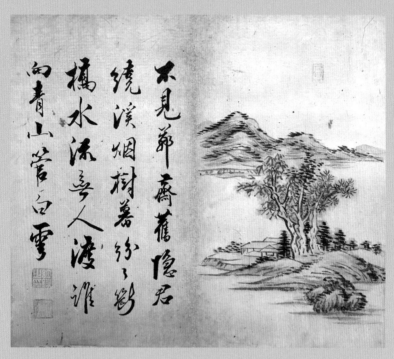

그림 2-5 화첩이나 병풍에 수도 없이 그렸을 소치의 관념산수화이다. 그림 그리는 일을 생업으로 삼은 소치는 생계를 위해서 주변의 요구에 응하여 이러한 그림을 많이 그렸다.

재의齋 허백련許百鍊, 남농南農 허건許楗 등으로 이어지는 남화南畫의 전통을 무시할 수는 없다. 비록 '문자향文字香 서권기書卷氣'를 지향하는 경화사족의 문인화 전통을 따라가는 경향이 보이지만, 밑에서부터 상층 문화를 지향하려는 일반 민중의 활력 있는 모습이 느껴져서 좋다. 호남을 중심으로 많은 요호부민들이 경화사대부의 문화를 흠모하여 조금의 여유가 있으면 머리병풍 하나라도 마련해서 집을 장식하려는 소박한 전통이 생겨났을 것이다. 소치와 그 아들 미산은 평생을 화업에만 진력하며 호남 요호부민의 사랑방과 안방에 고상한 품격을 장식해주었다.

소치의 생업

소치는 평생 그림에 몰두하고 그것으로 생활을 영위하였지만 당시 사회적 상황은 전업 화가를 먹여 살릴 수 있을 정도의 환경은 아니었다. 그림을 그리면서도 다른 한편으로는 그림과 시를 통해 교유한 권세가들의 힘을 빌려 세금을 대납하거나 관권에 기대어 갈등을 해결하는 과정의 이권 사업에도 어느 정도 관여했을 것이다. 서울 권세가들의 식객으로 전전하다가 환갑이 가까워오면서 전주, 임피, 남원 등지로 돌아다니며 활동한 것은 그림에 대한 수요보다는 이권에 대한 수요를 따라 이동했을 가능성이 있다.

소치가 살았던 시대에 그림을 그리는 일만으로 생활해나가기에는 대단히 어려웠다. 소치는 아들과 조카들을 통해 경제활동에 참여하는 생활

그림 2-6 운림산방은 전라남도 진도군 의신면 쌍계사 옆에 위치하며, 아침저녁 짙은 연무가 숲을 이루어 흐르는 모습이 장관을 이룬다 하여 소치가 붙인 이름이다. 소치 허련이 말년에 거처하던 곳이다.

을 했을 것으로 보인다. 그가 중년에 살았던 전주나 임피의 나포 등은 국가의 세곡을 납부하는 데 중요한 요지였다. 잘 알듯이 전주는 감영이 있는 곳이고, 임피 나포는 함열(지금의 익산)의 성당창聖堂倉과 함께 금강 하류의 주요 포구였다.

쌍계사는 진도에 있는 사찰이다. 고향을 떠나 객지에 머무는 소치는 고향의 소식을 알 수 없어 답답하고 우울해 있었는데, 쌍계사 스님이 진도의 자세한 사정을 편지로 알려주니 울적한 마음을 달랠 수 있었던 것 같다.

　이 편지의 마지막 부분에는 연말이 되어 스님에게 책력 하나를 보낸다며 산중에서도 세월 가는 것을 헤아리시라고 기원하였다. '책력 정치(曆政)'의 여파가 진도 산중에까지 미치고 있음을 알 수 있다.

소치의 그림값

젊은 향리에게 그림을 보내며

소치 허련이 팔순 가까운 나이에 해남 향리 정우형鄭愚衡(1847~1916)에게 보낸 간찰 2통을 소개한다. 첫 번째 편지를 먼저 읽어보자.^{그림 2-7}

【 정 전제 님 안하.　낙암객 문안 편지 일편운[한 조각 구름] 】

희중希仲 인계仁契님 안하.

낙암樂庵에 들러주셔서 매우 감사하고 기뻤습니다. 그런데 중간에 서로 말한 것이 잘못되어 오늘에 이르렀습니다. 이는 서로 가깝게 생각하지 않아서 그런 것입니다. 지금 선선한 기운이 점차 생기는데 님의 건강도 더욱 편안하시고 걱정은 없으신지요? 그립고 축원을 드립니다.

저는 객고客苦를 감내하는 것이 이제 일상이 되었습니다. 근일에 갑자기 사촌형의 부고訃告를 받고는 정리情理상 매우 슬펐습니다.

그림을 부탁받았으니 어찌 부응하지 않겠습니까? 이미 마쳐서 손자로

하여금 보내드리오니 하나하나 살펴보십시오. 모두 쓸모가 있으면 다행이겠습니다. 이 손자는 비록 어린아이이지만 족히 할아비 말을 대신할 수 있으니, 후의를 가지고 들어주시면 어떻겠습니까? 나머지는 이만 줄입니다.

을유년(1885, 고종 22) 칠석날 소치 노제老弟 련鍊 배拜

또 그렇지 않은 것이 있어서 부득불 제기합니다. 혹여나 찡그리지 말고 한번 웃어주시면 어떻겠습니까? 다른 게 아니고, 온인동蘊仁洞의 천문주千文周도 역시 그림을 그려달라는 부탁을 하여 기꺼이 그려서 보냈습니다. 다만 그의 마음 씀씀이가 얼마나 후하고 박한가를 볼 뿐이고 한마디도 시끄럽게 하지 않았습니다. 그런데 필경 15량을 대가로 보냈습니다. 그 감사함이 어떻겠습니까?

나와 당신의 세의世誼가 천가만 못합니까, 전부터 교제해온 정이 천가만 못합니까? 당신이 지닌 풍도風度의 두터움이 천가만 못합니까, 또 그림 일이 많은 것이 천가만 못합니까? 바라건대 충분히 평정심을 가지고 생각해주십시오. 내가 천문주의 편지를 거짓으로 만들어내서 말하는 것이 아니니 여기서 가져다 보십시오. 폐일언하고 객지에서 수족을 마음대로 하는 일이 과연 어렵습니다. 그에 구애받지 말고 10량을 주시면 어떻겠습니까? 저는 이 돈이 없으면 보존하기가 어렵지만, 당신은 이 돈이 없어도 축이 나지 않을 것 같으니 이름에 맞게 의리를 생각해주시면 어떻겠습니까?

장지壯紙 문제는 일전에 만났을 때 말했습니다만 만약 구할 길이 있으

그림 2-7 소치가 해남 향리에게 보낸 간찰(1)

면 값의 고하를 막론하고 1속(束)이든 2속이든 사서 보내주시면 어떻겠습니까? 값은 알려주시는 대로 보내드리겠습니다.

【鄭 田制任 按下　樂庵客候狀 [一片雲]】

希仲仁契任案下

樂庵一顧 迫庸感欣 而中/間探討訛誤 以至今日 此無相/及 遍 惟涼意漸動/ 任中候度 益以晏重 煩惱頓/無耶 漾祝漾祝 老弟堪耐客苦/ 認昨常事

而近日遽承從伯/喪訃 情理悲廓耳 第畵事/留囑 曷不曲副 誠美已了 故/玆以委阿孫入送 一一/覽之 皆可合用則幸矣 此阿孫/ 雖稚童 足可替述

翁言 告之/必存厚意 如何如何 都不宣

乙酉七夕日 癡老弟 鍊 拜

又有不然者 不得不提起 幸毋作/麈眉觀 付之一笑如何 非他 蘊/仁洞千

文周 亦有囑畫事 恰副/送之 而第觀其用心厚薄之如何/ 無一言呶呶矣
畢竟以十五兩錢酬/勞送之 其感倘如何 且念吾與/君世誼不如千耶 自來
交情不如/千耶 且風度之厚不如千耶 又畫/事之多不如千耶 望須十分平
心/思之 我非做詐文周書 在此取覽/焉 蔽一言 客地措手足果難 不拘畫/
事 錢十兩惠之如何 我則無此錢/難保之地 君則損此錢無縮之勢/ 願名思
義 如何如何
壯紙事 日前相對言矣 若有可/求之道 勿拘價之高下 一束二束 買/送如
何 價文依示入送矣

피봉에 '정 전제鄭田制'라고 되어 있어 편지 수신인이 전제소田制所를
담당하는 향리임을 알 수 있다. 전제田制는 전제소, 즉 토지를 양전量田하
고 조세 부과를 담당하는 호방 향리를 말한다. 희중希仲은 정우형의 자字
이고, 인계仁契는 '어진 친구', 곧 상대방을 높인 말이다. 정우형은 한창
활동을 하는 젊은 향리로 아직 마흔이 안 되었고, 소치는 여든에 가까운
나이였다. 낙암樂庵은 해남 대흥사의 산내 말사 중 하나인 낙서암樂棲庵
을 말한다. 이 편지를 보낸 1885년(고종 22)이면 소치가 78세의 고령으로
거의 은퇴한 셈이나 마찬가지일 무렵이고, 다른 지방으로 돌아다니기보
다는 고향 진도에 있을 때이다. 고령임에도 젊은 향리 정우형에게 '소치
노제(痴老弟)'라 칭하고 있다.

부탁받은 그림을 다 완성해서 보내준다는 편지와 함께, 이어지는 내용
은 그림값을 두고 실랑이하는 모습이다. 소치의 요구는 아주 노골적이다.
천문주라는 사람에게 그림을 그려준 뒤 15량을 받았다는 이야기를 전하

며, 이름에 걸맞은 충분한 사례를 해줄 것을 요청하고 있다. 마지막으로 그림 그리는 데 필요한 장지壯紙를 구입해줄 것도 부탁하였다. 그림을 전달하는 심부름은 어린 손자가 맡아 하였다.

그림값 받아내기

소치 허련은 당대 최고의 명필인 추사 김정희에게서 그림과 글씨를 배웠고 나중에는 헌종의 부름을 받아 국왕 앞에서 그림을 그려 올려 극찬을 받은 바 있다. 그런 그가 말년에 낙향하여 주변 고을의 향리와 그림값을 놓고 실랑이를 하는 모습이 눈앞에 훤히 들어온다. 아마도 해남 향리가 소치에게 그림을 그리게 하고 그림값을 제대로 주지 않은 모양이다. 소치는 정우형에게 같은 해남 지역의 온인동에 사는 천문주도 그림값으로 15량을 보냈다면서, 당신과 내가 대대로 사귀어온 정이 천가만 못한가, 아니면 교제해온 정이 천가만 못한가, 당신의 도량이 천가만 못한가, 아니면 그림 일이 많은 것이 천가만 못하냐며 따져 묻고는 다짜고짜로 10량을 달라고 요구하였다. 그러면서 당신은 그 돈이 없어도 되지만 자신은 그 돈이 없으면 살아나갈 방도가 없다고 하소연하였다.

소치가 그림값으로 언급한 10~15량은 어느 정도의 가치일까? 대개 쌀 1섬 가격이 5량쯤이므로 10~15량이면 쌀 2~3섬 정도의 가치다. 다른 경제 수단이 별로 없었던 시기에 쌀 2~3섬을 그림값으로 받으면, 크게 풍족하지는 않더라도 어느 정도의 생활은 해나갈 수 있었을 것이다.

그림 2-8 허련, 〈추경산수도秋景山水圖〉

다행히도 소치의 이러한 하소연이 통했나 보다. 다음 편지는 바로 사흘 뒤 소치가 보낸 감사 편지이다.^{그림 2-9}

【현 전제소 집사. 낙암객 문안 편지 [한 조각 구름】

희중 보십시오.

그저께 답장을 받으니 악수를 한 것이나 다름없습니다. 제일 기쁜 것은 바로 공방형孔方兄(돈)이 왔고, 겸하여 술도 오고 닭도 왔으니 눈 가득 찬란하여 마음 가득 기쁩니다. 어찌 다 말로 하겠습니까. 또 자라병의 배가 크고 넉넉해서 말술이 충분히 들어가고 술맛도 좋습니다. 가히 신선의 물과 신령스런 고약(仙液靈膏)에 비유할 만합니다. 마침 좋은 손님과 시를 짓는 승려가 있어서 같이 앉아 한잔 한잔 또 한잔을 하며 술병을 기울인 후에야 다하였습니다. 이와 같은 쾌활한 일은 산에 들어온 이후 처음 있는 일이니 어찌 천만 가지로 감격하지 않겠습니까?

노염老炎이 더욱 혹독한데 건강은 좋으신지요? 조금 불편하다고 하셔서 걱정입니다. 그러나 정신은 왕성하고 기운이 좋은 때에 조금 허물어졌다고 무슨 걱정이겠습니까? 다시 그리워하고 기원합니다.

저는 어리석고 완고한 모양이니 족히 무슨 할 말이 있겠습니까? 다만 화축畵軸이 현사縣司에 도착하자 모두 빼앗겼다고 하니 허물은 저에게 있습니다. 그러나 뭐 방해될 게 있겠습니까? 이도 역시 서로 친한 사이에 좋은 일이니 도리어 축하할 뿐입니다. 또 그렇지 않다면 지본紙本 두 건을 보내주십시오. 마땅히 원본같이 다시 그려서 보내드리겠습니다. 그러면 둘 다 좋은 일이겠습니다. 제가 늙어서 힘이 미치지 못할까 걱

그림 2-9 소치가 해남 향리에게 보낸 간찰(2)

정은 마십시오. 나머지는 이만 줄입니다.

을유년(1885, 고종 22) 7월 10일 소치 노제 런 배

【縣 田制所 集史　樂庵客候函 [一片雲]】

希仲 惠覽

再昨承覆 何異握手 共/欣第一 是孔方兄來臨 兼/之酒 兼之鷄 滿眼燦爛

滿/心欣喜 何以言旣 且鼞腹/豊大 斗酒恰受 酒味亦佳 可/以比仙液靈膏

適有好客/韻僧 同榻一杯一杯復一盃/ 倒壺乃盡 如此快活事 入山/後初

有 曷不感注萬千 老/炎愈酷/ 候度增重否 示以欠安 旋切/奉慮 然神旺氣

逸之時 何憂/少您也 更庸憧禱 此狀之痴/頑 何足言喩 第畵軸之抵/縣司

津致以至見攫 咎在我/矣 然亦何妨也 此亦相親間/嬉好之事 還復仰賀耳

又有/不然者 紙本二件送之 則當如原本 更寫送呈 卽兩便之/事 幸勿慮

我老 力之未遞/ 餘姑不宣

乙酉七月十日 痴老弟 鍊 拜

　앞서 7월 7일의 첫 번째 편지에 이어 두 번째 편지는 7월 10일에 보냈다. 그림값 10량을 요구한 편지를 받고 정우형이 바로 돈과 답장을 보냈는지, 소치는 그림값에 더해 닭과 술을 같이 보내주어 감사하다는 뜻을 전하고 있다. 신선의 물과 신령스런 고약 같다는 술은 마침 산사에 좋은 손님과 시를 하는 승려가 있어서 함께 다 마셨다고 하였다.

　한편 편지 말미에 '화축畵軸이 현사縣司에 도착하자 모두 빼앗겼다고 하니'라는 구절을 통해 소치의 그림이 해남현에 도착하자 서로 그림을 가지려고 다퉜다는 것도 알 수 있다.

그림 2-10 허련, 〈낙서암에서〉

2019년 12월, 시내 경매장에서 소치가 78세에 그린 대작 산수화 〈낙서암에서〉를 확인한 바 있다.^{그림 2-10} 그림의 화제는 청대 양주팔괴揚州八怪의 한 사람인 판교板橋 정섭鄭燮의 연경잡시燕京雜詩를 썼는데, 다음과 같다.

不燒鉛汞不逃禪	장생법도 쓰지 않고 세상일 피하지도 않으며
不愛烏紗不要錢	벼슬도 좋아하지 않고 돈도 필요 없네
但願淸秋長夏日	다만 바라기는 맑은 가을 긴 여름날에
江湖常放米家船	강호에서 항상 미불처럼 배 띄우고 즐길 뿐

그리고 "1885년(고종 22) 여름 낙서암에 있을 때 이 그림을 그리다. 당시 나이는 78세이다. 소치.(乙酉夏 在樂栖庵中作此 時年七十八 小癡)"라고 썼다. 낙서암은 소치가 말년에 거처했던 암자, 곧 낙암이다. 낙서암은 현재 남아있지 않지만 해남 대흥사의 산내말사 중 하나였다는 기록이 있어 소치 허련이 말년에 이곳에 잠시 머물렀음을 알 수 있다. 혹 이 그림이 소치가 정우형에게 그려준 그림이 아닐까 생각해본다.

소치의 아들

남종화의 계보

중국의 전통 그림은 크게 화원畵院 화가들을 중심으로 한 북화北畵와 문인의 그림인 남화南畵로 구분된다. 우리나라의 문인화는 원말 사대가 문인화를 받아들여 조선 후기에 크게 유행하였다. 소치 허련이 우리나라 남종화를 정착시키는 데 크게 기여했다는 것은 두말할 나위도 없다. 소치 허련과 그의 아들 미산米山 허형許瀅(1862~1938), 족손 의재毅齋 허백련許百鍊(1891~1977), 손자 남농南農 허건許楗(1907~1987), 그리고 아직도 그 뒤를 잇는 많은 후손 화가와 문제자門弟子들이 호남 화단을 수놓고 있다.

앞서 소치가 진도 쌍계사의 스님에게 보낸 간찰과 해남 향리 정우형에게 보낸 간찰을 살펴보았다면, 이번에는 아들에게 보낸 간찰과 아들을 지인에게 소개한 간찰 2점을 소개한다. 첫 번째 간찰은 1880년(고종 17) 서울에 세금을 상납하러 간 아들에게 보낸 편지이고, 두 번째 간찰은 1886년(고종 23) 장흥 보림사에 머물던 소치가 보성 반곡의 지인에게 그림 그리는 아들과 글씨 잘 쓰는 제자를 소개하는 글이다.

소치는 자신을 닮아 그림을 잘 그린 큰아들 은灝을 총애하고 호를 미산米山으로 지어주었다. 그러나 은이 젊은 나이에 죽자 크게 낙심하였는데, 뒤늦게 막내 형瀅의 그림 소질을 발견하고 서화를 가르쳤다. 허형은 맏형의 호 미산을 그대로 물려받고 화업畵業을 계승하였다. 사람들이 허은을 대미산大米山(큰 미산), 허형을 소미산小米山(작은 미산)이라고 구분하여 불렀다.

> 배가 출발한 이후 계속 바람이 좋다니 다행이다. 언제 강에 정박하는지 모르겠구나. 배에서 피곤하고 고생하였을 텐데 몸은 괜찮으냐? 상납 절차는 기회를 봐서 잘 도모하여 무사히 마감했느냐? 마감했다면 돌아올 일정을 계산할 수 있을 듯싶은데 언제 집에 도착할 것 같으냐? 돌아오는 길에 나포에 들를 생각이냐? 밤낮으로 마음이 쓰여서 눈이 빠질 것 같구나. 읍산邑山의 집 우환은 끊이지 않으니 매우 고민이 되지만 차차 회복할 형세이니 걱정 말아라. 거두어 상납하는 일이 대강 가늠될 것 같다고 하던데, 운오雲五가 올라가면 대화가 무궁할 터이니 잘 선처해라. 다만 시복是福의 할아비 일은 매우 괴이하다. 지난달 20일 해가 진 뒤에 모자母子가 출타하였는데, 나 모르게 나포로 갔다고 한다. 일간 들으니 해남의 같은 종씨 과부의 집에 아직 있다고 하던데, 장차 더 나갈 것인지 돌아올 것인지 모르겠다. 정말 심란한 일이다. 공납은 논을 팔아서 채웠다고 하는데, 이제 무엇에 의지해서 살 것이냐? 정신이 어지럽고 눈이 어두워서 이 몇 줄로 줄인다.

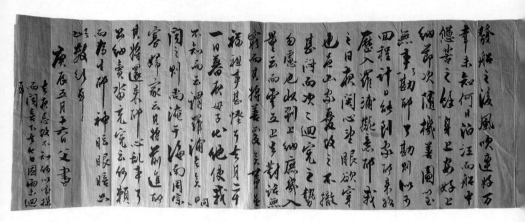

그림 2-11 소치가 아들에게 보낸 편지

경진년(1880, 고종 17) 5월 16일 아비 씀.

지난밤이 기일인데 어떻게 제대로 제사를 지낼지 몰랐으나 소식을 듣고 기쁘게 내려갔다가 오늘은 비가 와서 돌아가지 못하였다.

發船之後 風吹連好 万/幸 未知何日泊江 而船中/憊苦之餘 身上安好 上/納節次 隨機善圖 以至/無事了勘耶 了勘則似可/回程計日 能到家耶 來路/歷入羅浦擬意耶 我/之日夜關心 望眼欲穿/也 邑山家憂故之不撤/ 甚悶而次次廻完之勢/ 勿慮也 收刷上納 庶幾入/量云 而雲五上去 對話無/窮 而其將善處矣 第是/福祖事 甚怪耳 去月二十/日日暮也 母子出他 使我/不知而云謂羅浦去矣 日間/聞之 則徜淹于海南同宗/寡婦家云 其將前進耶/ 其將還來耶 心亂事耳/ 公納賣畓充完云 何賴/而爲生耶 神眩眼暗只/此數行耳

庚辰五月十六日 父書

去夜忌故 不知何以成樣/ 而聞喜下去 今日因雨未廻/耳

이 편지는 1880년(고종 17) 5월에 일흔이 넘은 소치가 아들에게 보낸
것이다. 그림 2-11 아들이 공세公稅를 상납하기 위하여 배를 타고 서울에 간
것 같다. '배가 출발(發船)'하였다든가 언제 배가 '강에 정박(泊江)'하느냐
고 묻는 표현, 또 '상납 절차는 기회를 봐서 잘 도모(上納節次 隨機善圖)'하
라든가 '끝마감(了勘)', '거두어 상납하는 일이 대강 가늠된다(收刷上納 庶幾
入量)', '공납은 논을 팔아 채웠다(公納賣畓充完)'라는 구절들로 보아, 소치
의 아들이 진도 고을의 공납을 거두어 중앙에 납부하는 어떤 직임을 맡
고 있다는 것을 짐작할 수 있다.

아들에게 보내는 편지인 만큼 자식 건강을 걱정하는 마음이 나타나고
집안일에 대해서도 이것저것 언급하고 있다. 고생스러울 텐데 몸 상태는
괜찮은지, 공납을 마치고 언제 돌아올 예정인지, 오는 길에 나포에는 들
를 예정인지, 그리고 모자가 출타하여 해남의 같은 종인宗人 과붓집에 머
물고 있다는 등 소소한 이야기다. 나포는 지금의 군산 근처 임피에 있는
나리포를 말한다. 조선 후기 함열의 성당창과 함께 전라도에서 거둬들이
는 세곡의 주요 집하처이자 서울로 출발하는 포구였다.

의재 허백련의 부탁으로 위당爲堂 정인보鄭寅普가 쓴 소치 비갈碑碣에
의하면 소치에게는 이씨 부인과의 사이에 은灑(1831~1865), 락洛, 함涵, 결
潔(뒤에 형瀅으로 개명) 네 아들을 두었다. 위 편지를 쓴 1880년이면 네 아
들 중 첫째인 허은은 이미 세상을 떠났고 막내인 허형은 열아홉 살이다.

열아홉 살에 세곡을 서울까지 운반하는 일을 감당할 수 있을지 모르겠다. 편지 수신인이 막내라고 단정할 수 없는 이유이다. 물론 둘째인지 셋째인지도 알 수 없다.

소치 허련의 비갈에는 그의 동생 허전許鑴이 가선대부 품계를 받아서 아버지와 어머니가 추증된 사실도 밝히고 있다. 요컨대 그의 집안은 부모를 추증할 수 있을 정도로 일정 규모의 자산이 있었고 지역사회의 유력 계층이었다. 조선 후기에 각 고을의 세곡을 운반하여 중앙 관사에 납부하는 책임을 맡는 것은 매우 중요한 일로서, 한편으로는 고역이지만 다른 한편으로는 지역사회의 유력 계층이 아니면 담당할 수 없는 일이었다. 그 일 때문에 가산을 탕진하여 패가망신할 수도 있지만, 또 부를 축적할 수 있는 계기가 되기도 한다.

소치의 집안은 진도의 평범한 농민층이었으나 세곡 납부와 같은 일을 통해 부를 축적할 수 있는 계기도 얼마든지 마련할 수 있었을 것이다. 또 이런 기회를 통해 소치는 중앙 경화사족의 지우知遇를 받고 그림 실력도 인정받았을 터다. 하지만 그 자신은 평생 그림에만 매달렸고, 화업만으로만 생활하는 것이 얼마나 어려운가는 앞의 글에서 살펴본 바 있다.

소치의 막내아들

다음은 1886년(고종 23) 여든에 가까운 소치가 보성 반곡의 지인에게 보낸 편지이다. 그림 2-12

【 반곡 전장에 사는 분에게. 보림사 귀객의 문안 편지 】

머리를 돌려 먼 산의 구름을 바라보면 그리움이 아득합니다. 하물며 봄
바람과 밤비에 봄빛이 점차 짙어지는 데에는 어떻겠습니까? 지금 어버
이 모시고 복되게 건강하시겠지요? 일전에 약을 먹던 일은 이제 걱정이
덜어지셨습니까? 마음 깊이 축원을 드립니다.

저는 아직 이곳에 머물러 있습니다. 이는 기다리는 것이 있어서입니다.
과연 집 아이가 와서 볼 수 있게 되었으니 기쁘기 한량없습니다. 이제
또 헤어질 때가 되었는데, 아이가 귀하의 명성이 훌륭하다는 말을 듣고
한번 가서 보고 싶어합니다. 말릴 것도 없고 오히려 권장하였습니다.
대개 이 아이는 그림 공부를 잘 따라 해서 자못 아비보다 낫다는 칭찬
이 있다는 것을 원근에서 모두 알고 있습니다. 이제 가서 인사 드리는
날 그의 그림을 시험해보면 알 수 있습니다. 또 여기에 함께 가는 사람,
이 선비(李雅)는 바로 나의 제자인데 글씨를 잘 씁니다. 역시 시험해보
면 알 수 있습니다.

두 사람이 나란히 강산 유람을 떠나려고 하는데 너무 거칠고 방종하는
듯싶기도 하지만, 오히려 괜찮을 것도 같아 흔쾌히 그 뜻을 허락하였습
니다. 이것도 역시 또 하나의 어리석음이지요. 껄껄. 이만 줄입니다.

병술년(1886, 고종 23) 2월 28일 기하 허련 배상.

【 盤谷庄上將命者　寶寺歸客候書 】

矯首雲山 所懷渺渺 況番/風夜雨 春色漸催乎 伏/詢辰下/ 侍節禧康 日前
刀圭之/事 已撤無憂否 憧祝區區 記下/尙淹此地 寔有所待者矣 果/然家

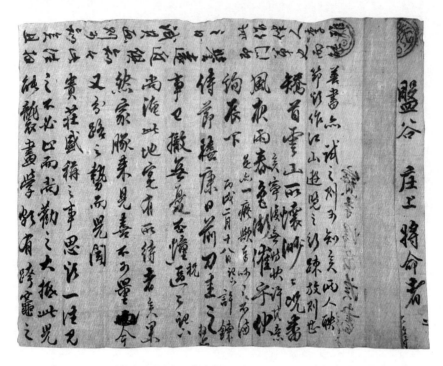

그림 2-12 소치가 반곡의 지인에게 보낸 편지.(소치 허련 탄생200년 기념행사운영위원회, 『珍島가 낳은 소치 허련 탄생 200년』, 2008)

豚來見 喜不可量也 今又分路之勢 而兒聞/貴莊盛稱之事 思欲一往見/之

不必止而尙勸之 大抵此兒/ 能襲畫學 頗有跨竈之//譽 遠近俱知 今此往

拜/之日 試其畫則可知矣 且//此作伴人李雅/ 卽門弟也 而能//善書 亦試

之則可知矣 兩人聯/笻 欲作江山遊覽之行 疎放則甚/矣 寧復無妨 快許

其意/ 是亦一痴歟 奉呵奉呵 不備

丙戌二月十八日 記下 許鍊 拜上

피봉 없이 둘러막아 마감을 한 이 편지는 발신자가 '보림사 귀객의 문안 편지(寶寺歸客候書)'라 되어 있고, 수신자는 '반곡 전장에 사는 분(盤谷庄上將命者)'이다. 보림사는 신라 선문구산禪門九山 중에서 제일 먼저 개산開山했다는 가지산파迦智山派의 중심 사찰로 장흥 가지산에 있는 사찰이다. 소치가 이 편지를 쓸 때 장흥 가지산 보림사에 머물렀었다는 것을 알 수 있다. '귀객歸客'이라는 표현은 말년에 불가에 귀의한다는 의미인지, 아니면 '고향으로 돌아온 나그네' 또는 '고향으로 돌아갈 나그네'라는 의미인지 정확히 알 수 없다. 모든 것을 다 포함한 의미일 수도 있겠다. 수신자는 '盤谷庄반곡장'(반곡 전장田莊)이라고 한 표현으로 보아 웬만큼 영농을 할 정도의 농토를 소유한 부민임을 짐작할 수 있다. '將命者장명자'는 명을 받는 사람, 즉 상대방을 바로 칭하기 어려워서 존칭하는 의미로 쓰는 말이다. 보성 반곡의 세족이었던 영광 정씨 집안 사람으로 생각된다. 임진왜란 때 의병이었던 정경달丁景達, 유배 간 다산 정약용에게서 가르침을 받은 정수칠丁修七이 그곳의 영광 정씨이다.

이 편지에서 소치는 반곡의 지인에게 아들의 그림과 제자의 글씨 솜씨를 자랑하며 이들의 실력을 시험해보길 권하고 있다. 여기서 말한 그림 잘 그리는 아들이란 죽은 맏형으로부터 호를 물려받은 미산 허형이다.

형이 죽은 후 늦게서야 아버지로부터 그림 재주를 인정받아 그림을 그리게 되었다는 미산 허형의 작품은 아버지 소치 허련의 그늘에 가려 거의 주목받지 못하였다. 아버지 어깨너머로 그림을 배우고 진도에 유배 온 무정茂亭 정만조鄭萬朝(1858~1936)로부터 글을 배웠다고는 하지만 정식으로 어느 누구에게서 그림과 글씨를 사사했다는 기록이 없다. 아버지

그림 2-13 미산 허형의 12폭 묵모란 병풍. 거친 흑색 삼베로 겉을 댄 전통 장황 병풍이다. 가장자리를 밝은 청록빛 색지로 대고 위와 아래를 붉은 색지로 장식했는데, 한말~일제 시기 전라도 요호부민의 소박한 사치의 모습을 엿볼 수 있다.

그림의 잔영이 짙게 드리워진 미산의 그림은 정형화된 산수와 묵모란, 묵죽, 묵란 등 패턴화된 장식 그림을 양산하여 호남 요호부민 집안의 소박한 사치욕을 채워준 듯한 느낌이다. 근대화·식민지화 되어가는 세상과 화단의 추세도 따라잡지 못하였다. 그러한 과제는 제자이자 족손인 의재 허백련과 아들 남농 허건에게 넘겨주어야 했다.

슬픔을 달래주는 편지

애도하는 글, 조장

죽은 사람을 애도하는 글은 항상 깊은 감동과 슬픔을 자아낸다. 중국 명문 중의 하나로 꼽히는 당나라 한유韓愈의 「제십이랑문祭十二郞文」이나 명나라 귀유광歸有光의 「선비사략先妣事略」은 각각 조카를 잃은 슬픔, 어머니를 회고하는 마음을 담아낸 글이다. 중국에서는 「제십이랑문」을 읽고 눈물을 흘리지 않으면 우애를 모르는 자'라는 말까지 있을 정도다. 우리나라에도 신라 때의 「제망매가祭亡妹歌」나 고려 예종의 「도이장가悼二將歌」, 박지원이 홍대용의 행적을 쓴 「홍덕보묘지명洪德保墓誌銘」은 짧은 글 속에서 죽은 이를 그리워하며 일생의 행적을 그려내고 있다. 제문, 그리고 상가喪家에 위로하기 위해 보내는 편지인 위장慰狀과 조문하는 편지인 조장弔狀도 이러한 부류에 속한다.

지금부터 살펴볼 글은 이재頤齋 황윤석黃胤錫(1729~1791)이 객지에서 43세의 젊은 나이에 죽은 친구 송상은宋相殷(1742~1784)의 아들들에게 보낸 조문 편지, 즉 조장이다. 황윤석보다 열세 살 아래인 벗과의 교유 관계가 그려지면서 아련한 슬픔과 안타까움을 자아낸다. 이때 황윤석의 나이는 56세였다.

윤석은 통곡하고 재배하며 말씀드립니다. 이 무슨 흉변凶變이고 이 무슨 흉부凶訃입니까? 선공先公(돌아가신 분)의 현명함으로도 나이는 오십을 채우지 못하였고, 선공의 학문으로도 지위는 6품을 넘지 못하였습니다. 빈궁하여서 여러 고을에 우거를 하다가 끝내 돌림병에 걸려 갑자기 길에서 돌아가신 것은 대개 고봉高峰 기대승奇大升이 고부古阜의 며느리 집에 가서 죽은 것과 같으니, 정침正寢에서 고종考終을 했다고 할 수는 없습니다. 아! 선공이 불행한 것이 역시 그렇습니까?

윤석은 선공과 그 나이를 계산하면 약간 위입니다. 성균관으로 방문하고 미호渼湖에서 결의하고, 아울러 선대 증조부의 행장을 지어줄 것을 부탁받은 일이 한두 번이 아닙니다. 오늘날 흔히 있는 일이지만 거의 20년 가까이 한 사람은 남쪽에 있고 한 사람은 북쪽에 있으면서 서로 다른 일을 한 지가 오래되었습니다. 남평南平에서 무장茂長으로 왔을 때는 오히려 거리가 가깝지 않은 것을 한탄했고, 무장에서 장성長城으로 왔을 때는 길이 너무 멀지 않은 것을 다행으로 생각하였습니다. 하물며 이번 3월 상복喪服 기간이 끝난 이후에는 또 밤낮으로 만나 이야기할 시간을 가지려고 했는데, 이는 지난해 섣달에 와주신 것에 따른 답례라고 생각했었습니다.

아! 그런데 누가 갑자기 유명을 달리할 줄 생각이나 했겠습니까? 지난

번 우리 동네 이인섭 군의 빈렴殯斂(장례 절차의 하나) 때 우연히 장성에서 온 두세 분 변씨邊氏를 만나서 들으니, 선공의 온 집안이 돌림병에 걸리고 또 굶주림으로 인해 부안의 현감 윤가(충민공忠愍公 윤각尹慤의 후손인 윤수검尹守儉)에게 가서 장차 여기癘氣(전염병)를 피하고 진휼을 구하려고 하였다는데, 그러면 아마도 그날 저의 집 앞을 지났을 겁니다. 막 서북쪽으로 고개를 내밀고 기다리고 있었는데, 지금 졸지에 흉한 부음을 듣는단 말입니까? …(중간 결락)… 어머니가 형과 동생을 데리고 영결하려 한다고 하니 이것은 오히려 다행입니다. 초종初終의 여러 가지는 또 어떻게 조치할 것인지요? 아마도 상이 나가는 것은 내일일 터인데 아마 와석臥石 신기新基의 삼거리 주막⁕을 지날 것입니다. 그곳은 우리 집에서 동쪽으로 3리쯤 되는 곳입니다. 죽지 못하는 늙은 내가 정이나 예로 보아 마땅히 닭 한 마리와 술을 가지고 지나는 길가에 가서 곡을 해야 하겠지만, 온 동네에 돌림병이 돌아서 마음속으로 두렵습니다. 성인이 질병을 조심하라는 뜻으로 미루어보면 갑자기 갈 수가 없을 것이니 어찌하면 좋겠습니까.

두 분 상인喪人은 이 사람을 고루하다고 생각하여 비록 눈길도 한번 주지 않겠지만, 일을 하는 데는 같은 집안이나 마찬가지이니 묵묵히 입 다물고 위문마저 하지 않을 수 없어 삼가 조장弔狀을 쓰고 겸하여 부지賻紙 한 다발을 올립니다. 나머지 할 말은 천만 가지가 많습니다만, 돌

⁕ 현재 전북 정읍시 소성면 보화리에 와석 삼거리가 있다. 상이 난 부안에서 장성으로 가는 길에 지나는 곳으로, 황윤석이 사는 흥덕에서 3리(약 1.2km)쯤 떨어진 곳이었다.

림병이 조금 물러가고 장례 기일이 정해진 연후에 한번 궤연几筵에 나아가서 위로는 끝없는 애통함을 다하고 아래로는 변변치 않은 제수를 올리면 오히려 마음에 부담이 되지 않을 것 같습니다. 형이 어머니의 병환에 손가락을 잘라 피를 먹이셨다는데 지금은 나아지셨는지요? 동생은 비록 어리지만 책임이 가볍지 않으니 오직 더욱 신경을 쓰시고 감정을 억제하시어, 본성을 멸하는 것은 효도가 아니라는(滅性非孝) 경계를 범하지 말기를 선공과 늙은 나는 깊이 바랍니다. 삼가 글을 올리니 살펴주십시오.

갑진년(1784, 정조 8) 윤3월 6일 세하 황윤석이 통곡하며 글을 올립니다. 송 석사 형제의 행점차行苫次[❀]에.

胤錫慟哭再拜言 此何凶變 此何凶訃/ 先公之賢而壽不滿五十耶/ 先公之學而位不過六品耶 旣貧窮奔寓于數邑 竟癘疫卒逝[於道]/路 蓋如奇高峯之就古阜子婦家而終者 謂之考終于正寢[耶]/ 嗚呼 曾謂先公而亦不幸如之耶

胤錫於/先公 計其犬馬之齒 則禮先一飯矣 而泮中之蒙訪 渼上之結義 與[其]/先曾王考狀草之受托 蓋無一 非今世多有之事 而近廿稔 一南一北相[逢]/逐久矣 自南平而茂長也 猶恨相距之不甚近 自茂長而長城也 差幸/其不甚遙 況今三月卽吉以後 又日夜擬進敍之時 則庶幾客蠟/來賣之

❀ 점차苫次는 부모 상중에 거처하는 곳을 말하는데, 객지에서 상이 나서 이동 중이기 때문에 '행점차'라 한 것이다.

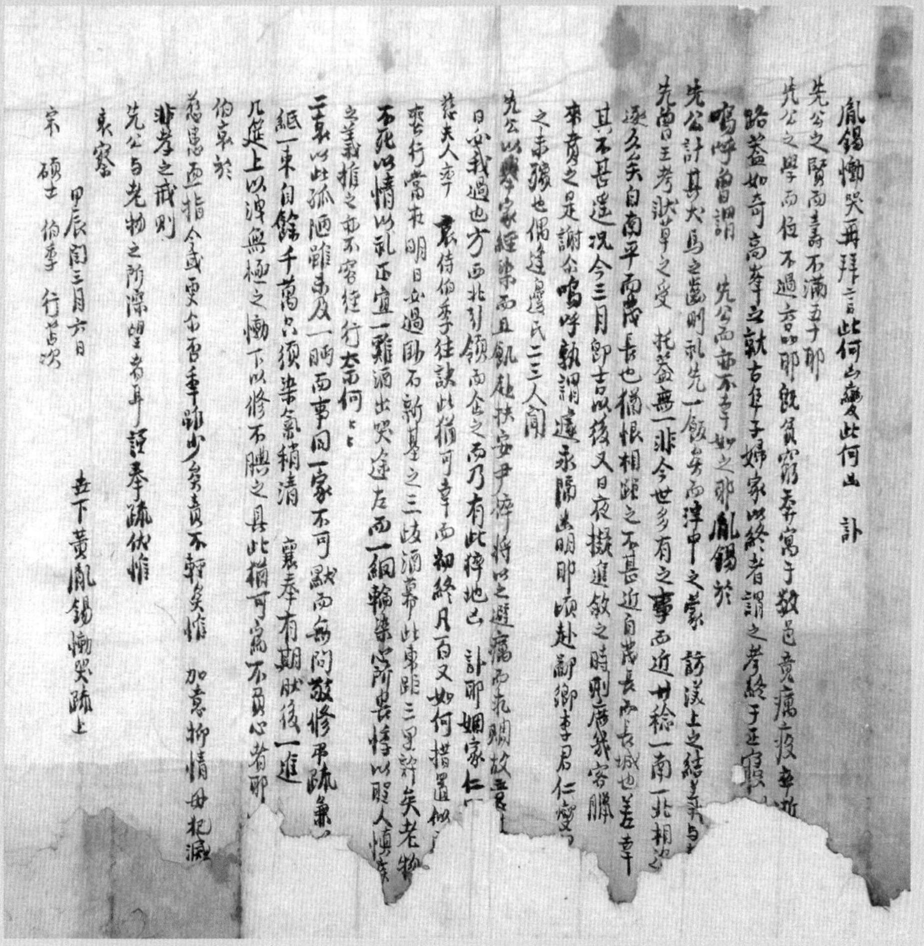

그림 2-14 황윤석이 죽은 친구 송상은의 아들들에게 보낸 조문 편지

是謝爾

嗚呼 孰謂遽永隔幽明耶 頃赴鄙鄕 李君仁燮□/之未殯也 偶逢邊氏二三
人 聞/先公以擧家經染而且饑 赴扶安尹倅 將以之避癘而求賙 故意□/
日 必我過也 方西北引領而企之 而乃有此猝地凶訃耶 姻家仁□/慈夫人
率哀侍伯季往訣 此猶可幸 而初終凡百 又如何措置 似□/喪行當在明日
必過臥石新基之三歧酒幕 此東距三里許矣 老物/不死 以情以禮 正宜一
雞酒出哭途左 而一網輪染 心所畏悸 以聖人愼疾/之義推之 亦不容徑行
奈何奈何

二哀以此孤陋 雖未及一晅 而事同一家 不可默而無問 敬修弔疏 兼〔呈
賻〕/紙一束 自餘千萬 只須染氣稍淸 裹奉有期 然後一進/几筵 上以洩無
極之慟 下以修不腆之具 此猶可爲不負心者耶/伯哀於/慈患血指 今或更
爾否 季雖少矣 責不輕矣 惟加意抑情 毋犯滅〔性〕/非孝之戒 則/先公與
老物之所深望者耳 謹奉疏 伏惟/哀察

甲辰閏三月六日 世下 黃胤錫 慟哭疏上

宋碩士伯季 行苫次

                              * □는 결락 글자, 〔 〕는 추정 글자.

황윤석은 1759년(영조 35) 31세에 진사시에 합격하였고, 송상은은 4년
후인 1763년(영조 39) 22세에 진사시에 합격하고 30세 되던 1771년(영조
47) 대과에 급제하였다. 두 사람은 13년의 나이 차가 있지만 성균관에서
함께 공부하였고 미호渼湖 김원행金元行(1702~1772)을 스승으로 모시며 도
의로써 맺어진 친한 사이였다.

송상은은 승정원·승문원·봉상시·종부시에서 봉직하였으며, 황윤석은 1766년(영조 42) 음직蔭職으로 장릉 참봉에 제수된 뒤 사포서司圃署의 직장·별제, 익위사翊衛司 익찬 등을 거쳐 1779년(정조 3) 8월 목천 현감이 되었다가 이듬해 파직되고, 1781년에는 모친상을 당하였다. 황윤석은 벼슬길이 끊어지면 고향인 홍덕(오늘날 전라북도 고창)으로 내려와 학문에 몰두하였다. 문과급제 당시에는 남평에 살았던 송상은이 무장을 거쳐 장성에 살면서 황윤석을 자주 찾아와 학문을 강론하였다. 그런데 갑자기 송상은이 세상을 떠났다. 돌림병을 피하고자 부안 현감으로 있는 친구 윤수검尹守儉에게 의탁하며 도움을 받으러 가는 길이었다.

『이재난고』의 조문 기록

황윤석은 벼슬은 높지 않았으나 학문이 방대하고 다양한 실학의 학풍을 이어받아 발전시켰을 뿐 아니라 서학에도 조예가 깊었다. 『이수신편理藪新編』『자지록資知錄』『이재유고頤齋遺稿』 등의 저술을 남겼는데, 그의 평생에 걸친 기록인 『이재난고頤齋亂藁』는 분량과 내용 면에서 당대 지성과 생활사에 대한 압권이라고 할 수 있다.

『이재난고』 1784년(갑진甲辰, 정조 8) 윤3월 5일과 6일 자에도 송상은을 직접 조문하지 못하고 부의와 조장을 보내서 위문했다는 사실이 기록되어 있다.

그림 2-15 『이재난고』는 이재 황윤석의 친필 유고이다. 직접 듣고 보고 배우고 생각한 것을 일기체 또는 기사체로 기록하고 '난고亂藁'라는 표제를 달았다.

5일 경신일. 흐리고 바람. □ 장성 원덕리 사람으로 송학신 일행을 따라온 사람이 권성발이 통지한 부고를 가지고 왔다. 그가 지금 장성 송 군이 거처하는 곳 본가에 가는데 내일 새벽에 다시 들를 것이라고 하였다. 초7일에 상이 나가니 장성에 돌아가야 한다고 하였다. 지금 이 행차를 계산하면 아마 와석 신촌의 삼거리를 지날 텐데 전염병 기운을 조심해야 할 것이다. …(중략)…

6일 신유일. 해가 나고 바람. 송 군의 사내종이 다시 상가에 간다고 하여 조장弔狀을 쓰고 부지賻紙 한 다발을 그의 두 아들 수묵 등에게 보냈다. …(하략)…

그림 2-16 『이재난고』 1784년 윤3월 부분

五日 庚申 陰風 □長城遠德里人 從宋學臣行中者 以權聖發所通訃書來
言渠方往長城宋君寓所本家 欲以明曉再過 因言初七喪行 當歸長城 余
計此行 必過臥石新村之三歧店中 而染氣可戒 奈何 …(중략)…
六日 辛酉 暘風 宋君奴子 再赴喪側 作弔狀 賻紙一束于其二孤脩黙等
…(하략)…

선비에게 가장 핍근한 것, 『유자최근』

선비가 가장 가까이하는 것

'유자최근儒者最近'이라는 말은 '선비에게 가장 핍근한 것'이라는 뜻이다. 성리학의 비조인 정호程顥의 『유서遺書』에 나오는 말이다. 명도明道 정호는 "자제들이 빠져서 좋아하는 것들은 하나같이 심지心志를 빼앗는 것이다. 서찰은 선비의 일에서 가장 핍근한 것이지만 너무 좋아하면 심지를 상하게 된다(子弟凡百玩好 皆奪志 至於書札 於儒者事最近 然一向好著 亦自喪志)"고 하였다. 이 구절은 『소학小學』과 『근사록近思錄』에 인용되어 조선시대 성리학자들에게는 친숙하다. 원래 이 말은 한 가지 기예技藝에 너무 빠지면 지기志氣를 잃어버려서 도道를 알 수 없게 되니 자제해야 한다는 말이다. 여기서 '서찰'은 그냥 간찰로 해석할 수도 있지만, 『근사록』에 주석을 붙인 진순陳淳(1159~1223)은 '서찰'이 글씨(書)와 간찰(札)을 의미한다고 하였다. 위 문장에 이어지는 구절에서 왕희지王羲之나 우세남虞世南, 안진경顏眞卿, 류공권柳公權 같은 사람들은 모두 서찰에 능하였고 풍도와 절개가 있어서 당세에 표준이 되었지만 그들이 도를 알았다고 할 수는 없다면서 대개 한 가지 기예에만 쏠린다면 시일만 소비하게 되고 학문에는 방해가 된다고 하였다. 또한 그것에 뜻이 국한되어 조존操存의 본령本領을 잃게 된다며 젊은이들이 경계해야 할 것으로 글씨에 빠지는 것을 들었다. 따라서 정명도가 말한 '유자최근'이란 선비들에게 가장 핍근한 글씨나 간찰을 의미한다.

선인들의 유묵집

선비에게 가장 중요한 소통 수단인 간찰은 조선시대 사람에게 어떠한 의미를 가지고 있을까? 필적은 그 사람의 성정性情이 나타나는 심화心畫이기 때문에 그 자체가 높은 가치를 지닌 역사적 유물이다. 명가名家에서는 선조의 유묵을 모아 '선조유묵先祖遺墨'이나 '선조유필先祖遺筆'이라는 제목을 붙여서 간직하며 보배로 여겼다. 대표적으로 여주 이씨가에서는 성호 이익의 아버지 이하진李夏鎭의 글씨를 『천금물전千金勿傳』이라는 10책으로 장책하여 보전하였다. 천금물전이란 '천금을 주어도 다른 곳에 주지 말라' 또는 '자손에게 천금을 전하지 말고 학문과 덕망을 전하라'는 의미이다. 이렇게 각 가문에서 선조의 유묵을 모아 장첩한 것이 있는가 하면, 자신의 선조는 아니지만 명현이나 선배 명필들의 간찰·시고와 같은 유묵을 모아 첩장帖裝하여 간직하기도 했는데, 조선시대에는 이런 명필 첩장을 만드는 것이 하나의 유행이었다.

그림 2-17 『천금물전』은 이하진이 다양한 크기의 해서, 행서, 초서로 쓴 서첩이다. 이하진의 아들이 옥동 이서이고, 이서의 이복동생이 성호 이익이다.

이러한 전통은 근대 시기에 들어와서 위창葦滄 오세창吳世昌(1864~1953)에 의하여 집성되었다. 오세창은 선인들의 유묵을 모아 『근역서휘槿域書彙』와 『근묵槿墨』으로 편집하였다. 『근역서휘』에는 1,119건의 유묵이 수록되어 있고, 『근묵』에는 1,136건이 수록되어 있다. 『근역서휘』의 자매편으로 그림 67건을 모은 『근역화휘槿域畵彙』도 있다. 이후에도 위창은 『근역서휘 별집別集』으로 141건의 유묵을 더 모았다.

『근역서휘』는 고려 말에서 대한제국 말까지 선인들의 필적을 모아 35책으로 엮은 서첩이다. 위창이 수집하여 첩장한 이 서첩은 일제 시기 고

서화 수집가인 박영철朴榮喆에게 들어갔다가 1939년 경성제국대학에 기증되었으며 지금은 서울대학교박물관에 소장되어 있다. 『근역서휘』와 함께 『근역화휘』, 『근역서휘 별집』도 서울대학교박물관이 소장하고 있다. 『근묵』은 성균관대학교박물관에 소장되어 있다. 『근역서휘』에 수록된 유묵은 국왕의 어필부터 여러 명현의 간찰이나 시고 등 거의 600여 년에 걸쳐 광범위하다. 『근역서휘 별집』은 4책으로, 18세기 초 백하 윤순의 서간에서부터 근대 시기 안종원安鍾元의 유묵까지 모두 137명의 필적 141건이 수록되어 있다. 『근묵』은 고려 말의 정몽주鄭夢周부터 근대의 이도영李道榮에 이르기까지 명사 1,136명의 글씨를 한 점씩 모아 모두 34책에 수록하였다. 『근역서휘』를 박영철에게 넘긴 뒤 오세창은 다시 유묵을 수집하여 80세 되던 1943년에 『근묵』으로 첩장하였다.

위창 오세창은 『근역서휘』와 『근묵』 두 자료를 집성했을 뿐만 아니라 우리나라 서화가 인명사전인 『근역서화징槿域書畫徵』, 서화가들의 인장을 모은 『근역인수槿域印藪』도 간행하였다. 이러한 작업은 우리나라 문화사·서화사 연구의 기초가 되었다. 위창의 작업 이후 이제 그 같은 방대한 작업은 더 이상 이루어지지 못하였다. 다만 동아대학교 석당학술원에 소장된 『선현필적집』이 792건의 간찰을 수록하고 있다.

『유자최근』

퇴계 이황(1501~1570)을 비롯하여 임진왜란 전후의 명필들부터 17~18

그림 2-18 『유자최근』 6책

세기의 명현 175명의 간찰과 글씨 201건을 모아 6책으로 장첩한 『유자최근』이라는 유묵첩이 있다. 『유자최근』에 수록된 필적의 주인공 중 가장 늦은 시기의 인물은 『대전통편大典通編』 편찬의 총책임을 맡았던 김치인金致仁(1716~1790)이다. 175명 중 남인계 인물은 한 사람도 보이지 않고 모두 노론과 소론 등 서인 계열이다. 파평 윤씨 윤봉오尹鳳五, 윤봉구尹鳳九, 윤봉조尹鳳朝, 윤심형尹心衡 등의 간찰에는 이름에 첨지를 붙여 가렸는데, 이로 미루어 『유자최근』은 파평 윤씨 윤봉구 후손이 수집·편찬했거나 그 집안에서 전래된 자료라고 추정할 수 있다. 마지막 수록 글씨의 주인공이 18세기 말의 인물이므로 이 서첩은 늦어도 순조 대(1800~1834), 빠르면 정조 대(1776~1834)에 장첩되었을 것으로 생각된다.

　『유자최근』은 201건의 유묵첩이니 141건이 장첩된 『근역서휘 별집』을 약간 넘는 정도의 컬렉션이다. 1책은 13건으로 가장 볼륨이 작지만 퇴계退溪, 율곡栗谷을 비롯하여 명필인 한호韓濩, 오준吳竣, 백진남白振南, 조속趙涑, 신익성申翊聖 등이 수록되어 있다. 2책에는 이정귀李廷龜, 이명한李明漢, 이일상李一相 등 연안 이씨 8건, 이단하李端夏와 이여李畬 등 덕수 이씨 2건, 서종태徐宗泰, 서명균徐命均 등 대구 서씨 2건, 이이명李頤命, 이건명李健命, 이관명李觀命 등 전주 이씨 3건, 김수흥金壽興, 김수항金壽恒, 김창집金昌集, 김창협金昌協 등 안동 김씨 5건, 민진원閔鎭遠, 민진후閔鎭厚, 민진장閔鎭長, 민응수閔應洙 등 여흥 민씨 6건, 윤세기尹世紀, 윤순尹淳, 윤급尹汲 등 해평 윤씨 7건, 그 밖에 홍처량洪處亮 등 7건까지 포함하여 모두 40건의 간찰이 수록되어 있다. 3책에는 윤근수尹根壽, 홍주원洪柱元, 윤심尹深 등 29건, 4책에는 김상헌金尙憲, 신익성, 이경석李景奭, 성혼成渾, 조상우趙相愚, 강현姜鋧 등 45건, 5책에는 윤양래尹陽來, 윤헌주尹憲柱, 홍봉조洪鳳祚 등 41건, 마지막 6책에는 여이재呂爾載, 이덕성李德成, 윤봉구尹鳳九 등 33건의 간찰이 수록되어 있다. 이렇게 총 175명 201건의 간찰, 시고, 문장 등이 수록되어 있다.

『유자최근』은 이미 18세기 말에 선현들의 유묵을 수집하여 첩장하는 전통이 있었음을 증명해주는 자료이다. 대개 자신의 선조 유필을 모아 '선조先祖…' 식의 제목으로 첩장을 하는데, 『유자최근』은 1책의 명필첩, 2~6책의 선현의 필적을 모아놓은 컬렉션인 셈이다. 18세기 말에 수집·첩장된 유묵이 온전하게 남아있는 서첩으로서, 근대 초기 위창 오세창에 의하여 집성된 『근역서휘』나 『근묵』 컬렉션의 선편先鞭에 해당하는 것이라 할 수 있다는 점에서 의의가 있다.

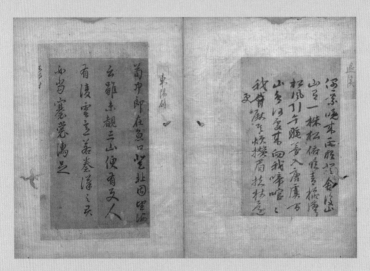

그림 2-19 이황(오른쪽), 신익성(왼쪽) 유묵. 『유자최근』 1책 수록.

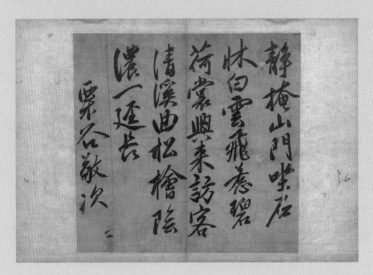

그림 2-20 이이 유묵. 쌍구전묵雙鉤塡墨으로 임모한 시고이다. 『유자최근』 1책 수록.

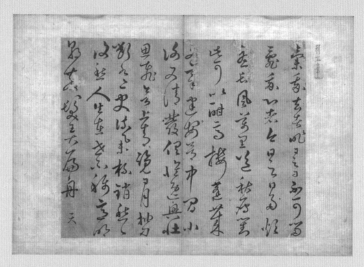

그림 2-21 한호 유묵. 『유자최근』 1책 수록.

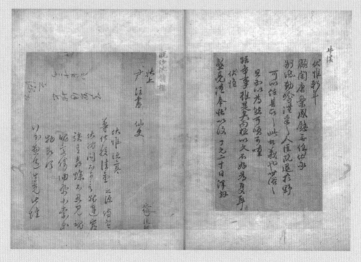

그림 2-22 성혼(오른쪽), 심지원(왼쪽) 간찰. 『유자최근』 4책 수록.

3

간찰로 생활을 읽다

선비들이 쓰는 꽃 편지, 시전지

생활의 유행

모든 생활에는 유행이 있다. 지식사회학자 칼 만하임(Karl Mannheim)은 각 시대에는 그 시대정신을 반영하는 예술 양식(style of art)이 있다고 하였다. 이 예술 양식은 시대에 따라 다른 모습으로 나타난다.

처음 한국사를 공부하기로 전공을 정하고 따라간 학부 2학년 첫 답사는 구산선문九山禪門을 주제로 사찰을 돌아보는 일정이었다. 보령 성주사지, 김제 금산사, 곡성 대원사, 순천 송광사, 태고종의 사찰 선암사, 하동 쌍계사 등을 답사하였다. 얼마나 많은 사찰을 둘러보았던지 답사를 마친 후에는 어느 절인지 구별이 잘 안 될 정도였다. 각 사찰에는 으레 탑이 있기 마련이라, 답사를 하면서 그 탑에 대한 예술적 시대적 설명이 늘 따라붙었다. 선생님은 멀리 폐사지에 서 있는 탑을 보고 어느 시기의 탑인지 맞춰보라고 하였다. 우리는 우리나라에 불교가 유행하던 시기가 삼국시대부터 고려 시기에 이어졌으므로 대강 그 시대의 탑이겠거니 했지만, 정확히 그 탑의 조성 연대가 삼국시대인지 통일신라 시기인지, 고려 전기인지 후기인지 알 수 없었다. 지금도 명확하게 안다고 할 수는 없지만, 한참을 공부하고 나서야 아무런 문헌 기록이 없어도 탑의 양식에 맞춰 어느 시기의 탑인지를 감별할 수 있게 되었다.

그런데 그것이 간찰이나 시를 쓰는 꽃무늬 종이인 화전지花箋紙·시전지詩箋紙에도 적용될 줄은 생각지 못하였다. 오랜 기간 간찰을 강독하면서 비로소 시전지에도 시기적인 유행과 패턴이 있다는 사실을 깨달았다. 대강 구별하자면 17세기에는 죽책형竹冊型 시전지, 18세기에는 오른쪽에 조그만 채색 그림을 넣어 찍은 채색문형彩色紋型 시전지, 19세기 후반에는 청에서 다양하고 소형화된 단찰형短札型 시전지가 유입되어 유행하였다.

이번 글에서는 17세기 시전지에 쓰인 간찰 두 건을 소개하려고 한다. 선비의 기호품답게 문자향이 느껴지는 아름다운 시전지이다. 현종의 국구國舅인 청풍부원군淸風府院君 김우명金佑明(1619~1675)의 간찰 한 점과 선조의 사위인 영안위永安尉 홍주원洪柱元(1606~1672)의 간찰 한 점이다. 두 점 모두 1662년(현종 3)에 석성石城 현감을 하던 황윤黃玧에게 보낸 편지이다.

청풍부원군 김우명의 편지

매우 그리워하던 차에 영감님의 서한을 받고 정사 보는 건강이 좋으시다는 것을 알게 되었습니다. 우러러 감사하고 위로가 됩니다. 저는 또

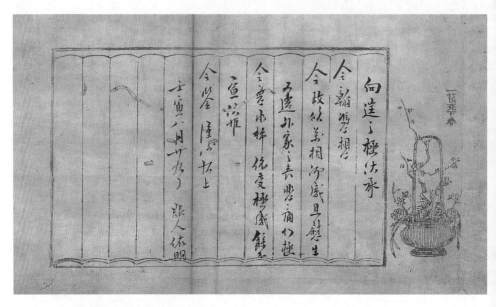

그림 3-1 청풍부원군 김우명의 간찰

외가 쪽의 상을 당하여 얼마나 비통한지 모르겠습니다. 보내주신 수시
는 매우 감사합니다. 이만 줄입니다. 영감님께서 살펴주십시오. 삼가
답장 편지를 올립니다.
임인년(1662, 현종 3) 8월 29일 복인 우명

向送之極 伏承/令翰 憑想/令政候萬相 仰感且慰 生/又遭外家之喪 悲痛
何極/ 令惠水柿依受 極感 餘不宣 伏惟/令鑒 謹謝狀上
壬寅八月卄九日 服人 佑明

그림 3-2 김우명 초상화. 그의 아버지는 김육
이며, 딸은 현종 비 명성왕후이다.

아주 간단한 편지이다. 지방 수령을 하는 황윤이 먼저 안부를 전하면
서 수시(물기가 많고 연한 감)를 보내왔나 보다. 김우명은 자신이 외가 쪽
의 상을 당하였다는 근황을 전하고, 또 수시를 잘 받았다는, 말하자면 영
수증 같은 간찰을 썼다. 당시의 사대부들이 계절마다 소소하지만 조그만
선물을 보내어 지속적인 관계를 유지했음을 알 수 있다.

옅은 군청색의 수수한 죽책형 시전지이다. 죽책 앞부분에는 '광주리
하나 가득 천하의 봄(일광천하춘一筐天下春)'이라는 화제畫題가 찍힌 예쁜 시
전지이다. 세로로 죽편竹片이 연결된 죽책 모양으로, 17세기의 전형적인
시전지이다.

영안위 홍주원의 편지

다음은 영안위 홍주원이 석성 현감 황윤에게 잔치에 쓸 물품을 구해달라고 요청하는 편지이다. 그림 3-3

따뜻한 봄입니다. 영감님 정사 보는 데 편안하신지요? 오마五馬(지방 수령의 행차)가 서울에 들어오셨을 때도 소식을 듣지 못하여 문안 인사도 한번 드리지 못하였으니 안타깝습니다.

지난겨울 용아(홍만용)가 등과하였을 때 집안에 상환喪患이 계속 이어져서 전례에 따라 치은侈恩(과거 급제 또는 벼슬이나 시호를 받는 등 국왕의 은전을 드러내는 것)하는 거조도 역시 설행하지 못하였습니다. 지금에서야 늦었지만 설행하려고 합니다. 비록 때가 지난 것 같습니다만 내달 초9일에 대강 곡회曲會(모여서 술과 음식을 나누어 먹는 것)를 설행하여 별급別給하는 문서를 써서 주려고 합니다. 닭과 달걀 및 새로 난 어물이나 굴등 물품을 넉넉히 구해서 주시면 쓰는 데 도움이 될 것 같습니다.

지난겨울 내려오셨을 때 때가 되면 다시 통지하라는 말씀이 이미 있었기에 감히 이에 번거롭게 해드립니다. 용아를 위하여 만났으면 하지만 영감님께서는 외방에 계시니 임석하시기를 청할 수 없는 것이 흠사여서 안타깝습니다.

나머지는 이만 줄입니다. 영감님께서 살펴주십시오. 삼가 절하고 편지 올립니다.

2월 28일 복인 주원.

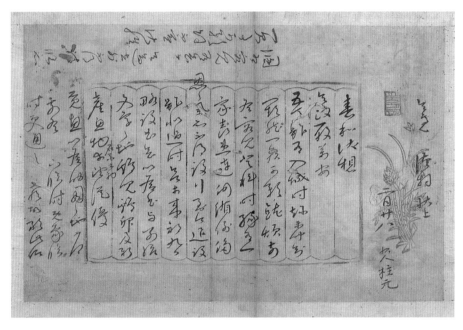

그림 3-3 영안위 홍주원의 간찰

春和 伏想/令政履萬安/ 五馬雖有入城時 越未聞知/ 闕然一候 可歎 就煩
前/冬容兒登科時 緣有一/家喪患連仍 循例侈/恩之擧 亦不得設行 到今
追設/ 雖似過時 欲於來初九日/ 略設曲會 以爲書與別給/文字之地 鷄兒
鷄卵及新/産魚物石花等物 幸望從優/覓惠 以爲助用之地如何/ 前冬下臨
時 旣蒙臨/時更通之敎 故敢此仰//涸 爲容兒有會 而令過在外 不得請臨
以/一欠事 可歎 餘不宣 伏惟//令亮 謹拜狀上

二月卅八 服人 柱元

맏아들 홍만용洪萬容이 문과에 합격하여 도문연到門宴을 베풀어야 했으나 계속 상喪을 치르는 바람에 거행하지 못하다가, 봄을 맞이하여 잔치를 베풀고자 석성 현감 황윤에게 닭, 달걀, 어물, 굴 등 잔치에 필요한 물품을 구해달라고 청하는 편지이다. ☞ '도문연'에 대해서는 247, 250, 257쪽 참조 홍만용은 1662년(현종 3) 문과 정시庭試에 장원으로 합격하였다.

당대 최고의 부귀를 누렸던 홍주원 집안에서 아들 홍만용의 도문연은 어떻게 치러졌을까? 각 지방에서 올라온 산해진미로 잔칫상을 벌이고 고관대작 친지들을 두루 불러 모아 과거 합격의 영예를 내려주신 성은에 감사하며, 또 과거에 합격하여 가문을 빛낸 자식에게 특별히 재산을 별급해주었다. 그런데 이 시기에 가뭄이 계속된 탓에 국가에서는 연악宴樂을 금하라는 명이 있었던 모양이다. 아들의 잔치를 베푼 이후, 홍주원은 금령에도 불구하고 풍악을 울리고 잔치를 하였다는 이유로 언론의 탄핵을 받아 파직되었다.

홍주원은 선조의 부마이다. 인목대비가 낳은 정명공주貞明公主와 결혼하여 영안위에 봉해졌다. 인조반정이 일어난 뒤 홍주원이 부마로 간택되는 데는 인조의 역할이 컸다고 한다. 부마가 되지 않았다고 해도 홍주원은 할아버지가 대사성·대사헌 등을 역임한 모당慕堂 홍이상洪履祥이고 외할아버지는 월사月沙 이정귀李廷龜로 당대 최고의 명가였는데, 정명공주와 혼인함으로써 영안위에 봉해진 즈음의 풍산 홍씨는 조선 최고의 부귀를 누리는 가문이 되었다. 홍주원은 4남 1녀를 두었는데, 편지에서 '용아容兒'라고 부르는 아이는 큰아들 홍만용을 가리킨다. 홍주원에게는 만용, 만형萬衡, 만희萬熙, 만회萬恢 등 네 아들과 조전주曺殿周에게 시집간 딸이 있다.

홍주원의 간찰은 전형적인 17세기 화전지에 쓰였다. 사각 틀 안에 군청색의 죽책문 괘선이 그어진 모양인데, 죽책 앞에는 주황색 꽃이 핀 난초 그림이 찍혀 있는 수수하면서도 약간 멋을 부린 화전지이다.

시전지의 변화

별것 아닌 것 같지만 하나하나 보면 조그마한 간찰에도 많은 스토리가 숨겨져 있다. 기본적으로 간찰은 그 내용을 통하여 구체적인 역사적 사실이 뒷받침된 1차 사료로서 기능하지만, 그 형식에서도 시대적 상황을 찾아볼 수 있다. 17세기에는 매란국죽 사군자와 같은 꽃을 그려 넣거나 단순히 죽책의 괘선만 있는 죽책문 시전지가 유행하였고, 18세기에는 종이의 오른쪽 시작 부분에 약간의 채색 꽃무늬를 더한 시전지가 유행하였다. 19세기 후반에는 청나라의 영향을 받아 그쪽의 시전지를 수입하여 사용하는 경향이 나타났는데, 주로 소형 단찰형 시전지가 많이 쓰였다. 이렇듯 시전지의 종류를 통해서도 시대정신을 볼 수 있다.

그뿐만 아니라 어떤 간찰지를 사용했느냐에 따라 확연히 다른 사대부의 생활 모습도 알 수 있다. 예컨대 경화사족은 잘 도침질된 반질반질한 장지에 마음껏 서예 작품을 쓰듯이 간찰을 썼고, 향촌의 가난한 남인 학자들은 피봉도 없이 뒤가 비치는 얇은 한지에 썼다.

세 벗들의 우정 어린 편지, 『삼현수간』

『삼현수간』

『삼현수간三賢手簡』은 막역지우인 구봉龜峯 송익필宋翼弼(1534~1599), 우계牛溪 성혼成渾(1535~1598), 율곡栗谷 이이李珥(1536~1584) 세 사람이 서로 주고받은 친필 편지를 모아 첩으로 만든 것이다. 간찰을 장첩粧帖한 문제자門弟子의 입장에서는 이 세 사람이 '어진 선생'이기 때문에 '세 분 어진 선생님의 친필 편지'라는 의미로 '삼현수간'이라 제목을 달았겠다.

『삼현수간』의 첫머리에는 송익필이 쓴 서문이 있다. 서문을 쓴 연도가 만력 기해년(1599, 선조 32)이니 구봉이 죽은 해이다. 그때는 율곡과 우계도 이미 죽고 송익필 자신만 살아있었다. 서문에 따르면, 자신이 죽을 날이 얼마 남지 않았는데 아들 취대就大가 흩어진 유고 속에서 그 두 사람이 보내온 편지를 수습하여 집안에 전해줄 자료집으로 만들었다고 하였다. 이 간찰첩에는 구봉이 우계, 율곡뿐만 아니라 다른 지인이나 제자에게 보낸 답장 초고도 같이 편집되어 있다. 모두 98건의 간찰과 초고

그림 3-4 『삼현수간』은 송익필, 성혼, 이이가 서로 왕래한 간찰을 4첩 98통으로 장첩한 것이다. 사진 오른쪽에서부터 원첩元帖에 23통, 형첩亨帖에 26통, 이첩利帖에 26통, 정첩貞帖에 23통이 수록되어 있다.

가 수록되었다. 이들 자료는 송익필의 문집 『구봉집』에 「현승편玄繩編」으로 대부분 수록되어 있고, 『율곡집』이나 『우계집』에도 일부 수록되어 있다. 우계가 구봉에게 보낸 편지가 50통으로 가장 많고, 율곡이 구봉에 보낸 편지가 13통, 나머지는 구봉이 우계나 율곡, 사계沙溪 김장생金長生 등에게 보낸 편지나 답문答問 등이다. 율곡이나 우계가 보낸 간찰은 구봉이 받아서 보관했던 것이고, 구봉이 다른 사람들에게 보낸 간찰은 실제 보내진 간찰이 아니고 그 편지의 초고와 잡록 등을 등서해둔 자료이다.

　미천한 출신으로서 잡과를 거쳐 관상감 판관 벼슬을 하고 있다가 모반을 고변한 공으로 공신에 올라 당상관에까지 승진한 송사련宋祀連의 아들로 태어나 유복한 환경에서 자란 송익필. 형제자매들이 모두 양반가와 결혼하고 심지어 왕족과도 혼인하는 가문이 되었지만, 시대가 변해 환천還賤되어 도망을 하며 유배 가게 되는 영락의 세월,☞4장「노비가 된 대학자」210~218쪽 참조 그리고 그 사이에 임진왜란이라는 미증유의 전쟁도 겪었다. 마지막 은거지인 충청도 면천에 살면서 자신의 아름다웠던 시절의 기록을 수습하여 정리해둔 자료가 『삼현수간』이다.

이 자료는 물론 송익필의 후손 집에 있어야 하지만, 제자인 사계 김장생의 집으로 들어갔다. 각 장마다 찍혀 있는 '황강사계창주고가黃岡沙溪滄洲古家'라는 장서인이 그것을 말해준다. 황강은 김장생의 아버지 김계휘金繼輝의 호이고, 창주는 손자인 김익희金益熙의 호이다. 따라서 김계휘—김장생—김반金槃—김익희로 이어지는 광산 김씨가에 전해 내려온 유물임을 알 수 있다. 사계가 스승인 송익필의 신원伸冤 운동을 주도하였고, 또 구봉의 마지막 은거지인 면천 마양촌은 사계와 인연이 있는 곳이었다. 구봉의 문집도 김집金集(김반의 형)과 그의 후손들에 의해 간행되었으므로 『삼현수간』도 충분히 광산 김씨가로 들어갔을 수 있다.

율곡이 구봉에게 보낸 간찰

『삼현수간』에 수록된 간찰 가운데서 율곡이 젊었을 때 구봉에게 보낸 간찰 한 편과 안가安家와의 소송으로 송익필 집안이 환천된 이후 구봉이 도피 중일 때 우계가 보낸 간찰 한 편을 음미해보자. 이 편지들에는 도의道義로 교유한 세 사람의 아름다운 우정의 한 단면이 나타난다.

먼저 율곡이 구봉에게 보낸 간찰이다. 그림 3-5

【운장 구봉 시하에 올리는 편지】

요즘 흙비와 더위가 매우 심합니다. 모르겠습니다만, 도황이 지금은 어떠신지요? 일찍이 6월 27일에 내려주신 편지를 받았으나 그 후로는 다시 소식이 없어, 향하여 생각하는 마음이 아득합니다.

생질 담이가 공부하는 데 가르칠 만하다고 하시니 매우 다행입니다. 저는 겨우 보존하고 있습니다. 다만 처첩들이 산중에 있어서 머물러 잘 곳이 없습니다. 집을 짓고 도배를 하여 이사 들어간 후에나 파산에 돌아갈 것 같습니다만, 사람 일은 뜻대로 되지 않으니 돌아갈 시기는 아마도 중추(8월) 그믐이 될 것 같습니다. 걱정입니다.

희원希元(김장생)이 여기에 와서 겨우 20일 있다가 더운 날씨에 돌아갔습니다. 적막한 가운데 다시 서로 같이 공부할 사람이 없으니 정말 한스럽습니다.

안협에 자리 잡은 곳에 아우가 옮기지 않는다면 아마 일이 안 될 것 같습니다. 어언휴의 계획이 지금은 어떤지 모르겠습니다.

또, 생질과 외삼촌 사이에 스승과 제자가 되는 것이 만약 정말로 주고받은 것이 있다면 선생이라 칭해도 되겠지만 지금 담이가 제게서 무슨 얻는 것이 있다고 선생을 칭하겠습니까? 세속에서 하는 대로 삼촌과 생질로 칭하는 것이 나을 것입니다.

살펴주십시오. 나머지는 자애하시고 더욱 복 받으시기를 기원합니다. 삼가 절하고 문안드립니다.

정축년(1577, 선조 10) 7월 24일 이 배.

어언휴와 계응(송한필의 자)에게 보내는 편지는 꼭 전해주십시오.

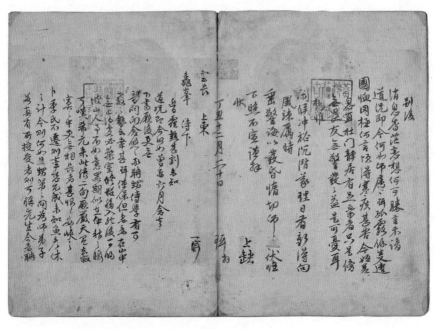

그림 3-5 『삼현수간』중 1577년 율곡이 구봉에게 보낸 간찰(왼쪽 면)

【雲長龜峯侍下 上東】

近日霾熱甚劇 未知/道況卽今何如 曾承六月念七日/下書 厥後更無/音問 向念悠悠 承聃甥侍學 有可/敎之勢云 幸甚 珥僅保 但妻妾在山中/ 無止泊處 必築室修粧移入 然後可歸/坡山 人事不如意 還期似在仲秋之晦/ 可嘆 希元來此纔二旬 厥嚴天召去 寂/寞之中 更無相長者 甚恨甚恨 安峽之/卜 季氏不遷 則事恐不成 未知魚彦休/之計 今則何如 且甥舅之間 爲師弟子/ 若眞有所授受者 則可稱先生 今者 聃/也於珥 有何所得而稱先生乎 不如從/俗稱叔姪之爲愈也 伏惟/下照 餘祈/自愛加嗇 謹拜/問

丁丑七月二十四日 珥 拜

魚彦休及季鷹了簡/ 銘傳何如

　이 편지는 1577년(선조 10) 율곡이 42세에 관직에서 물러나 황해도 석
담으로 낙향해 있을 때 구봉에게 쓴 것이다. 이해 12월 율곡 이이는 덕
행과 지식의 함양을 위해 도학의 입문 과정 교재로 만든 『격몽요결擊蒙
要訣』을 완성하였다. 이즈음 그는 경기도 고양 구봉산(현 파주 심학산) 자락
에서 학문을 연마하며 은거하는 구봉에게 조카들의 교육을 맡긴 것으로
보인다. 편지에 언급된 담이는 율곡의 매부인 윤섭尹涉의 아들 윤담尹聃
이다(『율곡집』 권34 부록 문인록).

　우계와 율곡이 구봉에게 보낸 편지를 보면 피봉에 '운장雲長 송 생원宋
生員' 또는 '운장雲長 구봉龜峯'이라고 수신인을 밝히고 있다. '운장'은 송
익필의 자이고 '구봉'은 송익필의 호가 된 고양 구봉을 말한다. '생원'이
라는 칭호를 붙인 것으로 보아 송익필이 생원 시험에 응시하여 합격했
었던 것 같다. 『구봉집』을 해설한 연보 자료에는 송익필의 출생에서부터
율곡 사후 송씨 집안에 대한 신분 소송이 일어난 시기 사이에는 거의 공
백이다. 그래서 구봉의 청장년기 실제에 대해서는 잘 알 수가 없다.

　우계와 율곡이 구봉에게 보낸 편지의 피봉에서 구봉을 '생원'이라고
호칭한 것은 매우 주목할 만한 부분이다. 구봉이 과거에 응시하여 생원
시험에 합격했다는 사실은 관직에 나아가 벼슬할 생각이 있었다는 방증
이기도 하다. 구봉보다 한 살 아래인 우계, 그리고 우계보다 또 한 살 아
래인 율곡 세 사람은 거의 동년배로서 관직에 나아가는 출처出處 문제를

두고 서로 고민을 터놓는 사이였다. 결국 율곡은 소과·대과를 거쳐 관직에 나아가고, 우계는 끝까지 과거에 응시하지 않은 채 산림을 자처하지만 유일遺佚로 천거되어 관직을 제수받고 시사에 발언하게 된다. 구봉은 생원시를 치러 합격한 것으로 보아 처음에는 관직에 나아갈 의사가 있었다고 생각된다.

율곡이 구봉에게 보낸 간찰의 내용을 요약하면 이렇다. 구봉에게 가서 공부하고 있는 자신의 생질 윤담이 가르칠 만하다는 소식을 듣고 기뻤다는 것, 또 자신은 윤담에게 가르친 바가 없으니 윤담과 자신의 관계를 사제 관계가 아닌 삼촌과 생질로 칭하는 게 좋겠다는 것, 희원 김장생이 찾아와 20여 일 있다가 돌아가서 지금은 같이 공부할 사람이 없기에 안타깝다는 것, 황해도 안협에 구봉의 동생 송한필(계옹)과 어언휴 등과 함께 이거하고 싶은데 송한필이 가려 하지 않는다면 그 계획은 이루어질 수 없다는 것이다.

우계가 구봉에게 보낸 간찰

이이와 정치적으로 대립했던 이발李潑, 백유양白惟讓 등은 율곡 이이의 뒤에 송익필이 있다 생각하였고, 율곡이 죽자 안씨 집안 사람을 부추겨 송씨 일가가 안가의 노비라는 내용의 환천 소송을 제기하게 함으로써 1586년(선조 19) 송익필 집안은 엄청난 송사에 휘말렸다. 자신을 비롯해 송씨 집안 사람이 하루 아침에 천인이 되어버린 구봉은 친구들과 이별을

고할 수밖에 없었다. 『구봉집』에는 이때의 심정이 다음과 같이 나타나
있다.

없는 것을 나에게 있다 하고	以無謂我有
하지 않은 것을 내가 했다고 하네	不爲謂我爲
옛날의 현인 철인 역시 그러했으니	賢哲古亦然
그대들은 나에게 슬퍼 말게나	於吾君莫悲
살기를 구하는 것이 도가 아니나	求生固非道
가볍게 죽는 것도 의가 아니네	輕死亦非義

—『龜峰集』,「聞京報 走筆別親舊」

  별안간 노비로 전락하여 천인이 된 구봉은 구차하게 목숨을 부지하기
위하여 도망치는 자신의 처지를 그렇게 변명하였다. 천인 신분으로 떨어
져서 도피를 하다가 결국 자수를 하여 유배를 당하고 마침내 사면되어
돌아오는 기구한 운명에도 불구하고 그에 대한 우계의 우정은 변치 않았
다. 도피 중에 있는 구봉에게 우계가 보낸 편지는 정적들의 거센 공격 속
에서도 전과 다름없었다.

  【구로 존형 좌전에 편지 올립니다】
  소식이 오래 끊어졌는데 세월은 벌써 가을입니다. 그리워하는 괴로움
  이 노쇠할수록 더욱 절실합니다. 모르겠습니다만, 고요히 은거하시는
  기거는 편안하신지요?

봄 사이에 담양 부사가 여러 번 편지를 보내서 그 편에 직접 보내신 편지를 받아 보았습니다. 말할 수 없이 기뻤습니다. 저는 노쇠하고 혼모한 것이 갑자기 더해져서 매일 죽을 날만을 기다리고 있습니다. 죽기 전에 매번 친구들을 생각하면 끝내 잊을 수가 없습니다. 세상에 살아있는 사람이 몇 사람이나 됩니까? 그러니 노형을 그리워하는 것이 어찌 끝이 있겠습니까? 바로 지하에 들어간 다음에나 서로 잊겠지요.

사암思庵(박순) 선생이 7월 20일에 영평 산중에서 돌아가셨습니다. 무너지는 아픔이 이루 말할 수 없습니다. 율곡문집은 조금도 실마리를 잡을 수 없습니다. 거리가 조금 가깝다면 어찌 노형께 아뢰지 않겠습니까? 다만 초본이 아직 완성되지 않아 가지고 갈 수가 없습니다.

저의 종이 순창에 추수 간심을 하러 갔습니다. 그곳에 대강 몇 뙈기 토지가 있습니다. 곡식 열 말을 드리오니 행여 물리치시지 않으면 좋겠습니다. 저는 2월에 염병을 피해 밖으로 나갔다가 지난달에 겨우 돌아왔습니다. 허허로운 다리로 우두커니 서 있으니 다른 것은 말할 것도 없습니다.

종이 돌아가는 길이 매우 바빠서 초초히 말하고자 하는 것을 다하지 못합니다. 답장을 보내주시어 저의 외로운 마음을 달래주십시오. 삼가 편지를 올립니다.

기축년(1589, 선조 22) 중추(8월) 3일 혼 배.

【龜老尊兄座前 上狀】

音徽長絶 歲已秋矣 戀慕之苦 衰老尤/切 未委/靜隱起居粗安否 春間潭

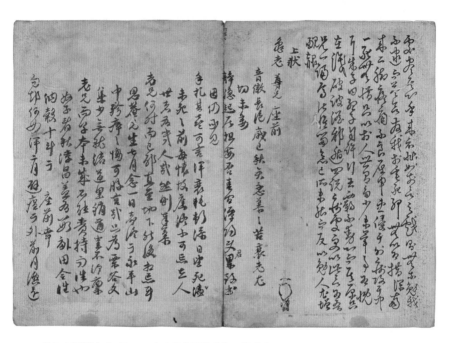

그림 3-6 『삼현수간』 중 1589년 우계가 구봉에게 보낸 간찰(오른쪽 면 2/3 지점에서 시작)

陽使君 累致書/ 因仍承見/手札 其喜可言 渾衰耗頓添 日望溘死/ 未死之

前 每懷故舊 終不可忘 在人/世者 爲幾人哉 然則奉慕/老兄 何時而已耶

直至地下 然後相忘耳/ 思庵先生 七月念日日考終于永平山/中 殄瘁之

痛 可勝言哉 只爲栗谷文/集 少無就緒 道里稍邈 豈不得裹/老兄 而草本

未成 不能賷持而往也/ 奴子看秋淳昌 盖有數畝田舍 往/納穀十斗于座前

幸/勿却何如 渾二月避瘟于外 前月纔還/ 虛足柴立 他無足道 奴歸甚忙

草/草不盡所欲言 伏惟/簡以一字 慰我孤懷 謹奉狀

己丑中秋三日 渾 拜

그림 3-7 경기도 파주시에 있는 파산서원. 1568년(선조 1) 성수침을 제향하기 위해 설립되었으며, 1628년(인조 6) 아들 성혼을 추가 제향하였다. 구봉, 우계, 율곡은 한때 파주에서 서로 가까운 거리에 살며 학문과 우정을 나누었다.

　　1589년(선조 22) 8월에 우계가 구봉에게 보낸 편지이다.^{그림 3-6} 그 전해에는 조헌趙憲이 율곡과 구봉을 옹호하는 상소를 올렸다가 유배를 당하였다. 구봉이 사노로 환천되는 곤경에 처하여 도피 중인 탓에 서로 편지도 자주 주고받지 못하고 담양 부사 편에나 소식을 전해 듣다가 비로소 구봉으로부터 직접 편지를 받았던 모양이다. 아마 이때 구봉은 정철의 세거지인 담양에 피신을 하고 있었던 것 같다.

　　율곡이 죽고 구봉은 피신을 하여 서로 교유할 친구가 없어진 우계는 구봉에게 보내는 편지에 견디기 힘든 쓸쓸한 심정을 표현하고 있다. 사암思庵 박순朴淳(1523~1589)이 영평에서 작고한 소식도 전하고, 몇 년 전에 죽은 율곡의 문집을 편찬하는 일이 두서가 없음을 토로하면서 초고가 정리되면 바로 알려주겠다고 하였다. 또 자신의 순창 농장에서 추수한 곡식 열 말을 전하면서 도피 중인 구봉을 조금이나마 경제적으로 도와주었다. 자신이 전염병으로 피우避寓한 소식도 전하고 있다.

한 살 터울로 태어난 구봉, 우계, 율곡의 만남은 비천한 출신과 양반 사족의 신분 차이를 극복한 도의道義의 사귐이었다. 적서嫡庶, 처첩妻妾, 반상班常 등의 신분제가 엄존하는 조선 사회에서 세 사람의 우정은 그러한 장벽을 뛰어넘는 아름다운 것이었다. 『삼현수간』은 그러한 세 벗의 우정이 오롯이 담겨 있는 친필 유묵이다.

나리님 덕택이라고
신현이 지방 수령인 형 신진에게 보낸 간찰

우애 깊은 형제들

간찰 중에는 당시의 생활에 대해서 정말 많은 이야기를 들려주는 것이 있다. 지금부터 살펴볼 간찰도 그러하다. 이 편지는 1818년(순조 18) 서울에서 고관 벼슬을 하고 있는 신현이 경상도 신녕新寧 현감으로 나가 있는 큰형 신진에게 보낸 것인데, 가내사를 얘기하는 사적인 글 속에 조선후기의 정치·사회·제도·문화 등이 나타나 있다.

하곡霞谷 정제두鄭齊斗의 손녀사위 신대우申大羽(1735~1809)는 네 살 터울로 신진申縉(1756~1835), 신작申緯(1760~1828), 신현申絢(1764~1827) 세 아들을 두었다. 소론 명가인 평산 신씨 가문은 양명학을 전하는 강화학파의 학맥을 이어갔으며 신대우와 그 둘째 아들 신작은 당대에 이미 문장과 글씨에서 명망이 높았다.

신녕 현감으로 재직 중인 신진에게 편지를 보낼 즈음 막내 신현은 승지에서 물러나 호군護軍의 산직散職 벼슬을 하고 있어서 어느 정도 여유

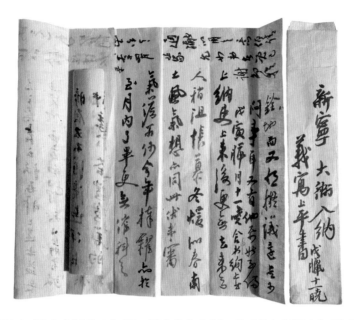

그림 3-8 신현이 신진에게 보낸 간찰. 피봉과 본지, 별지가 모두 갖춰진 사대부가의 전형적 간찰이다.

로운 생활을 하고 있을 때였다. 신현은 편지에 여러 이야기를 하고도 할 말이 아직 많이 남았던지 별지別紙에 이어서 썼다. 보통 별지는 협지夾紙 또는 태지胎紙라고도 하는데, 대개의 편지에서는 예의와 격식을 갖추어야 하기 때문에 본지本紙에는 의례적이고 형식적인 내용만 쓰고 실제 용건은 별지에 적는 경우가 많았다. 이 편지에는 본지와 별지가 있지만, 별지를 쓴 것은 비밀스러운 용건이나 감추어야 할 내용이 있기 때문이 아니라 형에게 전해야 할 말을 두루두루 적다 보니 길어져서 별지에 이어 쓴 것이다.

【신녕 대아 입납 어의동 집에서 올리는 안부 편지 무인년 12월 11일 새벽】

상납리上納吏가 올라온 후에는 다시 왕래하는 사람이 없어 소식이 좀 뜸하여 쓸쓸하고 그립습니다. 겨울이 봄처럼 따뜻합니다. 남쪽 땅의 바람 기운도 역시 이곳과 같을 것이라 생각합니다.

모르겠습니다만 건강은 어떠십니까? 금년에 환곡을 받는 일도 11월 내에 마쳐서 다시는 세금 받는 데 신경 쓸 일이 없겠지요? 저는 조회 반열에 참여하기 위해 며칠 전 서울에 들어와서 새해를 보낸 후 돌아가려고 합니다. 금산衿山의 묘를 이장하는 면례緬禮는 내년 4월로 날짜를 잡았는데 옛 묘는 금년에 파묘하는 것이 길하다고 하여 그저께 사익士益을 보내어 고유告由를 하고 먼저 서쪽 편을 파묘한 뒤에 돌아왔습니다. 일전의 인사에서 중형님이 새로 동벽東璧(홍문관 응교)에 신통新通이 되어 당하의 청직 벼슬에 부망副望으로 의망되었으니 이보다 더 좋은 일이 없어 매우 기쁘고 다행입니다. 전날 차대次對에서 대신들이 전당銓堂(이조의 당상관)과 반장泮長(대사성)은 두 길로 나뉘어 갔는데, 지금 와서 보니 그 제도가 좋지 않으므로 도로 전처럼 섞어 기용하자는 뜻으로 앙청하여 윤허를 받았다고 합니다. 저와 같은 사람은 이미 인사를 맡은 이조 당상관 자리에서 물러났는데 또 장차 의망하려는 논의가 있으니 도리어 민망합니다. 또 다른 별지가 있으니 이만 줄입니다.

무인년(1818, 순조 18) 납월(12월) 11일 새벽 사제舍弟 현 상서.

【新寧大衙入納 義寓上平書 戊臘十一曉】

上納吏上來後 更無去來之/人 稍阻悵慕 冬煖似春 南/土風氣 想亦同此

그림 3-9 신현이 신진에게 보낸 간찰의 본지

伏未審/ 氣候若何 今年捧糴 亦於/至月內了畢 更無催科之/關心者否 舍
弟爲赴參/候班 數日前入城 擬於經歲/後還歸 而衿山緬禮 以明年/四月
得日 而破舊墳 必於今年/爲之爲吉云 故再昨已送士益告/由 先破西方而
歸矣 日前有政/ 仲兄主新通於東壁 副擬/堂下淸宦 更無加於此者 事//甚
喜幸 頃日次對 大臣以銓堂泮長/之分而兩岐 到今不便 還爲如前//通融
以用之意 仰偦/蒙允 如弟者 旣已/謝却於//銓地 而又將擬議 還是可/悶
事耳 又有他紙 姑不備

戊寅臘月十一曉 舍弟 絢 上書

그림 3-10 신현이 신진에게 보낸 간찰의 별지

이번 생일날에도 또 모시고 지낼 수 없었습니다. 그날 둘째와 막내인 제가 차례를 지낸 후 대작하며 한바탕 취해 그리워하면서 지냈습니다. 명호(신현의 아들)의 눈병과 족질은 요즘 다행히도 편안해졌습니다. 공도회公都會를 들어가보는 것이 끝내 어려워서 일단 그만두었습니다. 하물며 세 식년式年이 차지 않았는데 시험을 주관한다는 뜻도 역시 믿을 수가 없습니다. 그놈은 내년의 회시會試가 정지되어서 크게 섭섭해하며 상제庠製 시험을 보려는 생각으로 어제 뒤따라와 서울에 있습니다만, 이도 역시 쉽게 할 수 있는 것은 아닙니다. 반시泮試는 서로 미루어서 담당할 사람이 없으니 금년에도 또 시험을 거르게 될지 어떻게 알겠습니까? 요즈음 중형님께서 혼자 계시는 것도 역시 대접하기 어려울 것 같아 20일경에 먼저 내려보낼 것입니다.

군포軍布는 어영청 및 훈련도감에 납부하는 것을 모두 대장들에게 통보하여 지체되지도 않았고 또 탈도 나지 않았습니다. 다른 읍에서는 많이 점퇴되기도 하고 탈이 난 곳이 있는데, 이 향리만 혼자 무사했다면서 오로지 나리 덕을 보았다고 자못 칭찬하고 사례를 하니 우습습니다.

今番/晬辰 又不得陪過 伊日/仲季 於茶禮後 對酌/一醉 悵慕以過矣 濩之/眼病及足疾 近幸得安/ 而公都會入見 終是重難/ 臨時停止 況三式未滿 而/主試之意 亦未可信也 渠/以明年會圍之坐停爲大/悵 有欲觀庠製之意/ 昨日追來在京 而此亦不/易得也 泮試互相推諉/ 無人擔當者 安知今年/又不歸於闕試耶 此時/仲兄主獨處亦難待 至/念間 自當先爲下送耳/ 軍布御營及都監/所納 皆通報于大將 旣/不遲滯 又不生頉 他邑則/多退送 生頉之處 而此吏/獨能無事 以偏荷上德/ 頗稱謝 可笑耳

먼저, 피봉에 '신녕 대아 입납新寧大衙入納 어의동 집에서 올리는 안부 편지(義寓上平書) 무인년 12월 11일 새벽(戊臘十一晓)'이라고 되어 있다. 신녕은 신녕현(경상북도 영천시 신녕면 일대)을 말한다. 대아는 사전에 '지방관으로 있는 아버지나 형에게 아들이나 아우가 큰 관아라는 뜻으로 지방 이름 아래에 붙여 겉봉에 쓰던 말'이라 정의되어 있고 여기서도 그 정의가 틀리지 않으나, 그렇다고 반드시 아버지나 형이 재직하는 관아만 대아라고 일컫지는 않았다. 즉, '대아'는 편지의 수신인이 근무하는 관아를 존칭하는 의미로 두루 쓰였다.

'어의동 집에서 올리는 안부 편지'라는 말은 신현이 당시 서울에 올라

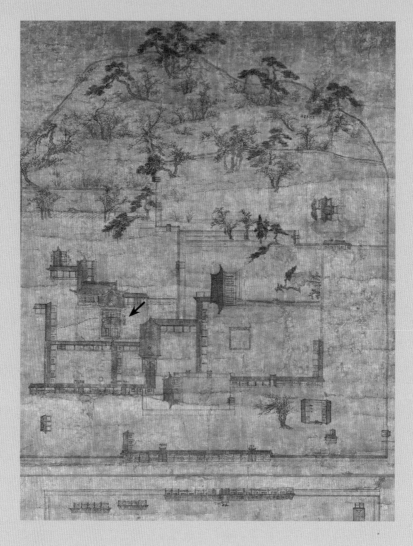

그림 3-11 인조의 셋째 아들 인평대군의 저택을 그린 〈인평대군방전도麟坪大君坊全圖〉이다. 낙산 아래에 지어진 그의 저택은 조선에서 가장 크고 화려했다고 한다. 화살표로 표시한 건물이 석양루이다. 지금 이화장이 있는 곳이다.

와서 머물던 집이 어의동於義洞에 있었으므로 그렇게 쓴 것이다. 신씨 일가는 1811년(순조 11)에 어의동 기대企臺로 이사하였다. 기대는 기재企齋 신광한申光漢(1484~1555)이 살았던 곳이라서 그의 호를 따 기재라고도 불리며, 후대 사람들은 그곳을 신씨 일가가 살았던 곳이라 신대申臺라고도 하였다. 그곳은 낙산 언저리 어의동 인평대군麟坪大君의 석양루夕陽樓가 자리하며 조금 높은 언덕이 있는 풍치 좋은 곳이었다. 봄가을 경치가 매우 좋아서 서울 동쪽 낙산 주변에 살고 있던 노인들이 극원屐園 이만수李晩秀를 맹주로 홍천시사紅泉詩社를 만들어 몇 년 동안 모임을 가지기도 하였다. 홍천시사는 이만수와 권식權烒 등 소론 중심의 인사들로 구성되었고 신진·신작·신현 3형제도 참여하였다.

피봉 원문의 '평서平書'는 평신平信이라고도 쓰는데 평안하냐고 묻는 안부 편지라는 의미이고, 상평서는 안부 편지를 올린다는 뜻이다.

간찰 본지 첫머리에 나오는 상납리上納吏는 신녕현의 아전 중에 공물이나 군포 등 각 고을의 상납 납부 책임을 맡아서 서울에 올라온 구실아치를 말한다. 서두에는 편지를 보내게 된 전후 상황과 시후 인사를 하고 있다. 신녕현에서 거둬들인 상납물을 납부하는 아전이 서울에 올라올 때 그를 통해 형의 편지를 받아 보았는데 그가 상경한 뒤에는 오가는 인편이 없어서 소식을 못 들어 쓸쓸하다는 마음을 전하고, 현의 업무가 대강은 끝나 좀 편하지 않느냐고 안부를 물었다. 지방에서 환곡을 받는 일은 11월이면 끝나는 것 같다.

본지 원문에 있는 '候班후반'은 정초에 임금을 알현하는 조회에서 백관들이 늘어선 반열을 말한다. 즉, 조회의 반열이다. 신현은 승지의 바쁜 직책에서 잠시 물러나 호군이라는 산직에 있었기 때문에 좀 한가할 때인데, 후반에 참여하기 위해 서울에 왔다는 말로 미루어 당상관은 산직에 있어도 정초의 조회에 참여했던 것 같다.

집안일로는 금산衿山의 묘 이장 문제가 있었나 보다. 금산의 묘를 이장하는 면례緬禮는 신작의 죽은 첫 부인 반남 박씨를 금산에서 사촌社村으로 이장하는 일을 말한다(『石泉遺稿』卷2 雜著 亡室朴氏墓誌). 돌아오는 새해 4월로 이장 날짜를 잡았는데 옛 묘는 금년에 파묘하는 것이 좋다고 하여 사람을 보내 고유告由(큰일을 치르기 전이나 후에 그 까닭을 사당에 아뢰는 일)를 하고 먼저 서쪽 편을 파묘하였다. 면례와 관련해 택일을 하고 파묘를 하고 고유를 하는 과정을 잘 보여준다.

둘째 형 신작과 자신의 벼슬 생활에 대한 근황도 전하고 있다. 신작이 홍문관 응교에 새로이 임명된 것은 비록 당하관이기는 하지만 청요직이기에 영광스러운 일이라는 점, 그리고 신현 자신의 경우에는, 문반의 인사권을 가지고 있는 이조의 당상관인 전당銓堂과 성균관의 우두머리인 반장泮長(대사성)을 교대로 임명했던 제한적인 규정이 바뀌어 두 개의 직책을 제한 없이 맡을 수 있도록 했기 때문에 유리하게 되었다는 사실을 전하고 있다. 동벽이란 조선시대 관료들의 서열에 따라 앉아 있는 자리가 정해져 있는데(좌차座次) 동쪽에 앉아 서쪽을 향하는 자리로, 의정부 좌·우찬성, 홍문관 직제학부터 전한·응교·부응교까지, 승정원 좌·우승지가 이에 해당하였다. 편지에서 신작이 동벽에 신통되었다는 것은 홍문관 응교에 임명되었다는 말이다.

신작은 서울에서 과거시험을 보느라 아버지가 성천에서 죽을 때 임종을 못한 불효자라고 자책하며 평생 벼슬에 나아가지 않았다고 한다. 1808년(순조 8) 신현이 성천도호부사로 부임하자 75세 고령의 신대우는 호조참판 벼슬을 그만두고 막내아들의 임소인 성천에 따라가 부양을 받았다. 그곳 관아의 문이 우화문羽化門이었는데, 신대우申大羽는 그것을 보고는 크게 놀라면서 '집에 돌아갈 수 없겠구나' 하고 예감을 하였다는 설화가 『임하필기林下筆記』에 나온다. 서울에서 경과慶科가 설행되자 신작은 아버지의 명으로 과거에 응시하여 문과에 합격하였다. 그러나 그 직후 아버지가 위독하다는 소식을 듣고 바로 성천에 내려갔으나 도중에 부음을 듣고 임종하지 못하였다. 문과에 합격한 후 그는 여러 청요직에 임명되었지만, 주로 광주廣州 사촌에 있으면서 한 번도 관직에 나아가지 않았다. 이런저런 사정을 핑계 대고 사직서를 내고 다른 지방에 나가 있다면서 관직을 뿌리쳤다. 청요직으로 추천되고 임명되어 당상관에까지 올랐지만, 그 자리마저도 거절하였다. 또, 신작은 형제들과 같이 참여하고 있는 홍천시사에도 시만 보낸 채 잘 참석하지 않았다. 좀 소극적인 성격이었던 것 같다.

그러나 세 형제의 우애는 매우 돈독하여 한집에서 잘 지내고, 신진에게 아들이 없자 신작이 자신의 아들을 형의 양자로 잇게 하였다. 아버지의 『완구유집宛丘遺集』을 편찬·간행할 때도 세 형제가 최선을 다하였다. 신작이 고졸한 예서체로 직접 쓴 것을 신진이 현감으로 있는 신녕에서 간행하려 하였으나, 각수의 솜씨가 불량하자 서울로 올라와 광주 사촌 집에서 당시 조선 최고의 각수를 고용하여 몇 달 만에 간행하였다. 세 형제의 깊은 우애는 이 편지의 내용으로 보나 아버지의 문집 『완구유집』을

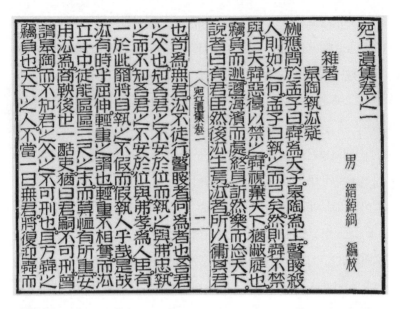

그림 3-12 신대우의 문집 『완구유집』. 신대우의 세 아들 진縉, 작綽, 현絢이 나란히 편집·교열자로 이름이 올라 있다. 신작이 예서로 필사한 것을 그대로 판각하여 찍어냈다. 당대 최고의 목판본 문집으로 평가된다.

세 아들 진, 작, 현이 나란히 편집·교열했다는 표기에서도 알 수 있다.

과거시험과 아들

별지에서 언급한 '이번 생일날'이 누구의 생일인지는 모르겠으나 차례를 지낸 후에 바로 둘째 형 신작과 함께 술을 마시면서 큰형 신진을 그리워하며 크게 취하였다고 하였다.

또, 간찰 별지에서 신현은 아들 명호가 과거에 응시하고 있는 상황을 자세히 전해주고 있는데, 사실 조선 후기의 과거제도는 오늘날의 대학 입시 제도만큼이나 이해하기 어렵다. 공도회公都會란 매년 1회씩 각 도에서 유생들을 평가하는 시험으로, 초시와 복시를 치르고 도별로 정해진 인원을 선발하여 생원·진사시 초시 합격 자격을 주어 회시에 직부하게 하는 시험이다. 별지 원문의 '三式삼식'은 세 식년인지 3년인 식년을 말하는지 정확히 알 수 없으나 '세 식년'으로 번역하였다. 식년은 자子, 묘卯, 오午, 유酉의 간지가 들어 있는 해이고, 세 식년은 세 차례의 식년이므로 6년 이상 호적에 올라 있어야 한다는 의미인 것 같다. 외방 별과를 볼 때는 세 식년 이상 외방의 호적에 이름을 올린 사람에게만 응시를 허용하였다. '會圍회위'는 회시를 말하는데, 신명호는 아직 초시도 합격을 못했는데 왜 회시 걱정을 하는지 모르겠다. '상제庠製'는 서울 사학四學의 합제合製를 말한다. 사학에서 매년 네 번씩 시험을 실시하여 40명씩 총 160명을 뽑고 연말에 성균관의 우두머리인 대사성이 다시 이들을 시험하여 우등자에게 생원·진사시의 회시에 직부하는 자격을 준다. '반시泮試'는 승보시陞補試라고도 하는데, 대사성이 매년 열 차례씩 사학 생도를 시험하고 성적을 합산하여 우등자에게 생원·진사시의 초시 합격 자격을 준다. 반시는 성균관 시험, 즉 성균관에서 보는 제술 시험이었다. 공도회, 삼식, 상제, 반시 등의 용어 자체가 굉장히 어렵다. 게다가 편지 내용만으로는 신현의 아들 명호가 어느 단계에서 어떤 시험을 보려 한 것인지도 파악하기 힘들다. 과거시험 연구 전문가에게 자문을 구해도 속시원한 답을 듣지 못하였다.

어쨌든 아버지의 관심에도 불구하고 신명호(1790~?)는 소과에도 합격하지 못하였다. 그러나 음직으로 54세 나이에 선공감 가감역으로 벼슬을 시작하여 광흥창의 봉사·직장·주부를 거쳐 58세에 적성 현감이 되었는데, 그마저 6개월 만에 파직되어 벼슬을 그만두었다. 광주 사촌의 시골집과 서울 낙산 밑 기대의 서울집을 오가며 학자로서 명망은 얻었던 것 같다. 주변에서는 그를 '패위佩韋 선생'이라 불렀다고 한다. 신명호가 남긴 『추유편秋遊篇』이라는 시회詩會 기록은 낙산 밑 기대와 혜화문 밖 정릉 재간정再澗亭 등에서 가을 단풍을 구경하며 쓴 시문을 정리한 시집으로, 홍천시사와 유사한 소론 중심의 시회가 계속 이어지고 있었음을 보여준다.

편지의 말미에서 신현은 신녕 향리의 말을 빌려 은근히 자신의 공치사를 하고 있다. 다른 군현의 군포는 상납할 때 퇴짜를 맞기도 하고 탈이 난 곳도 많았는데, 신녕현의 군포는 상납이 쉽게 이루어졌다는 것이다. 당상관 승지직을 역임했던 그가 형님이 수령으로 재직하는 신녕현의 군포 납부 편의를 봐달라는 말을 어영대장과 훈련대장에게 건넸던 모양이다. 군포 납부가 그냥 품질이나 규격이 맞는다고 해서 곧장 납부되지만은 않았음을 알 수 있다.

'구름 위 진사' 이야기
이이기가 재종 최몽현에게 보낸 간찰

명가의 고문서

젊었을 적 사료 조사가 한창 재미있던 시절이 있었다. 나이 드신 노부부가 사는 남원의 한 반가班家에서 있었던 일이다. 선대 어른들의 자료가 있으면 좀 보여달라고 말씀을 드렸더니, 윗방으로 안내하시고는 문집이며 족보 등을 보여주셨다. 이상형李尙馨의 『천묵재집天默齋集』, 이문재李文載의 『석동집石洞集』 등이었다. 사실 이런 자료는 마음만 먹으면 다른 곳에서 열람이 가능하기 때문에 굳이 여기서 찾지 않아도 되는데… 돌아나오려 할 때 책장 위에 놓인 한 뭉치의 문서 더미가 눈에 띄었다. "저건 뭐지요?" 그랬더니 그 어른 하시는 말씀 "그건 별거 아녀." 그래도 궁금해서 살펴보니 별거 아닌 게 아니었다. 그 집안의 분재기며 매매문기, 소지 등 고문서가 한 뭉치 있는 것이 아닌가. 고문서를 다시 살펴보고, 그 어른으로부터 집안 선대에 관한 이야기를 재미있게 들을 수 있었다.

그때 들은 말씀 중에 지금까지 기억에 남아있는 이야기가 '구름 위 진사' 전설이다. '구름 위 진사' 이야기의 주인공은 이이기李頤期(1678~1730)라는 남원의 명문가 사족이다. 남원의 양반이라 하면 흔히 '최로이안崔盧李安 진진방태陳晉房太'라고 한다. 삭녕 최씨, 풍천 노씨, 전주 이씨, 순흥 안씨가 먼저 꼽히고, 다음 구반舊班으로는 나주 진씨, 남원 진씨, 남양 방씨, 합천 태씨를 말한다. 전주 이씨와 삭녕 최씨는 연혼을 맺으며 남원 사회를 지배해왔는데, 그중 제일가는 양반인 삭녕 최씨가에 전해져 내려온 자료 속에 이이기가 보낸 편지가 있었다.

전설 속 주인공의 편지

새로 부임한 남원 부사가 자신의 아들을 지역 명족인 둔덕방의 전주 이씨 이이기 집안과 혼사시키려고 청혼을 하였다. 이이기는 남원 부사의 문지門地가 낮다고 생각하여 자기 집안에는 서녀庶女가 없다며 청혼을 거절함으로써 부사를 모욕하였다. 앙심을 품은 부사는 이이기가 이인좌의 난(1728, 영조 4)이 지나간 정국에서도 마음대로 군병을 동원하고 토호질을 멈추지 않는다며 군율에 따라 참수하였다. 효시된 후 어느 날 밤, 마을 사람이 둔덕의 북쪽에 있는 오수장獒樹場에서 돌아오는데 이이기가 구름을 타고 장검을 빼 든 채 내려오는 모습을 보았다. 어디에 가시느냐고 물으니, 남원 부사의 목을 베러 간다고 답했다 한다. 그렇게 헤어졌는데, 다음 날 아침 남원 부사가 간밤에 급사했다는 소식이 들려왔다. 그래서 그 동네에서는 이이기를 '구름 위 진사'라 부른다고 한다. 이 '구름 위

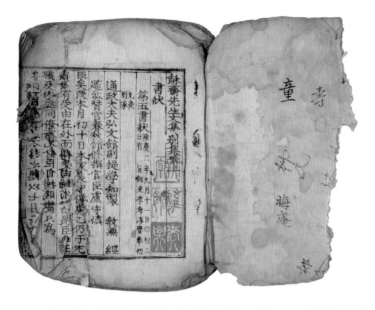

그림 3-13 최몽현이 소장했던『소재선생문집 별집』에 찍힌 소장인所藏印. 위에서부터 본관인 삭녕朔寧, 성명인 최몽현崔夢賢, 자인 뇌어賚與이다.

'진사' 전설은 그냥 허무맹랑한 설화가 아니라 일정 부분 사실에 근거한 이야기였다. 이 전설 속에서 조선 후기 사족과 관권의 관계, 지역 토호의 실상을 어느 정도 엿볼 수 있다.

이제부터 소개할 편지는 바로 전설 속 인물인 이이기가 외가 쪽으로 재종再從인 최몽현崔夢賢(1695~1756)에게 보낸 편지이다. 1726년(영조 2) 이이기 49세, 최몽현 32세의 한창 때 나이다. 이이기는 전주 이씨 춘성 정파春城正派로, 증조부는 효령대군의 7대손인 천묵재天默齋 이상형이고, 조부는 석동石洞 이문재이다. 남원 부사가 부임하면 반드시 문안을 하고 정사를 같이 의논하는 명문이다. 최몽현은 증조부가 오주鰲州 최휘지崔徽之, 할아버지는 최서옹崔瑞翁, 아버지는 최여우崔與友이다. 할아버지 최서옹이 후사 없이 일찍 죽어 여우를 양자로 들였고, 여우도 후사 없이 일찍 죽는 바람에 몽현을 멀리 충청도에서 입양해왔다. 이이기의 할아버지 이문재가 최휘지의 사위이므로 이이기와 최몽현은 외가 쪽으로 재종 간이 된다. 이이기는 지금은 임실 땅이 된 남원부 북쪽 끝 섬진강 상류의 들을 끼고 있는 둔덕에 대대로 살고 있었고, 최몽현은 현재 구례 땅이 된 남원부 남쪽 끝 중방 구만리라고 하는 지리산 자락에 살았다.

【생원 최뇌여 시인에게 삼가 올리는 편지 [수결] 삼가 봉함】

이른 겨울에 한거하시는 근황은 좋으신지? 향하여 위로됨이 적지 않네. 재종인 내 아이의 우환은 한결같이 위독하니 이즈음 초조하고 걱정되는 것이 어떠하겠는가. 지난번에 부탁한 삼아 인삼은 천만 오로지 그곳만 믿고 있었는데, 끝내 답장을 하지 않으니 어찌 그리 야박한가? 다시 여기저기 물어 구해서 이 위급함을 구제해주시면 어떻겠는가?

죽력을 막 약료에 넣어야 하는데 여기에서는 이것을 얻을 수가 없네. 많이 바라지 않네. 단지 두 홉이면 족히 한 열흘 복용할 것을 만들 수 있네. 이 사람 편에 보내주시면 어떻겠는가? 다른 곳에서 구할 수도 있지만, 듣자니 양 영감이 구청하여 이미 많은 죽력을 만들었다고 하는데 몇 홉 주는 것도 어려운 일은 아닐걸세. 그래서 이렇게 같이 구걸을 하네. 아마도 유배객에게는 해가 될 것 같아 만만 마음이 어지럽네.

다른 것은 이만 줄이네. 살펴주시게. 삼가 편지를 올리네.

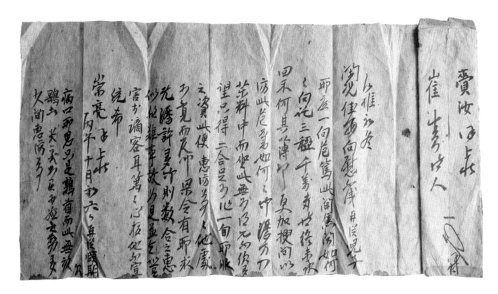

그림 3-14 이이기가 최몽현에게 보낸 간찰

병오년(1726, 영조 2) 10월 초6일 재종 이기 돈.

병든 입이 생각하는 것은 단지 메추리뿐이네. 이곳에는 새매를 날리는 사람이 없네. 귀하가 사시는 곳에서 도모할 수 있는 형편이라면 다소간 이라도 베풀어서 구제해주시는 것이 어떻겠는가?

【賁汝 崔生員 侍人 謹上狀　［手決］謹封】
卽惟初冬/ 閑況佳安 向慰不淺 再從兒子/所愛 一向危篤 此間焦悶 如何/
如何 向託三稑 千萬專恃 終未承/回示 何其薄耶 更加搜問 以/濟此危急
如何如何 竹瀝方入/藥料中 而坐此無可得 亦不須多/望 只得二合 足可
作一旬所服/之資 此便惠濟 如何如何 他處/可覓 而仄聞梁令有所求/ 旣

瀝許多竹 則數合之惠/ 似非難事 故爲是並乞 恐有/害於謫客耳 萬萬心

擾 他不宣/ 統希/崇亮 謹上狀

丙午十月初六日 再從 頤期 頓

病口所思 只是鶉首 而此無放/鷗者 貴處如有可圖之勢 多/少間惠濟如何

　가로 34cm 세로 20cm 크기의 이 간찰은 조그맣고 누런 한지에 쓰였기 때문인지 토호의 간찰이라기보다는 가난한 선비의 간찰처럼 보인다. 피봉 원문에 '賣汝 崔生員 侍人 謹上狀뇌여 최 생원 시인 근상장'이라고 씌어 있으니 자字가 뇌여인 최 생원에게 보냈다는 것을 알 수 있다. 뇌여는 최몽현의 자로, 앞에서 말했듯이 멀리 충청도에서 지리산 자락의 최씨가에 양자로 들어왔으며 편지 발신인 이이기와는 재종 간인 인척이다. 족보나 남원 사마안司馬案(사마시에 합격한 생원·진사들의 명단)을 뒤져봐도 최몽현은 생원에 합격한 기록이 없다. 아마 상대방을 높여주려는 의미에서 '생원'이라고 부른 것 같다. '시인侍人', '시하인侍下人'은 '모시고 있는 사람'이라는 말로, 보통 '집사執事'라고도 쓴다. 최몽현을 모시고 있는 사람이 이 편지를 받아서 그에게 전해달라는 의미이다. 피봉 아랫부분에는 이이기의 수결과 함께 '근봉謹封'이라고 썼다.

　내용은 모두 최몽현에게 이런저런 물품을 구청求請하는 편지이다. 자신의 아이가 위독하다면서 인삼, 죽력, 메추리 등을 요청하였다. 죽력은 대나무에서 추출한 진액으로 어린아이의 경기를 가라앉히고 막힌 것을 뚫어주는 기능을 한다고 한다. 아이가 위독하여 급하기는 하겠지만, 문투의 형식이나 내용이 상대에 대한 예의가 없어 보인다. 아무리 가진 게 없어도 선비는 서로 무언가의 선물을 주고받으면서 구청을 하는 것이 일반적이었다. 아무것도 보내는 것 없이 요구만 하고 있다. 이 간찰을 같이 읽은 연구자들의 의견은 한결같았다. 이 편지는 상대방에게 매우 결례를 하는 편지 같다고.

조선 후기의 토지대장인 둔덕방 「경자양안」을 분석해보면 이이기는 42부 6속, 아들 이명필李明弼 이름으로는 7결 57부 7속의 전답을 소유하고 있다. 합하면 8결에 이른다. 8결 정도의 소유자면 자기 생활은 충분히 가능한 양반 부농이라고 할 수 있다. 그럼에도 불구하고 이이기는 탐욕을 부려서 군병까지 동원해 진전을 개간하였으며 재산을 늘리기 위해 무리를 하면서 전횡을 일삼았던 듯하다. 결국 그는 사혐私嫌이 있는 남원 부사의 간계에 걸려 효시를 당한 것이다.

영조와 호남 어사의 문답

1731년(영조 7) 정월 창경궁 진수당進修堂. 이인좌의 난이 진압된 지 3년이 채 되지 않은 때 호남 지역에 어사로 다녀온 황정黃晸의 보고가 있었다. 호남의 상황은 이미 어사의 서계書啓로 보고되어 영조도 두루 알고 있었다.

영조 이이기의 일은 너무 지나친 것이 아닌가?
황정 신이 상세히 탐문하고 조사하였는데 실로 너무 애매합니다. 대체로 전 남원 부사 최집과 사혐이 있어 그런 것 같습니다. 당초에 최집이 이이기에게 청혼 말을 넣었는데 이기가 물리치고 허락하지 않으니 이에 유감을 품고 죄를 얽었다고 합니다. 신이 남원에 출두하였을 때 이기의 처와 딸이 산발을 하고 앞에 와서 언서로 의송을 하고 말하기를 "최집이 죄가 없는 사람을 죽였으니 꼭 밝혀주십시오"라고 하였습니다. 나갈 때 그의 처가 곡하면서 말하기를 "이 딸이 제 아비를 죽였습니다"라고 하였습니다.

영조 그렇다면 '마음대로 군병을 발동하였다'는 말은 애매한 것인가?

황정 돈을 주고 부렸다고 합니다.

—『승정원일기』 영조 7년 1월 4일

호남 어사 황정이 올린 서계에 이미 이이기가 남원 부사 최집의 간계에 걸려 '마음대로 군병을 동원하였다(擅發軍兵)'는 죄목으로 효시를 당한 것은 억울하니 이를 다시 조사하여 원억을 풀어주어야 한다고 보고했는데, 영조가 그 대목을 들어 논의를 시작한 것이다. 이에 대해 영의정이자 약방 도제조 홍치중洪致中, 병조 판서 겸 약방 부제조 김재로金在魯는 호남의 많은 호부豪富들은 간전을 할 때 혹 사람을 고용하여 일을 돕게 하는데 이는 마음대로 군병을 발동하는 것과는 다르니 효시는 너무 과하다는 의견을 제시하였다. 어사 황정은 좀 더 자세히 보고한다. 이이기의 집 뒤에 큰 나무가 있어서 이를 벌채하여 물방아를 만드는 데 속오군을 동원하여 운반했다는 것, 동원한 군병 한 명당 조미 1두씩 지급했다고 하니 마음대로 징발한 것과는 다르다고 하였다. 그러면서 자신이 어사로 출두를 하자 이이기의 처가 한글 원정原情을 내서 직접 남편의 억울함을 풀어달라고 호소했다고 하였다. 황정이 어전에서 이이기 부인의 말을 빌려 딸 때문에 남편이 죽었다고 하는 것으로 보아 최집과 이이기 간에 혼담이 오갔다는 것을 추측할 수 있다.

조정에서는 이이기가 남원 부사 최집의 간계에 걸려 억울하게 죽임을 당했다는 것을 알면서도 바로 원억을 풀어주는 조치를 취하지는 못하였다. 도승지 겸 약방 부제조 박문수도 의견을 제시하였다. 어사가 말한 대로 억울한 면이 있는 것 같기는 하지만 호남의 호강豪强 토호는 이이기의 일로만 보더라도 나라를 무서워하거나 단속하는 마음이 없는데 지금 만약 신원을 해준다면 호남의 호강배들이 조정을 경시할 수도 있으니, 그에게는 억울하겠지만 몇 년 더 기다려서 조치를 취해야 한다고 주장하였다. 효시된 지 15년 후, 호남심리사湖南審理使 조영국趙榮國의 건의로 이이기는 마침내 신원되었다.

연담 선사를 그리며
다산이 완호 화상에게 보낸 편지

다산과 연담

정약용(1762~1836)은 강진에서 18년간 유배 생활을 하며 해남 대흥사(대둔사) 주변의 스님들과 지속적인 교유를 나누었다. 아래 간찰은 다산이 1813년(순조 13) 만덕산 기슭에 초당을 짓고 귀양살이를 할 때 대둔사의 완호 스님에게 보낸 간찰이다. 그림 3-15

【완호 화상의 선궤에 다산이 보내는 답장】

서대를 새로 짓고 아침저녁으로 올라가 조수潮水를 보노라면 늘 연담 노인과 함께 나산羅山에서 놀던 때가 떠올라 서글픈 생각이 듭니다.

보내온 편지에 유집 문제를 누누이 말씀하시니 부끄러운 마음을 이길 수가 없습니다. 마침 기어홍騎魚弘이 와 있어서 초본에 힘을 쓰라고 하였더니 흔쾌히 수락하였습니다. 초본을 완성한 후에야 비로소 정본을 논의할 수가 있습니다. 그러나 또 지금 10여 장을 초출하여 심부름 보

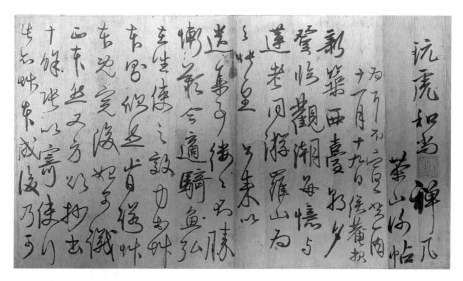

그림 3-15 정약용이 완호 화상에게 보낸 편지

내는 편에 부치려고 하는데, 이 역시 초본이 이루어진 후에야 가능할
것입니다. 이만 줄입니다.

계유년(1813, 순조 13) 11월 19일 사암이 알립니다.

【玩虎和尙 禪几 茶山 謝帖】

新築西臺 朝夕/登臨觀潮 每憶與/蓮老同游羅山 爲/之悵慮 書來 以/遺集

事縷縷 不勝/慚歎 今適騎魚弘/在坐 使之效力於艸/本 則欣然肯諾 艸/本

旣完後 始可議/正本 然又方欲抄出/十餘張 以寄使行/ 此亦艸本成後乃

可/爲耳 不宣

癸酉十一月十九日 俟菴 報

그림 3-16 초의가 그린 다산초당. 이 그림은 다산이 초의에게 부탁하여 〈백운동도〉와 함께 그린 것이다. 1812년 백운동 별서정원을 직접 방문했던 정약용이 저술한 『백운첩白雲帖』과 백운동 5대 주인 이시헌의 『백운세수첩白雲世守帖』 말미에 실려 있다.

이 편지를 받은 사람은 초의 선사(1786~1866)의 스승이기도 한 완호윤우玩湖尹祐(1758~1826)이다. 완호는 대흥사 13대강사大講師 중 10번째이다. 편지에서 연담 선사의 유집 초본을 정리하는 이로 언급한 기어홍弘은 기어자홍騎魚慈弘이다. 그는 수룡이성袖龍頤性과 함께 아암혜장兒庵惠藏의 의발衣鉢을 전수받은 제자이다.

연담 노인과 나산(전라남도 화순에 있는 만연산. 나한산羅漢山이라고도 불림)에서 놀던 일이란 다산이 젊었을 적 아버지 정재원이 화순 현감을 할 때 그곳에서 맺은 인연을 말한다. 다산은 아버지를 따라 그곳에 내려가서 공부하고 있었다. 아침저녁으로 올라가 강진만의 조수를 바라본다는 곳인 서대西臺는 지금의 다산초당으로, 다산이 유배 중 10여 년간 생활했던 곳이다.

연담蓮潭(1720~1799)의 속성은 천씨千氏이고 이름은 유일有一, 자는 무이無二이며, 전라도 화순 사람이다. 18세에 무안의 승달산 법천사法泉寺에서 출가하여 해인사에서 호암체정虎巖體淨을 따라 공부하였다. 이후 강석講席을 맡아 30여 년 동안 항상 따르는 자가 100여 명에 이르렀다. 장흥 보림사寶林寺 삼성암三聖庵에서 1799년(정조 23)에 입적하였다. 김정희도 연담 문도들의 부탁으로 연담의 게명偈銘을 써주었다. 아마 초의의 부탁이었을 것이다.

연담의 문집 『임하록林下錄』에는 젊은 시절의 정약용과 주고받은 시가 수록되어 있다. 정약용 18세, 연담 60세 때의 일이다. 연담이 먼저 다산 형제에게 시를 지어 올리니 정약용이 화답하였다. 우선 연담의 시.

오성(화순) 죽하정에서 해후를 하게 되니	邂逅烏城竹下亭
한 잔 상락주로 서로 함께 기울이네	一尊桑落共相傾
한 해 만에 상봉하니 좋은 술에 취하고	逢周政似醇醪醉
관아를 둘러보니 조잡한 것 맑아졌네	見憲能令部吝淸
젊어서의 문장은 좌석의 우두머리요	早歲文章應奪席
전통 있는 시와 예절 집에서 배웠다네	舊家詩禮自趨庭
눈 속에 매화 피어 멀리서도 알겠으니	遙知雪裡官梅發
형제가 창수하여 그 정이 그지없네	兄唱弟酬何限情

다음은 정약용이 열여덟 나이 한창 젊었을 때 지은 시이다.

깊은 가을 아픈 몸이 작별 정자 올랐으니	高秋扶病上離亭
한참을 듣고 보니 술 거의 떨어졌네	細聞幽期酒幾傾
스님은 물결 위에 오직 몽상이고	錫杖波根唯夢想
서석에서 나온 시에 갑자기 정신 맑네	詩從瑞石忽神淸
사람 맞아 곧은 대는 오솔길로 나 있는데	迎人脩竹開深徑
손님 맞아 한매는 작은 뜰에 기대 있네	待客寒梅倚小庭
한 굽이 청산은 오히려 막혀 있고	一曲靑山還阻面
며칠 밤의 밝은 달 더욱더 다정하네	數宵明月更多情

약관을 지나지 않은 청년 정약용과 환갑에 가까운 나이의 연담. 둘은 나이를 뛰어넘어 아름다운 교유를 하였다. 1813년, 이제 연담은 이미 죽고 정약용은 강진 바닷가로 유배 와 있는 신세이다. 연담의 문집을 곁에 두고 아침저녁으로 서대에서 해조음을 들으며 옛일을 회상한 것이다.

다산이 완호에게 보낸 짧은 편지에서 몇 가지 재미있는 사실을 확인할 수 있다. 먼저, 앞에서 서술했듯이 다산이 연담과 화순 나산에서 나이 차이를 잊고 함께 교유했던 일을 추억하는 모습이다. 다음으로 완호는 스승인 연담의 문집 편찬을 부탁하였고, 다산은 일부 몇 장이라도 정서하여 심부름을 보내는 편에 어딘가로 보내려 했던 것을 확인할 수 있다.

편지 말미에 다산은 사암俟菴이라는 자신의 또 다른 호를 썼고, 스님에게 보내는 편지여서인지는 몰라도 '배拜'나 '돈頓', '장狀'이라 맺지 않고

'보報(알립니다)'로 맺었다는 점이 특이하다.

연담의 문집 『임하록』

정약용은 여유당與猶堂, 다산茶山, 열수洌水, 철마산초鐵馬山樵 등의 호를 썼지만 스스로는 사암이라는 호에 자부심을 가졌다. 사암은 『중용』에 "백세 동안 성인을 기다려도 미혹됨이 없을 것(百世以俟聖人而不惑)"이라는 구절에서 가져온 것으로, 먼 훗날 성인이 와서 자신의 저작과 인생을 보더라도 부끄럽지 않다는 떳떳함이 배어 있는 아호이다. 「자찬묘지명」에서 "알아주는 이는 적고 꾸짖는 사람만 많다면, 하늘이 허락해주지 않는 것으로 여겨 불에 태워버려도 괜찮다"라고 하면서 당대에 자신의 학문적 성과가 평가받지 못함을 안타까워했다. 하지만 후세에는 반드시 본인의 뜻을 알아주는 세상이 올 것이라 믿으며 사암이라고 자호하였다.

다산의 글씨는 빠르고 명쾌하다. 특히 이 간찰의 글씨는 맑고 투명하다. 정조가 애호했던 송하 조윤형과 다산은 동시대 사람으로, 다산의 글씨는 정조와 송하의 글씨체와 많이 닮아서 빠르고 거침없어 보인다.

편지에서 논의되고 있는 연담 선사의 유집이란 무엇일까? 연담의 문집으로는 『임하록』이 있는데, 이 책은 1800년 이전에 이미 완성되었다. 연담은 1764년(영조 40)에 이미 자신의 글들을 정리하여 자서自序를 썼고, 그의 제자들은 간행에 임하여 당시 해남 현감으로 와 있던 안책安策을 비롯해 널리 이름난 명류인 정범조丁範祖, 이충익李忠翊 등으로부터 서

그림 3-17 연담 선사의 부도가 있는 미황사 부도전

문을 받아두었다. 문인 학추學湫의 부탁으로 해남 현감 안책이 서문을 쓴 것은 1796년(정조 20)이고, 이충익은 1798년, 정범조는 1799년에 서문을 썼다. 모두 연담이 입적하기 바로 전이다. 또 문집의 말미에 붙어 있는 문인 영월靈月·계신誡身의 발문은 1800년 4월에 쓴 것이다. 그 아래에는 참제자懺弟子라 하여 해월도일海月道日 이하 42명의 명단이 있고, 문제자門弟子라 하여 퇴운각홍退雲覺洪 이하 25명, 상좌 학추, 취찬趣賛, 각공刻工 연관演寛 이하 6명의 명단이 나열되어 있어 『임하록』에 참여한 스님들의 이름을 볼 수 있다. 다산이 보낸 편지의 수신자인 완호윤우의 이름은 참제자 명단에 들어 있다. 그리고 마지막에는 '全羅道 靈岩 美黃寺開

刊 移鎭于海南 大芚寺전라도 영암 미황사개간 이진우해남 대둔사'라고 기록하여 미황사에서 처음 간행하였고 대둔사로 옮겨 간행했음을 밝히고 있다. 3, 4권에는 소疏, 기記, 서序, 상량문上樑文, 제題, 문文, 찬贊, 법어法語, 시중示 衆, 서書를 추가하였는데, 문인 계신誡身이 주관하여 간행하고 교정은 낭 암朗嵒이 했다. 스스로의 일생을 정리하여 부록으로 첨부한 「자보행업自 譜行業」은 1797년(정조 21) 12월에 썼으며, 계신이 쓴 「추기追記」에는 연담 이 대둔사에서 강론을 하며 많은 제자들을 가르치다가 1798년 봄에 장 흥 보림사 삼성암으로 옮겨가서 1799년 2월에 입적하였다고 썼다.

그렇다면 앞의 1813년 편지에서 완호가 다산에게 편집해줄 것을 부탁 하였던 연담의 글이란 어떤 것인가? 완호윤우는 『임하록』 2권 말미의 참 제자 명단에 이름이 올라 있으므로 그 책이 간행되었다는 사실을 모르 고 있지 않았을 터다. 계신이 「추기」 발문을 쓴 것도 1800년이니, 『임하 록』은 1813년 이전에 이미 간행되었다고 보는 것이 합리적이다. 그런데 편지를 보면 완호는 다산에게 연담의 유집을 부탁하고 있다. 『임하록』이 아니라면 무엇일까? 아직도 풀리지 않는 의문이다.

연담의 친필 시

연담 선사가 입적하기 1, 2년 전에 쓴 친필 선시 두 점이 있다. 하나는 보림사로 옮겨가기 바로 전해인 1797년 가을에 쓴 시이고, 다른 하나는 입적 1년 전인 1798년 4월 청화절에 보림사 삼성암에서 쓴 시이다. 모두

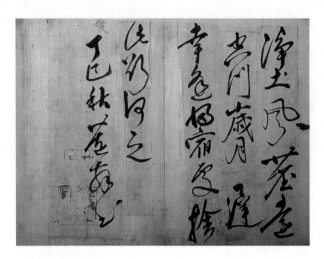

그림 3-18 연담의 절필 시고(1797)

죽기 전 마지막으로 쓴 시, 곧 절필시絶筆詩라 하겠다. 먼저 쓴 것은 보림
사로 옮기기 직전이지만 그곳으로 가려고 결심한 후에 쓰지 않았을까?

정토가 풍진에서 머니	淨土風塵遠
불가 세월은 더디 가누나	空門歲月遲
다행히 돌아갈 곳을 만났으니	幸逢歸宿處
이곳을 버리고 어디로 가겠는가	捨此欲何之

다음 두 번째 절필시는 1798년 보림사 삼성암으로 옮긴 후 4월 청화절
에 자신의 일생을 돌아보면서 불법이 후학들에게 이어지기를 기원하며
쓴 시이다.

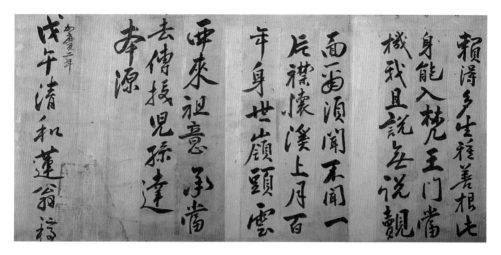

덕택에 많이 살아 선근을 심었으니	賴得多生種善根
이 몸 능히 범왕문에 들겠네	此身能入梵王門
당기에서 나는 무설을 말하고	當機我且說無說
그 자리에서 너는 무문을 들어야 하네	覿面爾須聞不聞
한 조각 회포는 시냇가 달이오	一片襟懷溪上月
백 년의 이 몸은 고갯마루의 구름이네	百年身世嶺頭雲
서쪽에서 온 조사의 뜻 마땅히 이어가고	西來祖意承當去
후학에 전수하여 근원에 도달하길	傳授兒孫達本源

불가의 말을 알지 못하는 사람들에게는 선시가 이해하기 힘들지만 연담은 대체로 알기 쉬운 말로 자신의 일생을 갈무리하였다. 연담은 후학

들에게 질문하고 대답하는 자재무애自在無碍(행동과 생각에 막힘이나 걸림이 없고 번뇌에서 벗어나 자유로운 상태)의 능력으로 화엄을 설법하고 깨달음을 주려고 하였다. '당기當機'란 어떤 질문에 능히 대답할 만하고 대답을 이끌어가는 자재무애한 능력, 즉 교법에 상응하는 근기, 어떤 일을 감당할 만하고 능히 견성할 수 있는 근기를 말한다. 그 깨달음을 이룬 한마디가 '당기일구當機一句'이다.

초원椒園 이충익은 『임하록』 서문에서 보통 사람들은 스님들의 시를 '푸성귀 맛(蔬筍氣)'이 있어서 싫다고 하는데, 연담의 시는 "있어도 좋고 없어도 좋으며, 잘 써도 좋고 졸렬해도 좋다"고 하면서 유희삼매遊戲三昧의 경지를 통해 자신의 도를 실천하려 했다고 정리하였다. 연담은 마지막 절필시에서 일생을 마감하며 담담히 자신이 돌아갈 곳을 찾아가지만 후대의 제자들을 통하여 불법이 이어지길 기원하는 심정을 직설적으로 잘 표현하고 있다.

노사심화
노사 기정진의 간찰

심화

노사蘆沙 기정진奇正鎭(1798~1879)은 호남 유학의 종장宗匠으로서 율곡 이이, 우암 송시열을 잇는 성리학자이다. 그의 손자 송사松沙 기우만奇宇萬을 비롯하여 이최선李最善, 조성가趙性家, 정의림鄭義林 등 기라성 같은 큰 제자들을 배출하였다. 이항로李恒老의 화서학파華西學派, 전우田愚의 간재학파艮齋學派, 송병선宋秉璿의 연재학파淵齋學派와 함께 조선 후기 기호 학맥의 큰 줄기를 형성하였다. 지금부터 살펴볼 노사의 편지는 퇴계 이황이 친필로 쓴 「도산기陶山記」와 「도산잡영陶山雜詠」 그리고 고봉高峯 기대승奇大升이 친필로 쓴 발문과 화운시를 목판으로 간행한 책의 말미에 '노사심화蘆沙心畫'라는 제목으로 첨부되어 있는 편지 2건이다.

'심화心畫'란 한漢나라 양웅揚雄의 『법언法言』에 나오는 말로서, "말은 마음의 소리이고 글씨는 마음의 그림이다. 소리와 그림의 형태로 군자와 소인이 드러난다. 소리와 그림은 군자와 소인의 움직임과 마음의 결

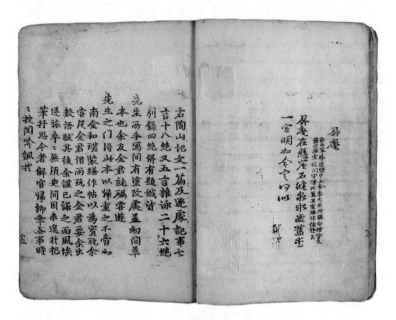

과이다(言心聲也 書心畫也 聲畫形 君子小人見矣 聲畫者 君子小人之所以動情乎)"라
고 하였다. 정조도 문체에 대해 비판하는 글에서 "문장은 성정에서 나오
는 것이고 글씨는 마음의 그림이다. 그러므로 더욱 기상을 이해해야 하
는 것인데, 그대들의 문체와 자획은 모두 까다롭고 난삽한 병통이 있으
니 깊이 경계해야 할 것이다(文出於性情 而書者心畫也 故尤宜理會氣象 爾之文
體字畫 俱有枯澁之病 切宜戒之)"(『弘齋全書』 卷162 日得錄 2)라며 글씨를 마음의
그림이라고 하였다. 이처럼 옛사람들은 글씨를 마음의 그림, 즉 마음이
형상화된 것으로 보았다.

기정진의 간찰 2통

'노사심화', 즉 노사 기정진의 편지는 후학들이 스승의 마음이 표현된 글씨를 간직하고 음미하기 위하여 『도산기』 말미에 첨부한 것이다. 이 두 편의 편지는 기정진의 문집 『노사집』에도 나온다(『蘆沙先生文集』 卷13 書 答李尙三台容).

무릇 도학자는 글씨를 잘 쓰려 하거나 미화하려고 하지 않았다. 글씨는 다만 마음의 그림이 되어 나타나기 때문에 사람의 성정이 드러나는 것일 뿐이다. 퇴계의 글씨는 답답해 보이기는 하지만 차분하고 달필이어서 영남의 많은 도학자들이 그의 글씨를 배우고 사랑하였다. 그래서 후학들은 「도산기」라든가 「매화시」 같은 퇴계의 친필을 판각하여 널리 보급하고 집집마다 간직하였다. 「도산기」는 향리에 은거한 61세의 퇴계가 도산의 자연과 그 속에 있는 자신의 심정을 기록한 글이다. 명종은 관직을 내리며 계속 불러들일 정도로 퇴계를 흠모했지만, 퇴계는 매번 관직을 사양하였다. 결국 명종은 몰래 화공을 도산으로 보내 그 풍경을 그리게 하고 명필인 송인宋寅으로 하여금 그림에 퇴계의 「도산기」를 써넣게 하여 병풍으로 만든 뒤 머리맡에 두었다고 한다.

『도산기』 판본은 퇴계의 제자인 김취려金就礪가 「도산기」와 「도산잡영」 (칠언절구 18수, 오언절구 26수, 별록 4수 등) 등의 친필을 입수하여 장첩하고 이를 고봉 기대승에게 보여준 것이 계기가 되어 만들어졌다. 퇴계와 고봉은 망년忘年 도우道友로서 우리나라 철학사에 길이 남을 이기理氣 논쟁을 펼친 장본인들이다. 고봉은 퇴계의 장첩을 본 뒤 「도산기」와 시에 자신이 화운한 시 18수와 발문을 써서 선생에게 보이려 하였다. 그러나 퇴계는 고봉의 화운시와 발문을 보지 못하고 작고하였다.

판각된 『도산기』에는 퇴계의 「도산기」와 「도산잡영」, 그리고 고봉의 화운시와 발문이 같이 실려 있다. 따라서 『도산기』 말미에 첨부된 '노사심화'는 퇴계와 고봉의 뒤를 잇는 노사의 위상을 감안하여 노사의 제자가 덧붙여놓았을 것이라 짐작된다. 아마 노사의 편지를 받은 이태용李台容이나 그 후배가 만들었을 것이다.

> 무사히 도착했다는 소식을 듣지 못해 답답했는데, 편지가 오니 위로가 되고 마음이 풀리네. 그리고 부모를 모시고 지내는 형편이 좋다는 것을 알게 되니 새해의 경사를 이로써 상상할 수 있어 우러러 축하를 드리네. 책(黃卷)을 읽는 일이란 마음을 둔 경우에는 번다한 일이 공부를 방해할까 매번 근심이고, 일이 없을 적에는 또한 안락하게 지내고 싶은 마음이 의지를 빼앗을까 근심이네. 이는 고금에 걸친 병폐로, 자신에게만 의지를 다져야 할 따름이지 방해가 있는지 없는지를 물어서는 안 되네. 병든 나는 계속 골골대고 있는데 다시 세모가 되니 회포를 우울하게 할 뿐이네. 현기증이 심해서 일일이 다 말하지 않겠네.
>
> 계유년(1873, 고종 10) 새해 이틀 전날 정진.

> 未聞稅駕安穩爲菀/ 書來慰豁 仍審/省節晏衛 新年吉慶 從/此可卜 仰賀 仰賀 黃卷中事/ 有心者 每患多事之妨工 無/事者 又患逸樂之奪/志 此古今通病 在我只當/責志 不可問妨碍之有無/也 病人一直涔涔 又見歲除/

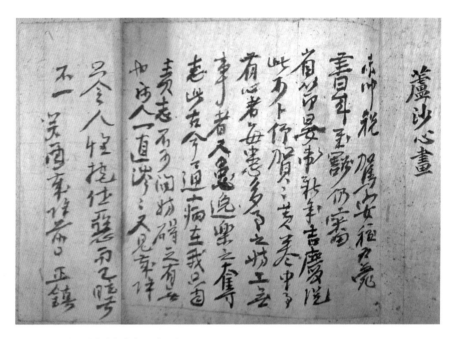

그림 3-21 기정진의 간찰, 노사심화 (1)

只令人懷抱作惡而已 眩甚/不一
癸酉歲除前日 正鎭

오랫동안 소식이 없었는데 이 편지가 오니 눈을 비비고 보기에 충분하네. 편지를 통해 부모를 모시고 지내는 형편이 계속 좋은 줄 알게 되었으니 얼마나 위로가 되는지. 그대의 독서는 그 공력을 기울임이 어떠한지 내가 멀리 있어서 상세히 알 수가 없네만 편지를 받아볼 때마다 진보하는 기상을 문득 보게 되니 허투루 독서하는 것이 아님을 알 수가

그림 3-22 기정진의 간찰, 노사심화 (2)

있네. 다시 바라건대, 용맹하게 진일보하여 그럭저럭 세월을 보내지 않는 것이 어떠하겠는가?

이 늙은이는 삼동을 나면서 죽음의 문턱을 지나왔네. 봄이 또 오는 것을 눈으로 보게 되니 정신을 흐릿하게 할 뿐 끝내 어떤 모습이 될지 모르겠네. 요즈음 젊은이들을 문득 보면 눈을 번쩍 뜨이게 한다네. 큰일을 하는 것은 우물을 파는 것과 같으니, 그 일은 나에게 달려 있을 따름일세. 이번 걸음은 시간을 허비하는 것이 애석할 만하네. 이만 줄이며 답장을 하네.

을해년(1875, 고종 12) 2월 21일 정진 돈.

久無音耗 此書足以刮眼 因承/省節連護 何慰何慰 君之讀書/ 其用工若

何 吾坐在遠地 無/以詳知 但每得手筆 輒見/進步氣象 以此知其不浪讀/

也 更願猛進一步 勿以悠泛爲/生涯 如何 老物過三冬 便/是經過鬼關 眼

看春又來/ 徒令人昏昏 未知下梢作何/狀 此來少年乍看 甚是開眼/ 有爲

若掘井 在我而已 此行/虛費 光陰可惜 不宣 謝

乙亥二月二十一日 正鎭 頓

연로한 스승의 마음

이 편지를 받은 이태용에 대해서는 자세한 문헌이 남아있지 않아 어떠
한 활동을 했는지 알 수 없다. 앞 편지는 76세의 노사가 어린 제자에게
쓴 답장으로, 부모님 모시고 잘 지내니 새해엔 모든 일이 잘될 것이라 격
려하면서, 『시경』『서경』 등 서적을 읽고 공부에 매진하기를 독려하고 있
다. 마음을 두고 공부하려고 하면 일 때문에 신경 쓰여 공부에 방해되고,
일이 없으면 또 노는 데 정신을 빼앗기는 것이 고금의 병통이라면서, 스
스로 뜻을 세워 공부한다면 그 같은 방해는 개의치 않아도 될 것이라고
하였다.

뒤 편지는 햇수로는 2년 후이지만 실제로는 1년 남짓 지난 후에 주고

받았다. 스승은 제자 이태용에게 독서와 공부를 어떻게 하는지 멀리 있기에 자세히 알 수는 없지만 편지를 받을 때마다 진보하는 기상이 보여서 헛되이 읽고 있지 않음을 알 수 있다며 더욱 용맹정진하라고 격려하였다. 또 자신은 겨울을 나면서 건강이 매우 나빠지고 봄이 또 왔지만 혼몽해질 뿐인데, 젊은이들을 보면 개안이 된다고 하였다.

두 통의 편지를 통해 우리는 제자가 학문에 정진하도록 자상하게 지도하는 노스승의 모습을 볼 수 있다.

기정진 연보年譜를 통해 편지를 썼던 전후 시기의 사회적 상황을 살펴보면, 1866년(고종 3) 69세에 노사는 6조의 상소를 올려 양이洋夷의 침범에 대비할 것을 건의하였고, 1876년(고종 13) 79세에는 병자늑약丙子勒約의 소식을 듣고도 아무런 대책을 제시하지 못하는 자신을 한탄하며 붓과 벼루를 문밖으로 내갈 것을 명하여 절필하였다고 전한다. 1866년은 병인양요가 일어났던 해이고, 1876년은 조선이 강제 개항을 하게 되는 불평등조약인 조일수호조규(강화도조약)를 일본과 체결한 해이다.

4

고문서로 역사를 읽다

바위틈에 핀 들꽃
장예원 속신입안

설화

조선시대의 설화집 『야승野乘』에는 잠계潛溪 이전인李全仁(1516~1568)이 회재晦齋 이언적李彦迪(1491~1553)의 아들로 되는 과정이 자세히 실려 있다. 이 이야기의 줄거리는 대략 다음과 같다.

이전인은 회재의 첩자妾子였고, 그의 어머니는 남쪽 읍의 관기官妓였다. 전인은 어미의 후부後夫 성씨를 따랐던 탓에 누구도 그가 회재의 아들인지를 몰랐다. 전인은 같이 사는 아비가 죽었는데도 전혀 눈물이 나지 않아 억지로 곡을 할 뿐이었다. 부자 사이에는 천륜이 있건만 아버지 상을 당했음에도 전혀 눈물이 나지 않으니, 전인은 천지간의 큰 변괴라 여기고 자결을 하려고 하였다. 이에 어미가 크게 놀라 그를 만류하며, 지금 너의 성은 친아버지에게서 물려받은 것이 아니고 사실은 회재가 생부라는 사실을 말해준다. 전인은 바로 그 집을 떠나 회재의 집으로 찾아간다. 그때 회재는 평안북도 강계江界에 유배를 가 있었고 회재의 부인만

집에 있었다. 부인은 전인이 회재의 아들이라는 것을 전혀 모르고 있었기에 의심할 수밖에 없었다.

전인이 문 앞에서 눈물을 흘리며 엎드려 있으니 부인은 문발을 사이에 두고 전인을 자세히 관찰하였다. 전인의 신체나 발부髮膚, 언어나 성음聲音, 기거起居나 행보行步가 하나도 회재와 비슷하지 않았다. 부인은 회재에게 아들이 있다는 이야기를 듣지 못하였고, 게다가 닮은 구석이라고는 없으니 전인이 잘못 찾아온 것이라 여겼다. 전인은 식음을 전폐하고 문 앞에서 죽으려 하였다. 부인이 불쌍하게 생각하여 밥을 보내 먹으라고 권하였다. 전인이 그제서야 억지로 밥을 먹는데, 먼저 장을 세 번 맛보고 나서 밥을 먹는 것이었다. 이 모습을 보고 부인이 깜짝 놀라 물으니, 천성이 원래 그렇다는 것이다. 회재의 식습관과 비슷한 전인을 본 뒤 부인은 그를 회재의 아들로 인정하였다.

이전인은 다시 강계로 갔다. 회재도 처음에는 의심을 하였다. 전인의 어미와 전에 한번 잠자리를 한 적은 있지만 아들이 있으리라고는 생각지 못했기 때문이다. 하지만 부인에게서 온 편지를 읽고 비로소 믿게 되었다. 전인은 그때 이미 장성하였는데 공부를 하지 않아 글자를 전혀 모르고 있다가 그제서야 학문을 시작하여 3년 만에 마침내 큰 학자가 되었다. 부자父子가 변방인 강계에서 경학經學을 공부하고 서로 강론한 내용을 아들 이전인이 『관서문답록關西問答錄』이라는 책으로 정리하였다.

또 다른 설화집인 『기문총화記聞叢話』에는 석비石非(이전인의 어머니)를 첩으로 데려간 이가 무인武人 조윤손曺潤孫이고, 그가 전인에게 옥항玉缸이라는 이름을 지어주었으며 토지와 노비도 나누어 주었다고 한다. 옥항

그림 4-1 이전인의 친필 '서천잠誓天箴'. 진심으로 성인聖人의 학문을 공부할 것이라고 하늘에 서약하는 글.

은 조윤손이 자신의 아버지가 아니라는 사실을 알고서는 모든 재산을 다른 형제들에게 돌려주고 회재에게 왔다고 한다. 이러한 설화와 전해오는 옛이야기는 어디까지나 이야기일 뿐이다.

장예원 속신입안

실제 역사적 사료는 어떠한가? 이언적·이전인의 후손가 독락당獨樂堂에는 이 두 사람과 관련된 문서가 대량으로 전해져 내려온다. 한국학중

그림 4-2 경주 독락당. 이언적을 모신 옥산서원의 뒤편에 있는 재사齋舍이다.

양연구원의 한국고문서자료관은 이 자료들을 정리하여 원문서와 해설, 정서본까지 온라인 누리집에 서비스하고 있으며, 또 중요한 자료들은 고문서집성이나 명가의 고문서 시리즈로 간행하고 있다. 이 글에서 언급하는 문서들은 대부분 장서각에서 간행한 『바위틈에 핀 들꽃: 여주이씨 독락당편(명가의 고문서 4)』에 수록되어 있다. 그중에는 전인의 어미 석비가 관비에서 양인이 되는 문서인 「1517년 장예원 속신입안掌隷院贖身立案」, 이전인의 부인 정비丁非를 양인으로 만드는 문서인 「1532년 장예원 속신입안」 등이 있다. 조선 전기에 노비가 양인이 되기 위해서는 노비를 관장하는 국가 관청인 장예원의 허락을 받아 자기 대신 다른 천인을 납부하는 속신贖身을 하거나 대가를 지불하는 속량贖良을 거쳐야 했다. 비첩 소생의 노비는 과도적 군역인 보충대補充隊(조선 전기 양인 확대 정책으로 천인이 양인이 되는 과정에서 임시로 속하여 입역을 했던 기구)에 들어가 일정 기간 복무하면 속량이 되어 양인이 될 수 있었다.

옥산玉山의 잠계潛溪 가문은 회재 이언적의 혈손으로, 엄격한 신분제가 살아있는 조선 사회에서 온갖 어려움을 극복하고 말 그대로 '바위틈에 핀 들꽃'처럼 굳세게 가문을 형성하고 지켜왔다. 이전인의 출생을 둘러싸고 수많은 설화가 만들어졌을 정도로 그의 출생과 신분을 두고는 말이 많다. 그런데 이전인뿐만 아니라 그 아들 이준李浚·이순李淳에 대해 당시의 구체적 사실을 말해주는 고문서가 많이 남아있으므로 이들의 진실을 이해하기 위해서는 그 어떤 설화보다도 이 문서들을 살펴보아야 한다.

우선 그림 4-3에서 보듯이 이전인과 이준·이순의 모계母系는 연속적으로 천인 출신임을 알 수 있다. 그림 4-3과 〈표 1〉에서 입안 등 관련 문서들은 이들이 천인 신분에서 벗어나기 위하여 속신을 하여 양인이 되었음을 증명해준다.

앞서 언급한 『기문총화』와 『야승』의 내용을 잠깐 다시 되짚어보자. 먼저 『기문총화』에 따르면, 잠계의 어머니가 조윤손의 첩이 되었으며 잠계의 원래 이름은 조옥항이라는 것, 그리고 조윤손의 후사가 되어 재산을 물려받고 삼년상도 치렀다는 것이다. 그런데 이 내용은 다른 설화집이나 현재 남아있는 1차 사료와도 많이 다르다. 또 『야승』에서는 이전인이 어머니 후부後夫의 성을 모칭冒稱하고 관역官役을 졌다고 하였으며, 의붓아버지의 상을 치를 때까지도 회재가 친아버지임을 몰랐다는 것이다. 회재

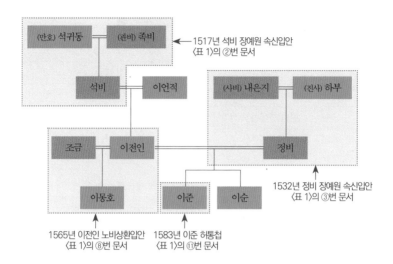

그림 4-3 잠계 이전인의 가계와 관련 문서

도 그 부인 박씨도 이전인이 회재의 아들임을 몰랐는데, 이전인 어머니 석비의 기억과 회재의 부인 박씨가 관찰한 이전인의 식습관으로 마침내 회재의 아들이라는 사실을 확인하였다고 한다.

재산상속

그렇다면 실제 문서상에서 회재와 그 부인 박씨, 잠계의 어머니 석씨 그리고 잠계 이전인 사이에는 어떠한 일이 있었을까? 경주 옥산 독락당

〈표 1〉 독락당 문서로 본 잠계 가문 연보

번호	연도	문서	내용
①	1509	석귀동 별급문기	아들 석간에게 재산 별급
②	1517	석비 장예원 속신입안	
③	1532	정비 장예원 속신입안	
④	1546	이언적 별급문기	석군(석비)에게 재산 별급
⑤	1553	이언적 별급문기	첩자 이전인에게 재산 별급
⑥	1556	적처嫡妻 박씨 별급문기	이전인에게 재산 별급
⑦	1565	이준 소지所志	아버지의 여종을 잠간潛奸한 박팽수 처벌 요청
⑧	1565	이전인 노비상환입안	동생 이응인의 비 조금과 자기 비 상환
⑨	1566~1567	이전인 별급문서	적첩嫡妾 3형제에게 재산 별급
⑩	1576~1578	반춘 노비결송입안	
⑪	1583	이준 납속 허통첩	

에는 이들의 관계를 증언해주는 자료가 많이 남아있다. 먼저 이전인의
어머니 석비에 관한 문서이다. 「1517년 장예원 속신입안」에서 석비는 속
신을 하고 관비의 신분에서 벗어난 것으로 되어 있다. 이 문서에 의하면
관비인 족비足非가 만호萬戶 석귀동石貴童의 첩으로 비 석비를 낳았는데,
석비 대신 비 일금一今으로 속신하고 석비를 양인으로 한다는 것이다. 속
신하기 위해 석비의 아버지 석귀동은 경주부에 청원서(소지所志)를 올리
고, 경주부에서는 경상도에 첩정牒呈을 올렸으며, 도에서는 승정원에 관
문關文을 보내 우승지 윤희인이 담당 승지로서 계본啓本을 올려 임금의

그림 4-4 「1517년 장예원 속신입안」. 이전인의 어머니인 석비를 속신하여 양인으로 한다는 문서이다.

윤허를 받은 뒤 노비 담당 관서인 장예원의 심의를 거쳐 입안立案을 발급하였다. 이 문서에 따라 석비는 관비의 천역에서 벗어났다. 그런데 아직까지는 이언적이 문서에 등장하지 않는다.

　이언적이 처음 문서에 등장하는 것은 그로부터 29년 후의 별급문기(표 1의 ④번 문서)에서다. 이 문서에서 이언적은 자신이 서울에 있는 동안 첩 석군石君(장예원 입안에서는 석비石非로 기록)이 노친老親을 잘 봉양했기 때문에 재산을 나누어 주지 않을 수 없다 하고, 이 재산은 또한 자신의 가계를 이을 사람에게 전계傳繼되도록 해야 한다고 하였다. 설화에 나오는 내용과 달리 석비는 이언적이 1547년(명종 2) 강계에 유배 가기 전부터 이미 그의 집안에 들어와 노친을 봉양하고 있었다. 이언적에 이어서 아들 이전인이 문서상에 처음 등장하는 것은 그로부터 다시 7년 후에 만들어진 분재기에서다. 이언적은 1553년(명종 8) 죽기 직전에 이전인에게 별급하는 형태로 자신의 재산을 상속하였다(⑤번 문서).

석비가 속신하여 양인이 되는 ②번 문서에는 1515년 7월 11일에 석비의 아버지인 가선대부 석귀동이 소지를 올려 다음과 같이 말하였다.

> 제가 전 감포 만호일 때 경주 관비 족비를 첩으로 삼고 비 석비를 낳아 길렀습니다. 아버지 쪽으로 전래해온 비 막덕의 4소생 비 일금을 그 대신 납부하여 속신하니 처분해주십시오.

> 矣段 前/甘浦萬戶時 慶州官婢足非作妾 所生婢石非矣身乙産長爲白有臥乎在亦 父邊傳來婢莫德四所/生婢一今年丁巳生矣身乙 依他代納贖身爲白只爲 行下向事 所志是白齊
>
> * 이두 부분은 밑줄을 그어 표시함. 행이 바뀌는 부분은 '/'로 표시. 이하 같음.

경주부에 올린 이 소지는 바로 경주부의 첩정으로 경상도 관찰사에게 올려지고, 경상도 관찰사는 관문關文으로 장예원에 보내서 왕에게 계문啓聞하였다. 장예원은 경주부에 관비인 족비가 언제 누구와 교가交嫁(노비가 짝을 이루는 것을 '혼인'이라는 말 대신 사용)하여 어떤 아이를 낳아 길렀는지, 또 그 아이는 어느 노비를 대납하고 속신했는지, 그리고 대납 노비의 천적賤籍을 조사하여 보고하라고 하였다. 사실 확인이 끝난 뒤 장예원에서는 『경국대전經國大典』 「형전刑典」 '천첩자녀賤妾子女' 조의 속신 규정에 따라 석비를 보충대補充隊에 소속시켜서 속량贖良(천인이 대가를 지불하고 양인이 되는 것) 조치를 하였다. 이로써 석비는 양인의 신분을 획득하였다. 1517년은 이언적이 27세 때이다. 24세에 문과 별시에 급제하고 다음 해에 출신지인 경주에 금의환향하여 경주의 주학교관州學教官으로 근무하였다. 호적상으로 이전인은 1516년생이다.

이전인은 정비丁非와의 사이에서 아들 준浚과 순淳을 낳았는데, 정비는 진사 하부河溥와 첩 사비 내은지內隱之와의 사이에서 난 딸이다. 정비 역시 1532년에 아버지인 진사 하부가 소지를 올려 장예원 입안을 받고 속신하여 양인이 되었다(③번 문서). 진사 하부의 소지에 의하면, 자신은 천안에 사는 인척 정씨의 호비戶婢 내은지를 작첩作妾하였고, 내은지와의 사이에서 정비를 낳았다. 하부는 내은지를 주인 정씨에게서 법에 따라 매득하고 딸 정비를 보충대에 소속시켜 양인으로 만들었다. 정비는 정축년생(1517)이므로 16세 때 비로소 양인이 된 것이다. 이전인과 정비가 언제 관계를 가졌는지는 알 수 없으나 장남인 이준이 1540년생이므로 적어도 정비가 이전인과 결혼할 때는 이미 양인 신분이었음을 알 수 있다.

이언적은 적처嫡妻 박씨와의 사이에 후사가 없어 나중에 동생의 아들인 이응인李應仁을 양자로 삼았는데, 이 입양이 있기 이전에 벌써 이전인에게 상당히 많은 재산을 물려주었다. 1546년(명종 1) 이언적은 첩 석비(별급문기에는 '석군石君'이라 칭하였음)에게 상당한 양의 재산(노비 4구와 밭 3마지기, 논 1섬지기)을 별급하였다(④번 문서). 그 이유에 대해서는 자신이 서울에서 벼슬살이하는 동안 첩 석비가 노친을 잘 봉양하였기 때문이라고 밝혀놓았다. 또한 그 재산은 자신을 계승할 사람에게 전해주는 조건으로 별급한다고 하였다. 이는 다분히 이전인을 염두에 두고 넣은 문언文言일 것이다. 이 문기에는 이언적·이언괄李彦适 형제의 친필 서압이 있다.

설화와 사실의 간극

이상의 자료들을 보면, 관비였던 석비와 아들 이전인의 설화는 실제보다 상당히 과장된 것이 아닌가 생각된다. 석비는 이언적이 강계로 유배되기 전에 이미 이언적의 집에 들어와 노친을 모시고 있었다. 그리고 석비에게 별급했던 재산은 그 후 다른 재산을 더 붙여서 1553년 서자인 이전인에게 별급하였다. 이전인에게 이러한 재산을 증여한 별급문기는 바로 이언적이 죽던 해에 작성된 문서이다. 그 문서에는 별급하는 사유와 별급 재산 목록을 기록해놓았고, 나아가 어머니 석비에게 7년 전 허급해주었던 것도 이전인이 차지하도록 하였다. 이언적은 유배 생활을 하는 동안 자신을 곁에서 극진히 시봉侍奉한 이전인의 뜻을 가상히 여겨 재산을 허여한다고 하였다. 분재량은 노비 7구와 논 70마지기, 밭 3섬지기, 가사家舍 1채로, 별급으로는 그 양이 매우 많다. 증인으로 수결을 한 충의위忠義衛 손 아무개는 이언적의 외가 사촌에 해당하는 인물이다.

이처럼 이전인은 아버지 이언적에게서 상당량의 재산을 받았을 뿐만 아니라 적모嫡母 박씨로부터도 일부나마 재산을 별급받았다(⑥번 문서).

1556년(명종 11) 이언적의 삼년상을 마친 후, 이언적의 적처 함양 박씨는 남편 이언적의 유배 시절에 첩자妾子 이전인이 시봉을 하고 호상護喪을 하였으며 3년간의 시묘살이를 잘하였고 적모인 자신이 장차 사망할 경우의 여러 가지 일들도 미리 배려하는 효성을 치하하면서 전인에게 노비 2구를 별급했다. 이 별급 내용은 재주財主 함양 박씨 및 증인과 필집筆執의 초사招辭(확인서)를 점련하여 경주부의 입안을 받았다. 재주인 정경부인 함양 박씨, 증인인 5촌 조카 충의위 손호, 손광현뿐만 아니라 새로 입양한 아들 응인이 증인으로 되어 있고, 필집은 얼사촌孼四寸인 손영이 맡았다.

이로써 이전인은 적부모嫡父母로부터 자신의 정통성을 인정받았을 뿐만 아니라 경제적 기반도 확립할 수 있게 되었다. 잠계 가문의 경제적 법적 기반 형성은 이미 이언적의 생전에 만들어진 것이다.

노비가 된 대학자
정의의 법정, 「안가노안」의 재해석

노비세습법

우리나라에는 세계 어느 나라에서도 찾아보기 힘든 노비세습제라는 법제가 있었다. 노비제는 1894년 근대적 개혁으로 폐지될 때까지 존속되었다. 아버지와 어머니 둘 중의 한 사람이라도 천인이면 자식들은 모두 천인이 되는 '일천즉천一賤則賤'의 천인 신분 세습 원칙, 또한 어머니가 양인이면 그 자녀도 양인이 되는 '종모종량법從母從良法', 즉 소생 노비 자녀의 소유권은 모계에 따른다는 종모법從母法은 조선왕조 500년 동안 지켜져온 원칙이었다.

「안가노안安家奴案」은 조선 전기에 순흥 안씨 집안의 사비私婢였던 중금仲今(송사련宋祀連의 할머니)과 그 천첩 자녀 소생의 신분 결정에 관한 소송 문서를 베껴놓은 자료이다. 원문서는 남아있지 않지만 패설稗說류 자료집인 『대동패림大東稗林』에 「안가노안」이라는 제목으로 실려 있다. 2만여 자에 달하는 장문의 결송입안과 기타 관련 문서들로 구성되어 있는

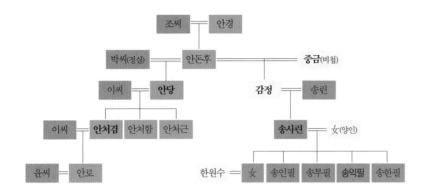

그림 4-5 「안가노안」 주요 인물 관계도

「안가노안」은 장예원 판결사掌隷院判決事의 집에서 나온 문서라고 한다. 안씨 집안의 사비였던 중금이 안돈후安敦厚의 비첩婢妾이 되어 감정甘丁이라는 딸을 낳았고, 감정은 송린宋璘이라는 양인과 결혼하여 송사련을 낳았다. 송사련은 양인 여자와 결혼하여 4남 1녀를 두었다. 딸은 왕족인 한원수漢原守 이인수李麟壽와 혼인하였으며, 인필仁弼, 부필富弼, 익필翼弼, 한필翰弼 등 네 아들은 모두 양인 여자와 결혼하였다.

1586년(선조 19) 안가가 소송을 제기하기 이전에 안가와 송가 사이에는 100년 넘게 지속된 여러 사연이 얽혀 있었다. 송가가 안가와 인연을 갖게 된 계기는 중금이 안돈후의 비첩이 된 일로부터 시작된다. 안돈후와 중금 사이에서 감정이라는 딸이 태어났고 그 딸이 양인 신분의 송린(소철)과 결혼하여 송사련을 낳았다. 안당安瑭 집안에서는 감정을 어머니가 다른 이복동생으로 인정하였다. 송사련은 안가 집안 사람들과 사이좋게

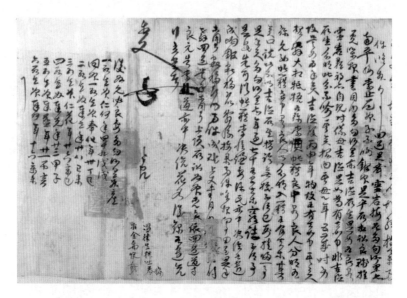

그림 4-6 1586년(선조 19) 나주목 노비 소송의 결송입안 중 마지막 부분. 결송입안은 노비나 토지 등의 소송 결과를 공증하는 문서이다. 조선시대의 민사소송 판결문인 결송입안은 ①문서 제목(입안을 발급한 날짜와 관청 이름), ②소장訴狀의 내용, ③시송始訟 다짐(원고·피고 양 당사자의 소송 개시 합의), ④원고·피고의 진술, ⑤당사자의 주장과 증거 제출, ⑥결송 다짐(변론 종결의 확인과 판결 신청), ⑦판결 내용까지 모두 기록하였다.

지냈으며 그 덕분인지 천첩 소생이기는 하지만 관상감觀象監에 들어가 벼슬을 하였다. 송사련도 양녀良女와 결혼하여 5남매를 낳았다. 그중 딸은 왕족인 한원수와 결혼하였고, 네 아들도 양인 여자와 혼인했으며 모두 과거에 응시하고 벼슬에도 나아갔다.

그러나 안가 형제들과 친하게 지냈던 송사련이 안처겸安處謙 등을 역모 혐의로 고변하는 일이 벌어졌다. 기묘사화(1519, 중종 14) 이후 국정을 농단하고 있었던 남곤南袞과 심정沈貞의 무리들을 제거하려는 안처겸과 그 일파의 음모를 밀고했던 것이다. 안당은 기묘己卯 현량과賢良科 출신으로 사림의 존경을 받는 인물이었다. 이 사건이 이른바 신사무옥辛巳誣獄이다(1521, 중종 16). 안가 집안 사람들은 모두 유배되고 재산은 적몰되어 멸문의 화를 당하였다. 반면 송사련은 밀고한 공로로 당상관으로 승진하고 안가에서 적몰한 많은 재산까지 차지하였다.

세월이 흘러 기묘사림이 복권되면서 안로安璐와 안처겸도 사면 복권되었다. 또 안씨 후손의 신원 상소로 안당이 복권되고 파방되었던 현량과의 합격도 회복되었다. 인종 대에 회복되었다가 명종 대에 다시 박탈되는 우여곡절이 있었지만, 선조 대에는 사림파의 집권에 힘입어 완전히 복권이 이루어졌다. 안처겸의 아들 안로는 기묘사림파의 관점에서 『기묘록보유己卯錄補遺』를 편찬하여 자신들의 정통성을 주장하고 송사련 자손들을 노비로 환속시킬 것을 주장하였다. 이상이 안가가 송가 사람들을 노비로 환천還賤시키는 소송을 시작하기 전까지의 사정이다.

정의의 법정

오랜 시간이 지나고 역사는 흘러서 정의의 기준이 바뀌었다. 사림 세력이 권신 소인배를 몰아내고 정권을 장악하게 된 것이다. 명종 초기에 소윤少尹(문정왕후의 일족인 윤원형, 윤원로 등)이 일시적으로 정권을 장악하기도 했지만 사림의 지속적인 탄핵과 규탄으로 결국 권력을 상실하였다. 특히 소윤의 실질적 기둥이었던 문정왕후의 죽음은 그들이 권력 기반을 잃는 계기가 되었다. 명종이 후사 없이 죽고 선조가 사림의 옹립으로 즉위하자 이제 사림의 세상이 되었다. 이들 사림은 곧바로 '역사 바로 세우기', '적폐 청산' 작업을 시작하였다. 안가의 억울함을 풀어주는 일도 그 중의 하나였다.

안가가 제기한 노비 환천 소송에서 송가는 불리한 상황 속에서도 치열한 법적 투쟁을 벌였다. 안가 쪽에서는 안당의 손자이자 안처겸의 아들인 안로의 처 윤씨가 원고로서 소송을 제기하였다. 송가 쪽에서는 송사련의 아들 인필이 중심이 되어 피고로서 방어를 하였다. 이 소송은 중금이 안돈후의 비첩이 되어 딸 감정을 낳은 때로부터 100여 년의 세월이 흐른 뒤에 일어났으며, 그사이에 무려 3세대 이상의 시간이 지난 뒤였다.

이 쟁송에서 가장 큰 법리적 논점은 문서의 진위와 그에 따른 효력의 문제, 그리고 소송의 시효 문제였다. 첫째, 송가가 제출한 속량贖良 문서 및 안가가 제출한 안돈후 유서遺書의 진위와 효력의 문제에 대해 안가 측은 중금의 딸 감정이 속량을 하지 않았기 때문에 감정의 후손은 모두 천인이라고 주장하였다. 또한 그러므로 그 천인에 대한 소유권은 안가에게 있다고 하였다. 이에 반해 송가 측에서는 감정이 보충대 입속을 거쳐 속량이 된 문서를 제시하고, 그 문서에 따라 이미 양인이 되었다고 주장하였다. 그러나 안가 쪽에서는 속량 문서를 속량의 권한을 지닌 당사자, 즉 감정의 부친 안돈후가 직접 제출하지 않고 감정의 이복 오빠(안돈후의 아들 안총)가 제출하였으므로 법적으로 무효라고 주장하였다. 판관은 안가의 주장을 따라 문서가 무효라고 판결하였다.

둘째, 소송의 시효, 즉 기한의 문제이다. 송가 측에서는 설령 속량 문서가 무효라 하더라도 송가들은 이미 양인이 되어 사회적 활동을 하였으며 감정의 아들인 송사련은 벼슬을 하여 당상관에까지 올랐다고 주장하였다. 또한 송사련의 자녀들은 과거를 거쳐 벼슬까지 한 사람들이고 나아가 왕족과도 통혼하였다. 그러한 상태에서 소송의 기한도 지났기 때문에 다시 환천하는 것은 잘못되었다고 주장하였다. 이에 대해 안가 측에서는 오랫동안 그들을 환천하지 않은 까닭은 친족골육상잔금지법親族骨肉相殘禁止法에 의하여 4촌 이내의 친족은 부릴 수가 없어서 소송을 하지 않았을 뿐이고, 이제 6촌을 넘어섰기 때문에 환천을 하여 사역을 시켜도 별 문제가 없다고 주장하였다. 이 논점에서 대해서도 판관은 안가의 주장을 따랐다.

대학자 송익필

안가와 송가의 노비 환천 소송에서 주목할 만한 인물이 등장한다. 바로 송사련의 아들 송익필宋翼弼(1534~1599)이다. 송익필은 서인의 핵심 인사인 우계牛溪 성혼成渾(1535~1598), 율곡栗谷 이이李珥(1536~1584)와 막역한 사이였다. 우계와 율곡, 구봉은 서로 간에 '도의지교道義之交'라고 할 만큼 아끼고 존경하였다. 이러한 대학자마저 천인으로 돌리는 이 소송은 사림 세력이 권력을 장악하고 동인과 서인으로 분열되어 동인이 집권을 하던 시기였기 때문에 가능하였다. 이이, 성혼, 정철, 조헌 등 서인 세력이 이산해, 유성룡 등 동인 세력에 밀리던 시기였다.

『대동패림』의 편찬자는「안가노안」소송 문서를 그대로 베껴 수록하고 그 뒤에는 이 소송 사건을 언급한 월사月沙 이정귀李廷龜, 남계南溪 박세채朴世采, 택당澤堂 이식李植 등 명사의 글을 인용하였다. 송나라 말기의 명신名臣 악비岳飛와 간신 진회秦檜 후손 간의 토지 소송에서 악비 후손 편에 서는 것이 정의를 세우는 일이라 생각했듯이, 송가를 환천하여 안가의 노비로 삼는 것은 당연하다는 '역사적 정의'의 입장을 취하였다. 「안가노안」은 기본적으로 동인이 서인을 비판적으로 보는 관점에서 편찬되었다. '법적 정의'보다는 '역사적 정의'의 입장에 선 것이다. 악비와 진회 후손 간의 토지 소송에서 문서를 볼 필요도 없이 악비 후손의 승소로 판정한 판관의 행위를 찬양한 것은 '역사적 정의'의 입장이다. 송가들이 다시 환천된 것은 그 시대의 사림 시각에서는 당연히 '역사적 정의'가 실현되었음을 의미하였다. 간사한 송익필이 율곡을 끌어들였다는 언설도 그와 같은 생각에서 나왔을 것이다. 서인 측에서는 이러한 자료가 유포되는 상황 자체를 기피했을 것이다. 따라서 기본적으로 이「안가노안」은 율곡 이이−사계 김장생−우암 송시열 등으로 이어지는 서인−노론 세력에 반대하는 동인−남인 측에서 의도적으로 등사하여 전파했을 가능성이 있다.

동인에 이어서 북인이 집권하여 서인의 정치 참여가 거의 배제된 광해군 대까지 송가에 대한 신원 청원은 접수조차 될 수 없었다. 송익필의 제자인 조헌趙憲(1544~1592)이 힘써 구했으나 역부족이었다. 인조반정으로 서인 정권이 들어서자 송익필의 제자들은 비로소 스승의 신원 운동을 벌였다. 제자들과 그 후손들이 간행한 송익필의 문집『구봉집龜峯集』은 이

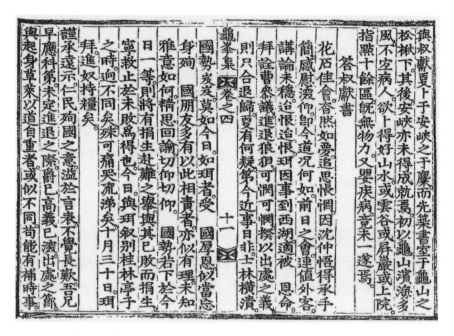

與叔獻夏卜于安峽之于麻而先葉書室于龜山之
松楸下其後安峽亦未得成就焉初以龜山濱海多
風不空病人欲卜得好山水或雲谷或屛巖或上院
指點十餘區旣無物力又嬰疾病竟未一遂焉

答叔獻書

花石佳會否然如夢追思悵惘因沈仲悟得承手
簡感慰溌仰卽今道況何如前日之會連値外客
講論未穩迫恨追恨珥因事到西湖適被 恩命
拜詮曹僉議進退狼狽可惘可惘撲以出處之義
則只合退歸夏有何疑第今近事日非士林橫潰

龜峯集 卷之四

十一

國勢危危莫如今日如珥者受 國厚恩似當念
身殉 國朋友多有以此相責者亦似有理未知
雅意如何稿思回諭切仰切仰 國勢若下於今
日一等則將有捐生赴難之擧與其已敗而捐生
寧救止於未敗爲得也今日與珥敍別桂林亭子
之時迥不同矣殊可痛哭流涕矣十月三十日珥

拜進奴持糧矣
謹承遠示仁民殉國之意溢於言表不覺長歎吾兄
早應科第未定進退之際爵巳高義巳溌出處之節
與起身草萊以道自重者或似不同苟能有補時事

그림 4-7 『구봉집』「현승편玄繩編」에는 구봉 송익필, 우계 성혼, 율곡 이이 세 사람이 주고받은 서간과 학문적 문답 등이 수록되어 있다.

러한 사정을 소상히 설명하고 스승을 위한 변명에 주력하였다. 1625년 (인조 3) 2월에 제자인 사계沙溪 김장생金長生, 약봉藥峯 서성徐渻 등은 스 승을 위하여 신원 상소를 올렸다. 동인인 이발李潑, 백유양白惟讓 등이 이 이와 성혼을 미워하고 그 증오가 송익필에까지 미쳐 반드시 죽이려고 했 다는 것이다. 그들은 송사련의 어미가 이미 종량從良을 했고 송사련도 잡 과 출신으로서 2대에 걸쳐 계속 양역良役을 하였으며 또 환천還賤을 위한 최대 시한인 60년 대한大限을 지났기 때문에 송가를 환천시켜서는 안 된다는 것이 법전에 있는 '법적 정의'라고 주장하였다.

송익필은 환천이 집행되려 하자 몸을 빼서 도피 생활을 하였으나 그 생활은 오래가지 못하고 결국 자수하게 되었다. 송익필과 그 형제들은 함께 변지로 유배를 당하였다. 임진왜란으로 사면이 되어 돌아온 구봉 송익필은 더 이상 살 곳을 찾지 못하였다. 그는 제자 김장생의 주선으로 김장생의 사돈집(충청도 면천 마양촌)에 기식하며 제자들을 양성하다가 그곳에서 죽었다.

안가와 송가 사이의 노비 환천 소송 전말을 기록한 1586년 결송입안 「안가노안」은 몇 가지 점에서 매우 중요한 자료이다. 먼저 사림 세력의 복권과 소인배의 제거라는 '역사적 정의'의 입장을 드러낸 판결이라는 점에서 의미를 가진다. 그러나 문서의 위조와 효력 문제, 과한법過限法의 적용 문제, 친족골육상잔금지법의 문제 등 '법적 정의'의 입장에서는 다툼의 소지가 많다. 이러한 법리적 판단은 '역사적 정의'를 세우는 측에 의하여 충분히 왜곡될 수 있었다.

노비를 사고팔다
백문문기와 관서문기

소지

길이 2m가 넘는 두루마리 문서. 내용은 간단하다. 1593년(선조 26) 12월 겨울, 임진왜란이 일어난 지 1년 반이 넘은 시점에 경주에 사는 이준이라는 사람이 대구에 사는 정익으로부터 노奴 1구를 사고 몇 달 뒤 1594년 2월에 관의 공증을 받은 문서이다. 경주 독락당에 내려오는 문서인데, 5매의 문서가 점련되어 있다. 노를 매입한 이준李浚(1540~1623)은 회재 이언적의 손자이다. 그는 비첩 자손인 얼자였지만, 임진왜란 전 북방에서 니탕개의 난(1583)이 일어났을 때 군량을 바치고 군공을 세워 관직에 나아갈 수 있도록 허통許通이 되었다.☞ 6장 「문안 편지 한 장으로 족합니다」 418~420쪽 참조 그 후 무과에도 합격하여 경산 현령, 만경 현령, 청도 군수를 지냈다. 아버지 이전인과 함께 회재를 현양하는 데 많은 노력을 기울였다.

편의상 그림 4-8의 오른쪽에서부터 문서 번호 ①~⑤를 부여하여 각 문서가 가지고 있는 고문서학적인 의미를 살펴보고자 한다.

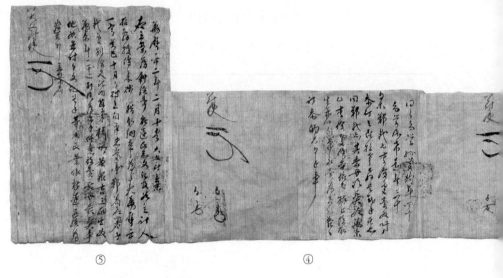

그림 4-8 「1594년 노비 매매 입안」

⑤   ④

①번 문서는 1594년 정월에 이준이 대구부에 올린 소지所志이다. 대구에 사는 충의위 정익이라는 사람으로부터 노 1구를 샀으니 첨부된 문서를 상고하여 입안立案을 성급成給해달라는 청원서이다. 소지라는 문서가 어떤 일을 관에 청원하는 데 쓰이고 있음을 보여준다. 이러한 청원에 대해서 대구 부사는 "증인과 필집筆執을 데리고 올 것"이라고 처분을 내렸다. 이러한 처분을 제사題辭 또는 제음題音, 뎨김이라고 한다. 대구 부사는 이 문서의 처리를 형방에게 지시하였다. 날짜는 1월 13일이다. '증인과 필집을 데리고 올 것'이라는 처분의 뜻은 매매 당사자 이외에 이 매매에 간여한 증인과 문서 작성자인 필집을 데리고 오라 한 것인데, 이는 매도자와 매수자를 제외한 제삼자의 증언이 필요하기 때문이다. 필집도 당

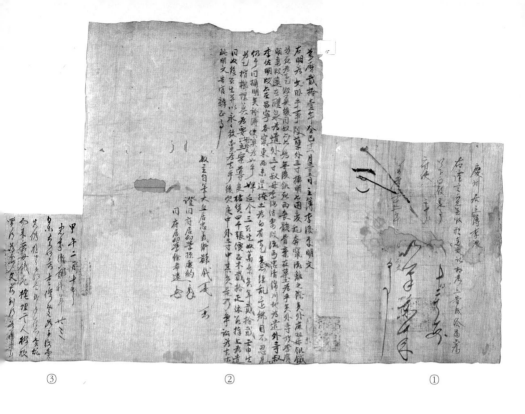

③　　　　　　②　　　　　　①

연히 증인의 역할을 한다.

그런데 이러한 소지를 올리기 이전에 노비 매매의 당사자들은 노비 매매 계약서를 쓴다. 그것이 ②번 문서이다. 토지, 노비, 가사家舍 등 재물을 매매하는 문서를 명문明文이라고 하였다. 명문은 문서 형식이 따로 있지는 않았지만 대체로 첫 행에 날짜와 매수인을 쓴다. 즉, "아무 년 아무 달 아무 날 아무개 전 명문(冒年某月某日某人前明文)"이라고 쓴다. 그다음 행에는 "여기에 명문을 쓰는 것은(右明文事段)"이라고 전제를 한 후, 매도의 사유, 매도 대상 물건, 물건의 가격을 명시한다. 본문 마지막에는 "만약 잡담이 있으면 관에 고하여 변정할 것(若有雜談有去等 持此文 告官辨正事)"이라고 하여, 매매 사실에 대해 다른 말을 할 경우에는 이 문서를 가지고 관에 가서 바로잡으라는 구절을 넣었다. 그런 다음 끝으로 매도자, 증인, 필집 등이 신분이나 직역, 성명을 쓰고 수결手決이나 수촌手寸, 수장手掌을 한다. 이 문서는 관에 올리기 이전 매매 당사자 간에 작성되었으며 관인이나 관장官長의 사인이 없기 때문에 백문문기白文文記라고 한다.

노비 매매 명문은 소지를 올리기 며칠 전인 1593년 12월 25일에 작성되었다. 노 1구를 매매하는 문서의 사연치고 내용이 매우 길고 자세하게 쓰여 있다. 토지나 노비를 매매하는 문서에서는 매도하게 된 사정을 이처럼 자세히 쓰지는 않는다. 그냥 "긴요하게 쓸 일이 있어서(要用所致以)" 또는 "가난해서(艱難所致以)"라고 간단히 사유를 쓰는 것이 보통이다. 그런데 이 문서는 매도 사유가 구구절절하다. 난리가 나서 도망다니고 떠돌아다니다가 매도자인 정익의 외서조모外庶祖母가 굶어 죽고 얼외삼촌 섭명 역시 뒤를 이을 사람도 없이 굶어 죽었는데, 두 사람의 상장례喪葬禮를 치러줄 사람이 없다. 외삼촌인 이응명의 처는 예천에 있으며, 외삼촌의 숙모는 충청도 면천 땅에서 유리걸식하고 외삼촌 숙부 이좌명도 창녕에 있으면서 모두 따로따로 빌어먹는 처지라 땅에 묻을 겨를조차 없었다. 매도자인 정익의 아비가 난리가 지난 뒤 고향 대구에 돌아오니 차마 눈뜨고 볼 수 없는 지경이기에 상장례 비용을 마련하기 위하여 노 1구를 판다고 장황하게 늘어놓았다. 그런다고 해서 노奴의 값을 높게 쳐줄 리도 없건만. 이렇게 상세한 사연을 쓴 이유는 매도 대상인 노 만경의 소유자가 다 죽고 없어서 가까운 근친인 정익의 아버지가 정익에게 그 노를 별급하는 문서를 작성하고 그것을 근거로 노를 매도하였기 때문으로 보인다.

증인과 필집

　이러한 매매 명문을 첨부하여 공증해달라는 청원을 올리니, 관에서는 증인과 필집을 데려오라고 하였다. 그래서 자필로 쓴 노의 주인 정익, 또 그 문서를 작성할 때 증인이 되었던 손처약과 서희원은 다 함께 대구 관으로 갔다. 대구 관에서는 노의 주인인 정익에게 사실 확인을 하였고(③번 문서), 증인인 손처약과 서희원에게도 사실 확인을 하였다(④번 문서). 관에서 매도자나 증인, 필집이 증언하고 작성하는 문서를 초사招辭라고 한다. 관아에 나올 수 없는 양반가의 부녀자나 고위 관료의 경우에는 문서로 증언을 대신하였다. 이를 함답緘答이라고 한다. 이렇게 사실 확인과 함께 제출한 노비 문서를 확인하여 대구 관에서는 최종적으로 사급입안斜給立案을 써주었다(⑤번 문서).

　① 1594년 이준이 대구부에 올린 소지

　　경주에 사는 주부 이준
　　여기에 삼가 소지를 올립니다. 점련한 문기를 상고하여 입안을 성급해
　　주십시오. 처분을 바랍니다.
　　부사 처분
　　만력 22년(1594) □□□일 소지
　　[제사] 증인과 필집을 데리고 올 것. 13일 형방에게.
　　행 부사. [서압]

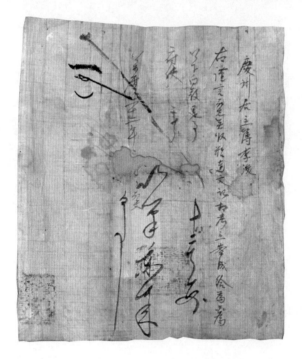

그림 4-9 ①번 문서. 1594년 이준이 대구부에 올린 소지

慶州居 主簿 李浚

右謹言所志矣段 粘連文記相考 立案成給爲只爲/行下向敎是事

府使 處分

萬曆二十二年□□□日所志

[題辭] 訂筆率來/向事/ 十三刑

行使 [署押]

② 1593년 노비 매매 명문

만력 21년(1593) 계사년 12월 25일 주부 이준에게 주는 명문

이 명문을 쓰는 것은 다음과 같습니다. 얼외삼촌 섭명이 난리가 나서 도망다니며 떠돌아다닐 때 저의 외서조모가 굶어 죽었습니다. 임시로 매장을 한 뒤에 위의 외삼촌 역시 후사 없이 굶어 죽었습니다. 두 사람의 상이 났지만 해골은 들판에 버려져 있었습니다. 돌아가신 외삼촌 이응명의 처는 멀리 예천에 있고, 외삼촌 숙모인 이해길의 처는 충청도 면천 땅에서 유리걸식하고 외삼촌 숙부 이좌명도 창녕에 있으면서 각각 동서로 떠돌아다니는 탓에 흙을 덮을 겨를이 없었습니다. 저의 아비가 난리가 지나 고향에 돌아오니 차마 눈뜨고 볼 수 없었습니다. 관곽棺槨을 마련하여 매장해야 해서 위 섭명이 상속을 받아(衿得) 부리던 비연금의 3소생 노 만경(22세, 임신생)을 별급문기와 입안을 가지고 저화 4,000장값 정목 20필을 받기로 하고 위의 노 후소생과 함께 영원히 방매합니다. 나중에 외삼촌 중에 누구라도 쟁송하거든 이 명문으로 관에 고하여 변정할 것입니다.

노주 자필 대구에 사는 충의위 정익 [착명] [서압]

　　증　같은 부에 사는 유학 손처약 [착명]

　　　　같은 부에 사는 유학 서희원 [착명]

萬曆貳拾壹年癸巳十二月二十五日 主簿 李浚處 明文

右明文爲臥乎事段 孼外三寸攝明亦 因變亂奔竄流離之際 矣外庶祖母飢

餓/身死爲去乙 假葬後同叔亦 亦爲無後飢死 兩喪骸骨 棄在草土爲乎矣

外三寸故李應/明妻段 遠在醴泉爲遣 外三寸叔母李海佶妻段 流丐忠清

綿川地爲遣 外三寸叔/李佐明段 亦在昌寧 各竄東西 未遑掩土爲白有去

乙 矣父亦 經亂還鄉 目不忍見乙/仍于 同攝明矣衿得使喚爲如乎 婢延今

三所生奴萬景矣年貳拾貳壬申生/身乙 棺槨埋葬爲要以 別給及立案導良

楮貨四千張價正木貳拾疋 依數捧上爲遣/ 同奴後所生并以 永永放賣爲

去乎 後次良中 外三寸中某矣徒乃 爭訟爲去等/ 此明文告官辨正事

奴主 自筆 大丘居 忠義衛 鄭釴 [着名] [署押]

證 同府居 幼學 孫處約 [着名]

同府居 幼學 徐希遠 [着名]

　매도자 정익에 대한 구체적인 정보는 알 수 없다. 다만 충의위忠義衛라
는 직역을 썼는데, 그것은 조선 초기에 개국開國·정사定社·좌명佐命의 3
공신 자손들이 소속된 일종의 특수 기구였다. 충의위 소속은 일반 양인
이 져야 할 군역에 복무하지 않아도 되었다. 따라서 충의위 정익은 공신
의 후손이므로 일정 정도의 재산과 가격家格을 갖췄으리라고 추측할 수
있다.

　중인으로 참여한 손처약(1556~?)과 서희원은 모두 대구의 명가 출신이
며 당시 학문적으로도 알려진 인물이었다. 손처약은 임란 때 의병 활동
을 한 모당慕堂 손처눌孫處訥(1553~1634)의 동생이고 늦은 나이인 58세 때
진사에 합격하였다.

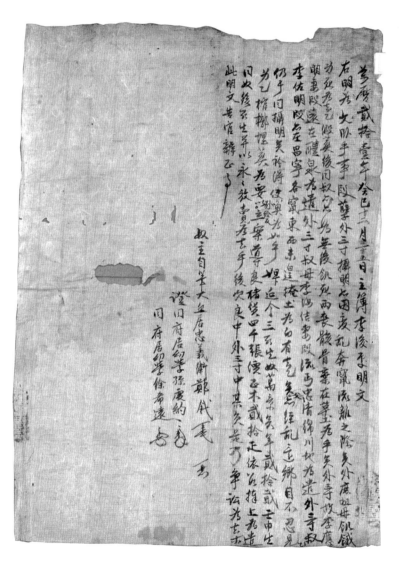

그림 4-10 ②번 문서. 1593년 노비 매매 명문

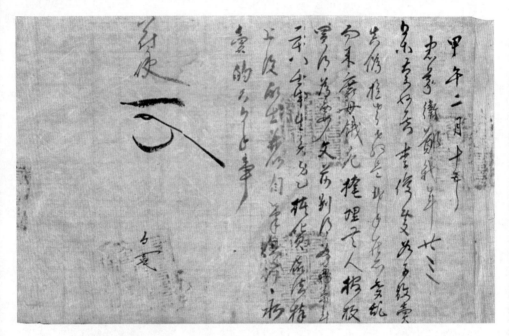

그림 4-11 ③번 문서. 1594년 노주 정익의 초사

③ 1594년 노주奴主 정익의 초사

갑오년(1594) 2월 15일

충의위 정익 나이 23세.

진술합니다. 경주에 사는 이준에게 노를 방매한 사실의 진위를 추고하

셨습니다. 변란이 일어난 이래 서모가 굶어 죽었는데 묻어줄 사람이 없

는 데다 관곽을 살 필요가 있어, 아버지가 별득한 노 만경(28세, 임신생)

을 저화값으로 계산하여 법대로 받고 증인을 갖추어 본인의 자필로 써서 후소생과 함께 영구히 매도한 것이 확실합니다.

백 [착명]

행 부사 [서압]

甲午二月十五日

忠義衛 鄭釱 年卄三

白等 慶州居李浚處 奴子放賣/眞僞推考教是臥乎在亦 變亂/而(以의 오자)

來 庶母餓死 掩埋無人 棺板/買得爲要 父前別得奴萬京年/二十八壬申生

矣身乙 楮貨依法捧/上 後所生并以 自筆俱訂 永/賣的只白乎事

白 [着名]

行府使 [署押]

④ 1594년 증인 손처약과 서희원의 초사

같은 날 유학 손처약 나이 40세.

　　　　유학 서희원 나이 30세.

진술합니다. 정익이 이준에게 노를 매도할 때 참관한 증인이었는가 여부를 추고하셨습니다. 위 정익이 그의 서모를 장례 지내기 위해 노 만경을 이준에게 값을 받고 후소생과 함께 영구히 매도한 것에 대해 자필로 쓰는 것을 참관한 증인이었음이 확실합니다.

백 [착명]

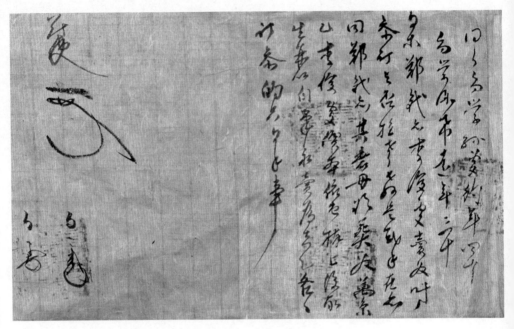

그림 4-12 ④번 문서. 1594년 증인 손처약과 서희원의 초사

백 [착명]

행 부사 [서압]

同日 幼學 孫處約 年四十

　　幼學 徐希遠 年三十

白等 鄭釴亦 李浚處賣奴時/ 參訂与否推考<u>敎</u>是臥乎在亦/ 同鄭釴亦 其

庶母欲葬 奴萬京/<u>乙</u> 李浚處價本依數捧上 後所/<u>生并以</u> 自筆永賣<u>爲去乙</u>

各各/<u>參訂的只白乎事</u>

白 [着名]

白 [着名]

行府使 [署押]

　이렇듯 노비주 정익, 증인 손처약과 서희원은 관에 나가 조사를 받고 이준에게 노비를 매도한 사실이 확실하다는 것을 진술서, 즉 초사를 통해 확인해주었다. 초사 문서의 형식은, 먼저 진술인의 신상 확인을 한 다음 본인이 재물의 주인 또는 증인의 입장에서 그러한 매도 사실이 확실하다는 점을 진술하고 '백白'이라 쓴 뒤 본인의 수결을 하였다.

입안

⑤ 1594년 대구부 사급입안

　만력 22년(1594) 2월 15일 대구부 입안
　이 입안은 사급하는 것임.
　점련한 소지 문기 및 노주와 증인의 초사에 의거하여, 전래해온 천적賤籍을 받아서 상고하였음. 만력 21년 계사년(1593) 10월 일, 재주 자필 충의위 정 [착명] [착서] 아들 익에게 별급한 문기. 얼자의 아우인 섭명의 비 은행의 3소생 노 만경(22세)을 별급하니 임의로 방매하여 서모의 상례와 장례를 할 것. 다른 비와 함께 수록되어 있는 백문문기이므로 엽질(문서)은 점련하여 돌려주고 입안을 발급함.

행 대구 부사 [서압]

萬曆二十二年二月十五日 大丘府立案

右立案爲斜給事 粘連所志文記及奴主訂人/招辭據 傳來賤籍所納相考爲

乎矣/ 萬曆二十/一年癸巳十月日 財主自筆忠義衛鄭着名署 子/釰處別給

文記內 孼子弟攝明婢銀杏三所生奴/萬京年二十二 別給爲去乎 任意放

賣 庶母喪葬事/ 他婢幷付白文記是乎等用良 葉作粘連退給爲/遣 合行立

案者

行大丘府使 [署押]

⑤번 문서를 관서입안官署立案, 관사입안官斜立案, 사급입안斜給立案이라
고 한다. 매수자가 관에 입안을 해달라고 요청했기 때문에 관에서는 관
사문서를 작성하여 공증해주었다. 관인을 찍고 관장官長인 대구 부사가
휘필揮筆과 수결을 하여 이 매매 행위가 확실하다는 것을 증명해주었다.
관장의 휘필이 좌상단에서 우하단으로 비스듬히 내리그어졌다. 관장이
비스듬한 형태로 수결하는 것을 '빗기(斜只)'라 하고, 그렇게 만들어주는
문서가 사급입안이다. 사사로운 개인 간에 주고받는 문서, 즉 관인이 찍
히지 않고 관의 수결이 없는 백문문기와 비교하여 증명력이 더 컸다.

지금까지 1594년 대구부 사급입안 점련 문서를 통해 소지, 노비 매매
문서, 노주와 증인의 초사, 사급입안 등 네 종류의 문서를 고문서학적 관

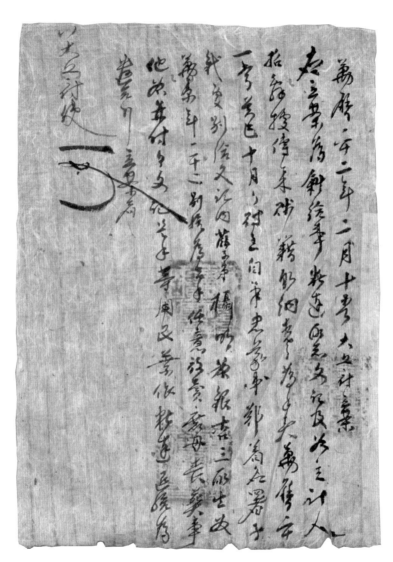

그림 4-13 ⑤번 문서. 1594년 대구부 사급입안

점에서 살펴보았다. 이 자료는 노비를 사고파는 문서와 그것을 공증하는 과정 중심의 형식적인 측면에서 검토할 수도 있지만, 다른 한편으로는 대구에 사는 노비 매도자 정익과 중인 손처약·서희원 등의 자료와 함께 임진왜란 시기 대구 유생들이 처한 곤경을 추론할 수도 있다. 또한 이 자료를 통해 전란의 와중에도 경주에 사는 이준은 넉넉한 경제력을 기반으로 재산을 증식시켜갔음을 알 수 있다.

경주 독락당에는 이준이 토지와 노비를 증식해가는 과정, 전란 중의 활약 모습, 전란 후에 할아버지 회재와 아버지 이전인을 현양하는 과정을 볼 수 있는 자료들이 많이 남아있다. 독락당의 그러한 다른 자료들과 함께 입체적으로 검토해야 이 자료의 진면목을 볼 수 있을 것이다.

이계송, 송씨 가문을 계승하다
1580년 담양부 입안

송순의 시양손 이계송

이계송李繼宋은 면앙정俛仰亭 송순宋純(1493~1582)의 외증손자이다. 그런데 동시에 시양손자侍養孫子이기도 하다. 조선 전기의 독특한 가계 계승 의식과 습속이 이러한 기이한 상황을 만들었다.

이제부터 소개하는 자료는 88세인 할아버지 송순이 시양손자 이계송에게 재산을 별급한 문서인 「1580년(선조 13, 만력 8) 담양부 입안」이다. 입안이란 토지·건물·노비 매매뿐 아니라 재산상속 등 법률행위를 했을 때 계약 당사자가 관으로부터 공증을 받는 문서이다. 입안은 보통 관의 공증문서만으로 구성되지 않고 소지, 명문明文, 재주와 증인의 초사, 관의 입안이 점련되어 있기 마련인데, 이 문서는 앞부분인 소지, 명문, 재주의 초사는 떨어져 나가 없어지고 뒷부분인 증인의 초사와 관의 입안 부분만 남아있다. 송순은 죽기 2년 전인 88세 때 자신의 맏아들 송해관宋海寬 부처夫妻가 후사 없이 죽고 또 동성同姓 중에 양자로 삼을 아이도 없자, 골육

그림 4-14 「1580년 담양부 입안」

친속인 송해관의 열 살 난 외손자를 데려와 송씨를 계승한다는 의미에서 '계송繼宋'이라 개명하고, 시양자를 삼아 재산을 별급해주면서 제사 조를 상속하였다.

없어진 세 문서 중 소지는 입안(공증)을 해줄 것을 요청하는 청원서이고, 명문은 송순이 이계송에게 재산을 별급한다는 내용일 터이며, 재주의 초사는 재주인 송순이 외증손자인 이계송에게 재산을 주었다는 사실을 확인하는 문서일 게다. 지금 남아있는 뒷부분의 문서 중 하나는 이계송에게 재산을 별급하는 과정에서 증인으로 참여한 송순의 조카 송해빈·진익신·설운룡이 그러한 사실이 있었다는 것을 확인하는 초사이고, 나머지 하나는 이러한 사실을 관에서 공증해준 입안으로 그림 4-14와 같다.

초사는 재주와 증인이 관에 나가서 사실을 조사받고 확인해주는 문서이므로 재산을 준 사실을 반복하여 진술한다. 따라서 별급 문서나 소지가 없다고 하더라도 증인의 초사나 관의 입안을 통하여 재산을 준 정황

과 그 내용을 알 수 있다. 송순이 이계송에게 재산을 별급할 때 증인으로 참여한 송해빈, 진익신, 설운룡의 진술 내용을 보자.

경진년(1580) 12월 15일 유학 송해빈 55세, 유학 진익신 40세, 설운룡 52세.

진술합니다. 사재四宰(우참찬) 삼촌(송순)의 맏아들 해관이 병오년(1546, 명종 원년)에 생원으로 건원릉 참봉에 제수되어 학업에 힘쓰고 여러 해 부지런히 고생하였으나 끝내 소원을 이루지 못하고 나이 서른여덟 살에 자식 하나 없이 뜻하지 않게 죽었습니다. 그의 생애가 너무 불쌍할 뿐만 아니라 집안에서는 맏아들을 잃어 제사가 끊어지게 되었으니 매우 안타까웠습니다. 해관의 부인 김씨는 멀든 가깝든 양자를 정해서 후대를 계승하여 제사를 모시게 해야 했건만 이를 심상히 여기고, 남편이 죽은 지 17년이 되도록 그대로 둔 채 결정을 못하다가 지난 임신년

(1572, 선조 5)에 역시 병으로 죽었습니다. 그래서 의지할 데 없는 두 영혼이 지금까지도 제삿밥을 먹을 곳이 없으니 천지간에 망극한 일입니다. 집안의 운세가 중간에 비색否塞해져서 후손들이 번성하지 못하여 친자손 중에는 성을 이을 만한 아이가 없으니 사정이 매우 절박하게 되었습니다. 이에 골육 친속인 해관의 동복 큰누님의 손자가 나이 이제 겨우 열 살이고 성격도 매우 똑똑하여 그가 성장하기를 기다렸다가 뒷일을 의탁할 수 있으므로, 그의 아버지 순흥군順興君과 논의하여 성씨의 다른 점이나 세대의 차서次序를 고려하지 않고 '계송繼宋'이라 개명을 한 뒤 해관 부처夫妻의 봉사자奉祀子로 할 것을 임시방편으로 결정하였습니다. 이곳의 토지와 노비들이지만 김씨가 따로 사당을 세우고 가사家舍 40여 칸과 근처의 대전垈田(집터) 등을 하나하나 뒤에 기록하여 친히 써서 주었으니 크고 작은 사시四時 제향을 친부모와 한가지로 성심껏 봉행하라 하셨고, 또 늙은 할아비(송순)가 너(이계송)를 서울로 불러 이 후기後記를 만들어서 자식들을 불쌍히 여겨 제사가 오래갈 계책을 시종 무겁게 생각하시어 중간에 폐지하지 말라며 반복해서 밝히셨고 영세토록 준행하라 하였습니다. 만일 자식이 없어 제사를 이어서 지낼 수 없으면, 이 토지와 노비 등을 멀리 살면서 아무런 관계가 없는 이씨 등을 사손使孫으로 하여 (상속해주지) 말고 인근에 사는 늙은 할아비의 자손 중에서 봉사할 만한 사람으로 수양아들을 삼아 모든 재산을 주고 제사가 끊이지 않도록 하라 하였습니다.

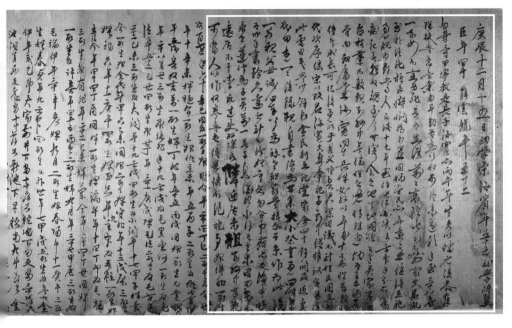

그림 4-15 「1580년 담양부 입안」의 증인 초사 부분

庚辰十二月十五日 幼學宋海賓年五十五 幼學陳/翼臣年四十 薛雲龍年
五十二

白等 三寸四宰教是 長子海寬亦 丙午年生員以 健元陵參奉/除授 專意學
業 多年勤苦爲行如可 終未遂願 年至三十八 無/一子女 不意身死 其爲
生涯 萬萬哀矜叱分不喩 家失長胤/ 至於絶祀 極爲憐憫爲良置 同婦金氏
亦無遠近至 繼後立祀/事乙 視爲尋常 人亡後十七年至 任置不決 去壬申
年分 亦爲/病死 無賴雙魂 至今無寄食之地 天地罔極爲乎矣 家運中/否
枝葉不敷 親子孫中 無繼姓之兒 情理迥切爲有等用良/ 骨肉親屬是在 海

寬同生長妹女孫以 年甫十歲 性甚穎悟/ 待其成長 可托後事乙仍于 其父

順興君果同議 不計姓氏同異 世代次序 繼宋以改名 海寬夫妻奉祀子良

中 從權議定爲遣/ 此處田民是沙餘良 金氏別立祀堂 家舍四十餘間及近

處/代田等乙 一一後錄 親自書給爲在果 大小祭享事乙 四時良中/ 一若

親父母 誠心奉行爲旀 老祖教是 招介于京 作爲此後/爲臥乎 哀矜久遠之

計乙 終始重念 勿令中廢亦 反復申明/ 永世遵行爲乎矣 萬一無子息 繼

祀不行爲去等 同田民等/ 遠居不干李氏等乙 使孫除良 隣近居老祖子孫

中 奉祀/可當人以作收養 專數傳與 使不絶祀事

1517년(중종 12)에 태어난 송해관은 1546년(명종 1) 생원에 합격한 후 음
직으로 건원릉 참봉에 제수되었지만, 문과를 목표로 계속 공부를 하다
가 38세가 되는 1555년(명종 10)에 자식도 없이 그 뜻도 이루지 못한 채
죽었다. 송해관의 부인 김씨는 양자를 들여서 제사를 잇게 해야 했으나
그러한 일을 중요하게 생각하지 않고 있다가 남편이 죽은 지 17년 뒤인
1572년(선조 5)에 역시 병으로 죽었다. 이에 해관의 아버지인 송순이 두
영혼이 제사도 받지 못하는 것을 안타깝게 여겨 후사를 결정하게 된 것
이다.

송씨 집안의 운세가 좋지 않았던지 자손이 번성하지 못하여 친자손 중
에는 송해관의 성을 이을 만한 아이가 없어서 골육 중에 외증손자, 즉 해
관 누나의 손자로 나이가 이제 열 살 된 아이를 택하여 후사를 잇게 하
였다. 그런데 해관의 조카라면 차서가 맞지만 그 누나의 손자 항렬이니
차서가 한 대 건너뛰게 된 셈이다. 해관의 누나는 최세윤崔世胤에게 시

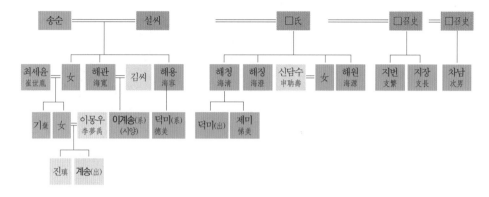

그림 4-16 송순의 가계도(「1572년 송순 자필 분재기」와 족보를 토대로 작성함)

집을 가서 아들 최기崔棄와 딸 하나를 낳았고, 그 딸은 순흥군 이몽우에게 시집을 가서 아들 둘을 낳았다. 이에 아들 둘 중 둘째를 '계송'으로 이름을 바꾸어 송씨 가계를 계승케 하고 그 선대를 제사 지내도록 한 것이다. 송순에게는 외증손자이지만 골육이라 하여 차서를 무시하고 게다가 다른 성姓임에도 이계송을 시양손자로 삼은 것이다. 면앙정의 외손자 최기는 송강 정철과 막역한 사이로, 면앙정 송순의 연보와 문집을 편찬하는 데 크게 기여하였다.

시양과 수양

19세기 초반에 편찬된 『신평송씨족보』는 이계송이 시양자로 들어와 송해관을 계승했다는 사실을 명확히 수록하였을 뿐만 아니라, 족보의 범

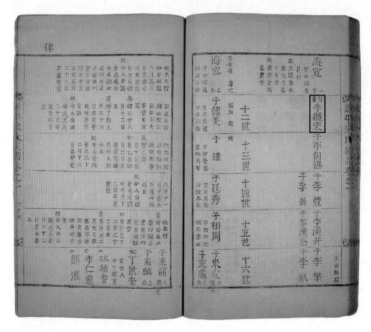

그림 4-17 『신평송씨족보』의 시양자 이계송 부분

례에서 이계송은 참봉공(송해관)의 시양자이므로 외손은 당대만 기록한다
는 원칙을 깨고 몇 대에 걸쳐 기록하였다는 사실도 밝혀놓았다. 19세기
만 하더라도 시양자라는 관행이 무척 특이했기 때문에 그러한 범례를 썼
을 것이다.

　지금은 생소한 용어이지만 조선시대에는 '시양'과 '수양'이란 말이 전
혀 낯선 개념이 아니었다. 시양이나 수양 모두 가계 계승과 망자亡者에
대한 제사를 위해 다른 사람의 남아男兒를 자신의 아들로 받아들이는 것
인데, 3세 이전이면 수양이 되고 4세 이후면 시양이 된다. 앞의 초사에서

증인으로 참여한 송해빈(55세), 진익신(40세), 설운룡(52세)은 모두 송순의 조카·생질에 해당하는 친인척이다. 송순은 별급 문서를 작성하면서 이계송을 시양자로 삼게 된 경위, 그리고 이계송이 반드시 지켜야 할 사항을 하나하나 꼼꼼히 기록했던 것 같다. 증인들이 진술한 내용에 따르면 '사재四寀 삼촌' 송순의 맏아들인 해관이 생원이 되고 참봉 벼슬을 얻은 뒤 열심히 문과 합격을 위해 힘썼으나 끝내 소원을 이루지 못하고 38세 때 자녀도 없이 죽었으며, 해관의 부인 김씨는 17년을 더 살았으나 그사이에 가계를 계승하고 제사를 지낼 대책을 마련하지 못한 채 병으로 죽고 말았다. 이에 자식과 며느리를 먼저 보낸 88세의 늙은 송순이 나서서 두 사람의 제사를 모실 시양자로 골육인 이계송을 그의 아버지인 순흥군 이몽우와 합의하여 시양자로 올리게 한 것이다.

이계송이 송해관 부부의 뒤를 계승하고 그의 재산을 물려받아 제사를 지낸다는 사실을 관에서 공증한 문서가 「만력 7년(경진) 12월 15일 담양부 입안萬曆七年(庚辰)十二月十五日 潭陽府立案」(만력 7년은 1579년 기묘己卯이고, 경진庚辰은 만력 8년 즉 1580년이다. 원자료에서 간지를 잘못 기록하였으나 여기서는 원자료 그대로 썼다)이다. 이 입안은 점련된 소지, 명문, 재주의 공함公緘, 각 참증參證(참관한 증인)의 초사 및 관련 문기를 받아서 상고하였다는 사실을 진술하고 각 문기의 요지를 서술한 뒤 이계송이 재산을 전득했음이 확실하다는 사실을 인정해주었다. 관에서 검토한 문기는 ①가정嘉靖 6년(1527) 설석주 처 주씨가 설씨에게 노비 2구를 허급한 문기, ②가정 10년(1531) 노 1구를 나눠 받은 설씨 3남매 화회문기和會文記, ③가정 11년(1532) 김근공이 송순에게 비 1구를 매매한 명문, ④가정 22년(1543) 송순 어머니 조씨가 장자 송순 등 6남매에게 허여한 문서(비 1구), ⑤가정 23년(1544) 이의정의 처 설씨가 조카 6남매에게 허여한 문기 등이다. 이상의 전래 문기를 검토한 후, 별급 조로 노비 28구와 전답 141두락, 제사 조로 노비 5구와 전답 23두락을 허여한 사실이 확실하다는 공증을 한 것이다.

송순은 이계송을 서울로 불러서 조상에 대한 제사를 중간에 폐하지 말고 영원히 준행하라고 거듭 당부하였다. 그리고 또 만일 훗날 자식이 없어서 제사를 이어 지낼 수 없다면, 이 토지와 노비 등은 아무런 관계가 없는 이씨 등을 유산상속자로 삼아 나눠 주지 말고 인근에 사는 송순의 자손 중에서 제사를 모실 만한 사람으로 다시 수양아들로 삼아 모든 재산을 주고 제사가 끊이지 않도록 하라고까지 당부하였다.

조선 전기 이래 유교 질서가 받아들여지면서 재산상속이나 제사, 가계계승의 관념은 부계와 모계 양측적 친속에서 부계친 중심으로 이행하고 있었다. 「1580년 담양부 입안」이 만들어진 16세기 후반은 아직 양측적 친속의 관념이 남아있었지만, 다른 한편으로는 이계송의 후손이 끊어지면 그 가계를 다시 송씨 쪽으로 돌리라는 당부의 말을 통해 내면에는 부계친 중심의 관념이 싹트고 있었음을 엿볼 수 있다.

이계송으로 하여금 장자인 송해관을 계승하고 재산을 별급해준 입안을 발급받기 8년 전인 1572년(선조 5)에 80세의 송순은 후사가 없는 송해관을 제외한 다른 자손들에게 자필로 써서 재산을 나누어 주었다. 이 「1572년 송순 자필 분재기」는 360×65cm, 124행 4,000여 자에 이르는 장문의 문서이다. 장녀이자 성균 진사 최기崔棄의 모母 몫, 차자인 진원 현감珍原縣監 해용海容의 처 김씨金氏 몫과 승중承重 몫, 아들 해청海淸 몫, 아들 해징海澄 몫, 신담수申聃壽 처의 몫, 첩자妾子 해원海源 몫, 첩자 지번 支繁과 지장支長 몫 등 적첩자녀 8명에게 법에 따라 균등하게 나누어 주고, 이계송에게 별급할 때와 마찬가지로 조카와 생질 송해빈 등 4명을 증인으로 참여시켰다. 몇 년 뒤 이계송에게 별급한 것까지 합한다면 송순이 자녀들에게 나누어 준 재산은 노비가 160구, 전답이 744두락에 이르는 막대한 것이었다.

「1572년 송순 자필 분재기」는 오래전 김일근 교수가 소개한 바 있다(「면앙정 송순 자필 분재기의 문화사적 의의」, 『고문연구』 10, 한국고전문학연구원, 1997). 현재 담양의 한국가사문학관에 소장되어 있다. 「1580년 담양부 입안」은 서울 화봉문고에 소장되어 있다.

집안의 기대주, 문과에 합격하다
임장원의 문중과채수기

수기, 수표, 명문

수기手記란 수표手票, 명문明文, 다짐(侤音) 등의 문서와 함께 개인 간의 약속을 증명하는 성격을 가진 사적 문서이다. 흔히 토지나 노비를 사고 팔 때 매도인은 매매 대상물과 거래 가격 등을 명시한 문서를 매수인에게 작성하여 준다. 그것을 '증명하는 문서'라는 의미에서 '명문'이라고 하였다. 이러한 사적인 거래의 대상은 토지와 노비 외에도 가사家舍, 가축家畜, 선척船隻, 염분鹽盆(소금가마), 집기什器 등 매우 다양하다.

토지나 노비를 매매하는 명문은 원래 문서의 공중력을 위하여 관의 입안을 받도록 『경국대전』에 법으로 규정되어 있지만, 조선 후기에 들어와서는 노비 매매 외에는 관의 입안을 거치지 않는 경우가 많았다. 관의 입안에는 관의 사인, 즉 수령이 비스듬히 휘필揮筆한 '빗기(사지斜只)'가 있어 관사문기官斜文記라고 하며, 관의 입안이 없는 백문문기白文文記는 중인과 문서를 작성하는 필집筆執이 매도자와 함께 문서 말미에 수결을 함으로

써 문서의 효력과 공공성을 보증하였다. 그러나 소송이나 분쟁이 생겼을 때는 백문문기보다는 관의 공증을 거친 관사문기가 증거력이 컸다. 이렇듯 모든 거래에는 명문을 작성하지만 개인 간의 사적인 채무나 금전 관계의 내용을 보증할 필요가 있을 때는 흔히 수기나 수표를 썼다. 수기나 수표도 넓은 의미에서는 명문의 일종이라고 할 수 있다.

보성 양반 임장원任長源(1734~1804)의 '문중과채수기門中科債手記'는 임장원이 문과에 등제한 후 삼일유가三日遊街나 도문연到門宴, 면신례免新禮 등에 소요되는 비용을 대기 위하여 문중 논을 팔아서 쓰고 나중에 그 빚을 갚겠다고 문중에 약속하는 독특한 내용의 수기이다. 임장원이 아들에게 보낸 30여 점의 간찰과 함께 보관되어 있다. 2014년 4~6월에 임장원의 초상화와 집안에 보관된 고신告身, 즉 직첩 등의 자료를 그 후손이 국립광주박물관에서 기증하여 〈규암 임장원과 선비정신〉이라는 전시회가 열린 바 있다.

임장원은 자가 회일會一, 호가 규암葵菴으로, 본관은 장흥長興이고 보성에 거주하였다. 1773년(영조 49) 마흔 살에 문과에 급제하였다. 생원·진사가 되는 소과도 아니고 대과인 문과에 합격하는 것은 매우 어려운 일이었다. 소과는 성균관에 입학하고 문음門蔭으로 관직에 나아갈 수 있는 자격을 주는 시험이지만, 문과는 대과라고 하여 합격과 동시에 관직에 임용되는 시험이었다. 보통 향촌의 선비들에게는 소과에 합격하여 생원·진사가 되는 것도 대단한 영광이지만 그 윗 단계라 할 수 있는 문과급제는 더 말할 나위도 없는 영예였다.

문중 수기

이 문서의 겉봉에는 '문중수기門中手記'라고 씌어 있어 문중에 보내는 수기임을 알 수 있다. 그림4-18 전문은 다음과 같다.

여기에 수기하는 이유는 다음과 같습니다. 문말門末(문중의 말석이라는 뜻의 겸사)인 제가 등과登科하였을 때 문답門畓 세 마지기를 빚을 갚기 위해 (문중으로부터) 빌려서 팔았는데, 지금까지 갚지 못하여 여러 가지 의논이 어지럽게 일어났습니다. 올해까지는 문중의 유사有司가 어떻게든 감당하였습니다만, 앞으로의 걱정은 다가올 제향祭享을 거르게 될 지경이라는 것입니다. 문말의 부끄러움은 다시 말할 것이 없습니다. 앞으로 갚는 것을 깔끔히 할 터인데, 내년에는 문중에서 후의를 베풀어 다른 곳에 부표付標하지만 내후년에도 또 갚지 못하면 문말은 마땅히 유사로서 올해처럼 준비할 것이며, 저의 논으로 원래의 액수와 같이 문중에 대납하기로 하고 이같이 수기합니다.

갑인년(1794, 정조 18) 10월 13일 압각鴨閣(장흥 임씨의 제각) 시향時享 때 문말 장원 수서 [수결]

右手記事段 門末登科時 門畓三斗/ 以報債事 貸而賣之 而至今未報 以致/諸議之紛紜 至於今年 有司之擔當是/在果 來頭之憂 將至闕享之境是去乎/ 門末之慚愧 更無可言 而來頭準報 有如/靑山 明年段 門中以厚誼以他員付標/是遣 至於再明年 而又不準報 則門末當以/有司 如今年備進

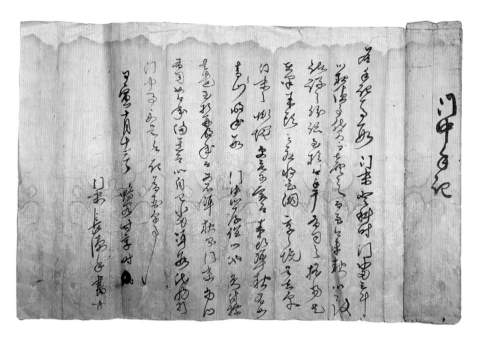

그림 4-18 임장원이 문중에 써준 수기

而以自己畓 准數代納於/門中事 如是手記爲臥乎事

甲寅十月十三日 鴨閣時享時 門末 長源 手書 [手決]

　임장원이 문과에 급제했을 때 문중의 논 세 마지기를 빌려서 팔았는
데, 여태 갚지 못한 탓에 문중의 논란이 분분하여 내후년까지는 반드시
갚겠다고 다짐하는 내용이다. 1773년(영조 49)에 급제하고 1794년(정조 18)
에 수기를 작성하였으니, 20년 넘게 채무를 갚지 못한 것이다. 이 때문에
문중의 시향時享 제사를 제대로 지낼 수 없게 되었으니 말할 수 없는 당

혹감이 여실히 느껴진다. 이 수기가 임장원이 아들들에게 보낸 다른 편지와 함께 집안에 남아있게 된 연유는 아마 채무를 갚고 수기를 되찾아왔기 때문일 것이다. 따라서 임장원이 문중에 졌던 빚은 다 갚았으리라고 추정할 수 있다.

그는 문중의 논을 세 마지기나 빌려 팔아서 무엇에 썼던 것일까? 조선시대 양반의 가장 큰일 가운데 하나는 과거 응시였다. 양반의 일상은 과거시험 준비의 연속이었고, 그리하여 시험이 실시될 때마다 과장科場에도 매번 출입하였다. 그것은 그 자체로 양반임을 증명하는 상징적 의식이기도 했다. 그러나 평생 과장에만 출입하고 실제로 소과나 무과조차도 합격하기가 매우 어려웠다. 하물며 대과는 더 말할 나위도 없었다. 그러니 대과에 급제하면 본인뿐만 아니라 문중의 경사였다.

그런데 과거에 합격한 사람은 삼일유가라 하여 사흘간 스승과 선배 및 친지들을 찾아다니며 인사를 하고 거리에서 풍악을 울렸으며, 도문연이라 하여 고향 집에 친지들을 초청해서 잔치를 베풀어야 했기 때문에 큰 비용이 들었다. 재산이 있는 내로라 하는 양반가에서는 자제가 소과나 문과에 합격하면 특별히 토지나 노비 등 재산을 별급해주었다. 아마도 임장원이 문중의 논 세 마지기를 빌려서 빚을 지게 된 까닭은 임장원의 문과 합격을 축하하기 위해 문중의 결의로 지급해준 것인지도 모르겠다. 그런데 임장원은 관료 생활을 하면서 문중에 재정을 지원하기는커녕 빚조차 갚지 못하였다.

그림 4-19 임장원 초상

임장원의 벼슬살이

　임장원의 벼슬살이는 평탄하거나 그다지 영광스럽지는 못했던 듯하
다. 임장원의 문집인 『규암집葵菴集』에 수록된 행장行狀을 중심으로 일생
을 정리하면 다음과 같다. 1734년(영조 10) 보성군 옥평 외가에서 태어난
임장원은 마흔이 다 되어서야 증광시에 합격하고, 승문원 정자正字를 거
쳐 승정원 주서注書로 활동을 하다가 2년 후 효릉 별검孝陵別檢이 되었다.
승정원의 주서직은 문과에 합격한 사람 중에서 특별히 능력이 뛰어나고
글씨를 잘 쓰는 사람을 추천받아 다시 시험을 치러 임명하였다. 국왕을
지근거리에서 모시는 영광스러운 자리임에도 불구하고 너무나 힘든 직
임이기 때문에 모두 회피하는 자리이기도 했다. 임장원은 1780년(정조 4)
승문원 저작 겸 태상시太常寺 직장이 되었고 다음 해에는 문신 제술과에
서 장원하여 박사博士로 승진하고 『영조실록』 편찬에 참여하였다.
　1781년(정조 5) 11월에는 모친상을 당하고, 5년 후인 1786년(정조 10)에
사헌부 지평에 임명되어 국왕에게 필요한 일곱 가지를 강조하는 '만언소
萬言疏'를 올리자 "여러 조항을 힘써야 하니 절실하지 않은 것이 없다. 사
헌부에 새로 들어와서 이같이 건의하니 매우 가상하다"고 비답을 내렸
다. 그리고 상소 가운데 당시의 폐해에 대해서는 담당 부서에 써서 내려
보내도록 특명하였다. 그해 9월 부친상으로 시묘하고 1790년(정조 14) 복
직하여 사헌부 장령, 종부시 정宗簿寺正을 역임하였다. 다음 해 2월 윤대
輪對에 들었는데, 정조가 그를 기억하고 너무 백발이라 나이를 묻고는
"머리가 희어질 때가 되긴 하였으나 너무 하얗게 셌다" 하였다. 그때 임

장원은 58세였다. 이듬해 3월 성균관 직강直講에 임명되었는데 시종신 중에서 지방 수령을 차출해 보내라는 왕명에 따라 충청도 비인 현감으로 내려갔다가, 그해 말 다시 사헌부 장령에 임명되었다.

1794년(정조 18) 정월 조참례朝參禮에서 홀서笏書(조회 등에서 손에 쥐는 홀에 쓴 메모)도 없이 계언啓言하였는데, 정조가 만류하는데도 아랑곳 않고 왕권에 위협되는 여러 적을 처벌할 것을 주장하였다. 그러나 끝내 받아들여지지 않자 홀연히 사직하고 고향으로 돌아갔다. 그해 8월 다시 사간원 헌납으로 출사하여 화성 성역城役 문제, 사학邪學의 괴수를 처단하는 문제, 군덕君德에 힘쓰는 문제 등에 대해 '만언소'를 올렸다. 그해 말에는 평안도 숙천 부사가 되어 중국 사신을 맞이하는 지칙支勅, 농서農書 제진製進 등 변읍 수령으로서 임무를 제대로 처리하였지만, 정조가 붕어하자 정치적 반대파의 탄핵으로 1801년(순조 1) 의금부에 나포되어 고신을 빼앗기고 경상도 단성으로 유배되었다. 1803년 유배에서 풀려 고향에 돌아왔으나 1년 후에 별세하였다.

그의 행장에는 조카가 과거에 급제하자 장토庄土를 팔아서 축하연을 베풀어주었다는 기록이 보인다. 앞서 살펴본 임장원의 수기에도 문중의 논을 팔아서 등과에 소용되는 비용으로 썼고 20여 년이 지난 후에도 채무를 상환하지 못해 2년 후에는 꼭 갚겠다는 다짐을 했는데, 이는 모두 당시 과거에 합격한 뒤 여러 행사에 들어가는 비용이 만만치 않았음을 말해준다. 임장원의 수기는 당시 향촌 양반의 모습을 적나라하게 보여주는 자료라 하겠다.

온 집안이 축하하는 과거 합격
신응망의 등제 별급문기

양반의 자격

바로 앞에서 본 문서는 전라도 보성 양반 임장원이 문과에 합격한 뒤 그에 소요되는 비용을 마련하기 위해 문중에서 논을 빌려 팔았고 그 빚을 갚겠다는 과채수기였다. 이번에는 전라도 영광의 양반 신응망辛應望 (1595~1654)이 문과에 합격하자, 그 어머니가 도문연에서 이를 축하하기 위해 노비와 전답을 별급한 문서를 소개한다. 신응망의 자는 희상希尙, 호는 한사寒沙이다. 아버지는 신장길辛長吉이며, 어머니는 광주 이씨 이안당李安鐺의 딸이다. 신응망은 강항姜沆(1567~1618)의 문인으로 알려져 있다. 영광에 사는 영월 신씨는 지역사회에서 무시할 수 없는 양반이었다.

조선시대는 양반이 지배하는 사회였다. 오랫동안 양반 연구를 해온 송준호 교수에 의하면, 양반이란 한 지역에 세거하면서 가문에 우뚝한 현조顯祖가 있어야 하고 학문을 하면서 양반으로서의 행실을 유지해야 한다고 하였다. 박지원이 쓴 『양반전』이나 『호질』에는 조선 후기 양반의

그림 4-20 어사화를 쓴 과거합격자. 〈담와 홍계희 평생도〉 6폭
중 삼일유가

불안정한 사회적 지위가 묘사되어 있다. 겉으로는 도학자인 것처럼 점잖은 듯 행세하지만 실상을 들여다보면 여느 인간과 다름없는 모습을 보이는 이들이 박지원의 눈에 비친 양반이었다. 역사학자 김석형은 양반의 조건을 '관官'과 '업業'으로 보았다. '관'은 관직이고 '업'은 집안 대대로 내려오는 재산이 있어야 한다는 뜻이다. 이 두 가지를 모두 가지면 진짜 양반이 되겠지만, 이 중 하나라도 가져야 양반 행세를 할 수 있었다. 물론 벼슬도 오래 못하고 재산도 다 없어지면 양반에서 상인常人으로 떨어지는 단계에 몰리고 만다.

조선 사회는 과거에 합격하여 벼슬을 하는 것이 거의 유일한 출세의 길이었다고 할 수 있다. 한석봉이 엄한 어머니 밑에서 불철주야 노력하여 과거시험을 보고 벼슬을 한 것은 바로 과거에 합격하여 관직에 나가는 것이 출세의 지름길이라는 점을 잘 보여주는 사례이다. 성균관 입학 자격을 부여받거나 음직蔭職으로 벼슬할 수 있는 자격이 주어지는 생원진사시 같은 소과가 아니라, 곧바로 관료에 임용되는 시험인 문과, 즉 대과에 합격하는 것은 본인은 물론이고 그의 가문에 대단한 영광이요, 영예였다. 한 집안에 백패白牌가 몇 장 나왔는지, 홍패紅牌가 몇 장 나왔는지가 그 가문의 품격을 말해주는 것이었다. 생원진사시, 즉 소과에 합격한 사람에게 주는 백패, 그리고 대과인 문과에 합격한 사람에게 주는 홍패는 그 집안의 권위를 상징하기 때문에 재산상속 문서인 분재기와 함께 반드시 잘 간수하였다. 지방 양반의 족보를 보면, 조선 중기에 문과를 합격한 사람이 대부분 그 집안의 중시조가 되는 경우가 많았다.

이렇듯 문과에 합격하면 그야말로 가문의 영광이기 때문에 집에서도

그냥 말로만 축하하고 그만둘 수는 없었다. 문과 시험 결과를 알리는 방
방放榜이 있고 나서 이튿날 국왕을 알현한 뒤, 문묘에 참배하고 삼일유가
를 한 다음 고향 집에 금의환향한다. 고향에 돌아와서는 도문연을 베풀
고 선대의 묘에 가서 합격을 알리는 의식을 한다. 도문연에는 집안사람
들뿐 아니라 주변의 중요 인물을 모두 초청하여 잔치를 벌였다. 특히 이
자리에서는 가문을 빛낸 급제자에게 집안의 어른들이 가만히 있을 수 없
어서 가지고 있는 재산의 일부를 증여한다. 이를 별급別給이라고 한다.

등과 별급문기

　보통 부모가 살아있을 때 자식들에게 특별히 재산을 나눠 주는 것을
'별급'이라고 하였다. 그러나 부모 생전에 미처 나눠 주지 못하고 죽었을
경우에는 삼년상을 마친 뒤 상속권을 가진 형제자매들이 모여서 재산을
나누었다. 이를 '화회和會'라고 한다. 『경국대전』 이래 조선시대의 상속법
은 남녀 균분상속이 원칙이었다. 이러한 균등 상속 이외에 어떤 일이 있
을 때 재주財主는 별급이라는 형태로 자식들에게 재산을 특별히 나누어
주기도 하였다. 별급은 아들이 결혼을 한다든가, 며느리가 아들을 낳았
다든가, 자식이 과거에 합격했을 때, 또는 효도가 지극한 경우에 재산을
나눠 주는 것이다. 이 중에서도 과거에 합격한 경우는 가문의 영광이기
도 하므로 도문연 잔치와 동시에 분급이 이루어졌다.
　영광 양반 신응망이 받은 별급문기가 바로 그러한 경우이다. 어머니

광주 이씨가 아들 신응망이 갑자甲子(1624년, 인조 2) 증광시增廣試에 합격
하자 도문연을 열면서 재산을 별급한 것이다. ^{그림 4-21}

천계天啓 4년(갑자년, 1624, 인조 2) 11월 20일 아들 권지 승문원 부정자
종사랑權知承文院副正字從仕郎 응망應望에게 별급하는 명문.

여기에 명문을 쓰는 것은 다음과 같다. 네가 태어나서 겨우 다섯 살 때
갑자기 아버지를 잃고 어렵사리 자라서 오늘날 등제를 하였으니 희비
가 교차한다. 지금 경사스러운 자리에서 불가불 전례에 따라 별급하지
않을 수 없다. 이에 담양에 사는 계집종 막지의 2소생 사내종 이금이, 3
소생 계집종 막금, 4소생 사내종 이복, 계집종 와질서비 1소생 계집종
내은이, 2소생 계집종 내은월과 한자寒字(토지대장인 양안에 등록된 토지의
순번. 천자문 순서로 되어 있다) 논 15마지기 57복 곳(庫)과 장자藏字 논 25
마지기 61복 곳과 내자來字 밭 10마지기 19복 3속을 영원히 별급하니
후소생도 함께 오래도록 사용할 것.

재주財主 어미 이씨 [답인踏印]

통훈대부通訓大夫 행 영광 군수行靈光郡守 정鄭 [착명着名] [서압署押]

통훈대부 행 광주 제독관行光州提督官 한韓 [착명] [서압]

통훈대부 전 행 광양 현감前行光陽縣監 오吳 [착명] [서압]

필집筆執 족인族人 진사進士 신유일辛惟一 [착명] [서압]

天啓四年(甲子)十一月二十日 子 權知承文院副正字從仕郎 應望處/ 別給
明文

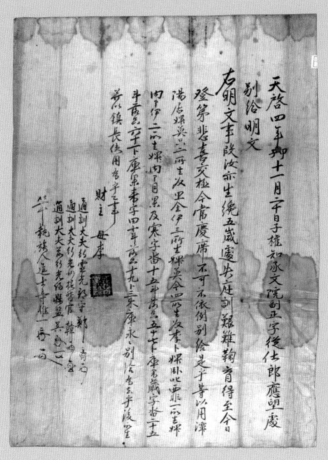

그림 4-21 신응망의 등제 별급문기

右明文事段 汝亦 生纔五歲 遽失庭訓 艱難鞠育 得至今日/登第 悲喜交
極 今當慶席 不可不依例別給是乎等以 用潭/陽居婢莫只二所生奴里金
伊 三所生婢莫今 四所生奴李卜 婢臥叱西非一所生婢/內隱伊 二所生
婢內隱月果 及寒字畓十五斗落只五十七卜庫果 藏字畓二十五/斗落只
六十一卜庫果 來字田十斗落只十九卜三束 永永別給爲去乎 後所生/幷
以 鎭長使用爲乎乙事

        財主 母 李氏 [踏印]

        通訓大夫行靈光郡守 鄭 [着名] [署押]

        通訓大夫行光州提督官 韓 [着名] [署押]

        通訓大夫前行光陽縣監 吳 [着名] [署押]

        筆執 族人 進士 辛惟一 [着名] [署押]

일찍이 다섯 살 때 아버지를 여의고 어렵게 자란 신응망이 대과에 합
격했으니 어머니는 굉장히 흐뭇하였다. 또 다른 한편으로는 남편과 그
기쁨을 같이하지 못하는 것이 슬프기도 하였다. 신응망의 과거 합격을
축하하는 자리에서 어머니는 그 기쁨을 표하기 위하여 담양에 있는 외거
노비 5구와 논 40마지기, 밭 10마지기를 아들에게 별급해주었다. 별급은
재주가 죽은 후에 상속받을 자격이 있는 자녀들이 화회하여 나누어 가지
는 화회문기와 달리, 생전에 어떤 기념할 만한 일이 있을 때 특별히 분재
하여 주는 것이다. 이를 기록한 문서를 별급문기라고 한다. 경사스러운
자리인 만큼 같은 고을의 수령인 영광 군수와 근처의 광주 제독관, 전직
광양 현감 등을 초청하여 잔치를 벌였고, 이들이 증인이 되어 별급문기

에 착명하고 서압을 하였다. 어머니는 여성인 까닭에 서압 대신 혹인黑印을 날인하였다. 필집은 집안사람인 진사 신유일이 맡았다. 필집은 이 문서를 쓴 사람으로서 증인의 역할도 한다.

도문연

신응망의 어머니 이씨는 부유했던 듯하다. 임진왜란 직후까지만 하더라도 분재의 원칙은 자녀 균분상속이었다. 따라서 여성도 많은 재산을 물려받을 수 있었다. 신응망에게 별급해준 재산은 어머니 이씨의 소유였을 것이다. 이에 비해 앞의 글에서 살펴본 보성 양반 임장원의 집안은 매우 가난했던 것으로 보인다. 곤궁한 살림 때문에, 임장원은 과거에 합격한 뒤 등과의 제반 비용을 마련하고자 문중 재산인 논 3마지기를 빌렸다. 반면 신응망의 집안은 주변의 관인들과 친척들을 초청하여 잔치를 크게 벌였을 정도로 꽤 풍족했던 것으로 짐작된다.

도문연에서 과거에 합격한 아들에게 재산을 별급하는 것은 매우 흔한 일이었다. 현재 전해지는 별급문기 중에서 그러한 사례는 쉽게 찾아볼 수 있다. 1650년(효종 1)에 정효준鄭孝俊이 문과에 급제한 맏아들 정식鄭植에게 노비를 별급하면서 작성한 문기는 두터운 장지에 가로 183cm 세로 50cm 크기의 대형 문서이다. 이미 문과에 급제한 두 아들에 이어 맏아들 정식까지 늦은 나이로 문과에 급제하자 아버지는 기쁜 마음에 노비 15구를 별급하였다. 이 별급문기에는 재주財主인 아버지 정효준도 첨

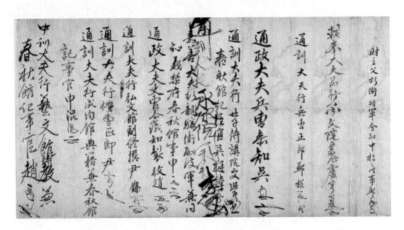

그림 4-22 정효준이 아들 정식에게 별급한 문기의 서명 부분

지중추부사僉知中樞府事의 직함으로 수결을 하였지만, 도문연 자리에 참석했던 승문원 저작 노형하盧亨夏, 병조 정랑 정익鄭榏, 병조 참지 오吳 아무개, 세자시강원 문학 겸 춘추관 기주관 오정위吳挺緯, 용양위 부호군 겸 동지의금부춘추관사 신申 아무개, 이조 참의 지제교 조趙 아무개, 홍문관 부수찬 윤집尹鏶, 예조 정랑 윤尹 아무개, 성균관 전적 겸 춘추관 기사관 신혼申混, 예문관 대교 겸 춘추관 기사관 조趙 아무개 등 고관들과 청요직 관료들이 증인으로 즐비하게 참여하고 있다. 이 가문의 성세를 과시하는 듯 보이기도 하다. 일부 참가자는 잔치에서 많이 취했던지 서명 글씨가 많이 흐트러져 있다. 그래서 더 이 잔치가 얼마나 성대히 치러졌는지 생생하게 보이는 것 같다.

18세기 서울의 샐러리맨
녹패

충신중록과 녹봉제

양반 관료제 사회인 조선왕조는 국왕만이 아니라 양반 사족들에 의하여 지배되었다. 왕조를 지탱하는 관료는 물론 양반 사족들로 충원되지만, 관료 기구의 직무를 수행한 이들은 양반 사족이 아닌 서얼이나 중인, 이서吏胥들이었다. 이러한 관료들은 왕조 국가에 복무하는 대신 국왕·국가로부터 경제적인 반대급부를 지급받았다.

봉건적 성격을 유지하였던 조선 초기에는 양반 관료 기구에 들어와 있는 인원들에 대해서 봉토封土 성격의 토지를 지급하기도 하고 또 정기적으로 녹봉祿俸을 지급하였다. 고려 말 신흥사대부에 의한 사전 개혁이 이루어진 뒤 관료들에게는 수조권收租權을 지급하는 과전법科田法이 실시되었다. 과전법은 국왕에게 복무하는 대가로 신료들에게 지급하는 토지였는데, 토지 그 자체를 준 것이 아니라 거기서 조세를 징수할 수 있는 권리인 수조권을 준 것이었다. 그러나 나누어 줄 토지가 부족해지면서 과

전법을 제대로 실시하지 못하게 되자 현직 관리에게만 지급하는 직전법職田法으로 옮겨갔다가, 1556년(명종 11)부터는 더 이상 관료들에게 토지를 지급하는 것이 불가능해졌다.

토지 수조권 외에도 관료들에게는 녹봉祿俸이 지급되었는데, 각 품계에 따라 제1과부터 제18과까지 등차等差를 두어 쌀·콩·면포 등 현물로 1년에 네 번 4맹삭孟朔(계절별 첫 달 즉 1, 4, 7, 10월 초하루)으로 나누어 주었다. 이 재원은 하삼도(전라, 경상, 충청도)에서 조달되어 서울의 광흥창廣興倉으로 운반되었다.

녹봉제를 유지하기 위해서는 국가 재정이 그만큼 뒷받침되지 않으면 안 되었다. 임진왜란 이후 국가 재정이 악화되자 4맹삭에 지급되는 녹봉제祿俸制를 그만두고 매달 일정한 급료를 지급하자는 산료제散料制가 제안되었다. 17세기 후반 이후의 연이은 흉년과 대기근으로 결국 18세기 초부터는 매달 지급하는 산료제로 바뀌었다. 녹봉제라는 이름은 그대로 유지되었지만 실제로는 산료散料 혹은 삭료朔料라고 하여 매달 초하루에 현물로 지급하는 제도로 바뀌었다.

산료제로 바뀌는 논의 과정에서 대부분의 담당 관료들이 산료제를 주장해도 국왕은 '충신중록忠信重祿'⊛을 강조하며 끝까지 4맹삭 녹봉제를 주장하였다. 산료제는 매달 급료를 지급하기는 하지만 녹봉제와 비교하면 지급 총액은 훨씬 줄어들어 국가 재정이 악화되었을 때 취할 수 있는

⊛ '충실하고 믿을 만한 신하에게 후한 녹봉을 주는 것은 선비들을 권면하게 하는 것이다(忠信重祿 所以勸士也)'는 의미의 『중용』 구절.

제도이다. 산료제를 실시함으로써 국가의 곡물 재고에 적절히 대응할 수 있게 되었다.

『속대전』에 따르면 최저 녹봉을 받는 종9품의 1년 수령액은 쌀 8석, 콩 4석이고, 최대 녹봉을 받는 정1품의 1년 녹봉액은 쌀 30석 6두, 콩 16석이다. 18세기 관료의 최대와 최저 녹봉 수령액은 4배가량 차이 났다.

녹패

조선시대 관료에게는 토지(수조권)뿐만 아니라 정기적으로 쌀이나 콩, 면포와 현물을 녹봉으로 지급하였다. 이 녹봉 지급을 지시하는 문서가 녹패祿牌이다. 이 글에 소개하는 녹패는 녹봉제가 실시되던 시기의 녹패와 산료제가 실시되던 시기의 녹패 각 한 점씩이다. 녹봉제가 실시되던 시기의 녹패는 1652년(효종 3) 예조 참의 윤선도尹善道가 받은 녹패(1587~1671)이고, 산료제가 실시되던 시기의 녹패는 1864년(고종 1) 사도시 첨정 박제신朴齊臣이 받은 것이다.

관원에 제수되면 이조 또는 병조에서 고신告身(관직에 임명되었음을 밝힌 교지 또는 교첩)을 받고 동시에 녹패도 발급받았다. 문관은 이조에서, 무관은 병조에서 고신과 녹패를 발급하였다. 녹패는 정해진 양식은 없지만 정3품 당상관 이상과 정3품 당하관 이하를 기준으로 표기 및 크기, 반록 첨지頒祿籤紙에서 차이가 있다. 문무 관원은 녹봉을 수령할 때 증빙 문서로 녹패를 제시했는데, 조선시대 녹봉을 지급한 곳은 광흥창이며 이를

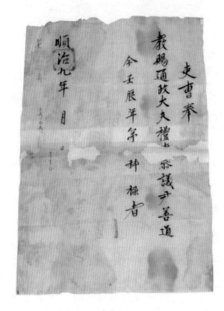

그림 4-23

1652년에 윤선도가 받은 녹패

수령하기 위해서는 녹패 외에도 관직 임명 문서인 교지나 교첩이 필요하
였다. 광흥창에서는 녹봉을 지급하였다는 증서로 반록 일자와 품목을 기
재하고 감찰監察과 광흥창 관원의 확인을 거쳐 반록첩지를 발급했는데,
19세기로 접어들면서 도장을 만들어 찍는 방식으로 간소화되었다.

먼저 예조 참의 윤선도에게 준 녹패를 보자. ^{그림 4-23}

이조에서 왕명을 받들어 통정대부 예조 참의 윤선도에게 금년 임진년
(1652, 효종 3) 제 과록을 하사함.

吏曹奉/ 敎賜通政大夫禮曹叅議尹善道/ 今壬辰第 科祿者

順治九年 月 日

1652년(효종 3) 윤선도는 종3품 예조 참의로, 『경국대전』에 의하면 제 6과 녹봉을 지급받았다. 녹패에 녹과가 표시되지 않는 것은 17세기 중반 이후부터 나타나는 현상이다. 1652년은 1년에 네 차례 1·4·7·10월에 반록하는 4맹삭 반록제가 시행되던 시기로, 당시 법전에 규정된 제6과 녹봉은 봄(春等)에 중미中米 3석, 조미造米 7석, 전미田米 1석, 두료 7석, 주紬 1필疋, 정포正布 4필, 저화楮貨 6장丈을 지급받고, 여름(夏等)에 중미 2석, 조미 7석, 맥麥 3석, 주 1필, 정포 3필, 가을(秋等)에 중미 3석, 조미 6석, 전미 1석, 맥 4석, 주 1필, 정포 3필, 겨울(冬等)에 중미 2석, 조미 7석, 두 7석, 정포 3필을 지급받았다.

이 녹패에는 반록첨지가 붙어 있지 않은데, 아마도 전해지는 과정에서 망실된 듯싶다. 반록첨지가 없기 때문에 윤선도가 실제로 위에 정해진 지급액대로 녹봉을 지급받았는지는 알 수 없다. 임진왜란 이후 조선왕조의 국가 재정은 매우 악화했기 때문에 윤선도의 녹봉 역시 삭감되어 지급되었을 것으로 추정한다.

다음 녹패는 산료제가 실시되던 시기인 1864년(고종 1)에 사도시司䆃寺 첨정 박제신이 받은 것이다. ^{그림 4-24}

이조에서 왕명을 받들어 통훈대부 행 사도시 첨정 박제신에게 금년 갑자년(1864, 고종 1) 제 과록을 하사함.
유무由無 이李 [수결] 월무越無 이李 [수결]
동치 3년(1864, 고종 1) 정월 정랑
판서 참판 신 이李 [수결] 참의 좌랑

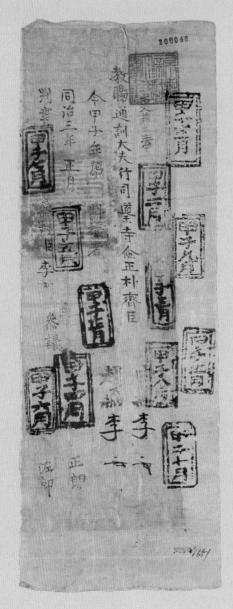

그림 4-24

1864년에 박제신이 받은 녹패

吏曹奉/教賜通訓大夫行司䆃寺僉正朴齊臣/今甲子年第 科祿者

由無 李 [手決] 越無 李 [手決]

同治三年 正月正郎

判書 參判 臣 李 [手決] 參議 佐郎

   그림 4-24를 보면 박제신이 매월 녹봉을 받으면서 찍힌 도장이 문서에
한가득이다. 사도시는 조선시대에 쌀과 간장 등을 궁중에 조달하는 일을
관장하던 관아로서, 이곳의 관원 중 첨정은 종4품직이다. 녹과가 몇 등급
인지는 '제 과록第科祿'이라고만 씌어 있고 비워두었기 때문에 알 수 없
다. 『속대전』에 4품의 녹과는 제7과로서 매달 미米 1석 2두와 황두黃豆
13두를 받게 되어 있었다. 그러나 조선 후기에는 녹도목祿都目이라고 하
여 관료의 봉급을 그때의 재정 상황에 맞게 책정하여 지급하였다. 따라
서 녹도목이 시행되기 전에 발급된 녹패에는 녹과를 명시할 수 없었던
것이다.

   문서 하단에는 '由無' '越無'라는 글자를 날인하고 담당자가 서명한 것
을 볼 수 있다. '유무由無'란 해유解由에 문제가 없다는 뜻이다. 전임 관직
으로서 수행하는 인수인계, 즉 해유를 아무 문제 없이 마쳐야만 다음 직
임을 맡을 수 있었다. 조선시대에는 관직을 역임한 뒤 후임자에 대한 해
유가 마무리되지 않으면 녹봉을 받을 수 없도록 하였다. '월무越無'는 월
봉越俸, 즉 녹봉을 깎는 벌을 받은 바가 없다는 말이다. 이는 녹패를 지급
받은 관원이 호조에서 확인받은 것이다. 다음으로 문서의 여백에 '甲子
正月'과 같이 갑자년 1월부터 12월이라고 표기된 흑인黑印이 찍혀 있다.

이는 이 녹패를 가지고 광흥창에서 녹봉을 받아 가면서 찍은 확인 도장이다.

18세기 서울의 샐러리맨

조선시대 양반 사족들은 녹봉만으로 생활을 꾸려가지는 않았다. 선대로부터 물려받은 전토田土나 노비가 없어 생활이 곤란했던 양반도 많았지만, 대부분의 경우에 양반 사족들은 녹봉보다는 대대로 내려오는 집안 재산인 세업世業에 더 크게 의존하였다. 실제로 조선시대 관료제에서 녹봉에 크게 의존하던 계층은 양반 사족이 아니라 서울에서 하급 관료로 생활하던 서얼이나 중인, 이서들이었다. 산료제가 실시된 18세기 이후 서울의 하급 관료들이야말로 조선시대 서울의 샐러리맨이라고 할 것이다. 샐러리(Salery)라는 말은 원래 고대 로마 시대의 군사들에게 월봉으로 지급하던 소금을 뜻하는 라틴어 '살라리움(salarium: 소금 지불, 소금 돈)'에서 유래하였다.

홍길동 같은 서얼들은 일단 부모에게서 재산을 상속받을 때부터 차별을 받았다. 법 규정상으로 서자녀들은 적자녀의 1/7, 얼자녀들은 적자녀의 1/10밖에 받지 못하여 경제적으로 열악한 처지에 놓일 수밖에 없다. 이들은 재산을 많이 상속받지 못했으므로 관료제 국가기구의 하부에 편입되어 녹봉을 받는 것이 생활을 유지하는 데 상당한 경제적 도움이 되었다. 이들이 들어가 활약한 가장 대표적인 실무직이 정조의 서얼 우대

책에 따라 만들어진 규장각 검서관檢書官이었다. 이덕무, 박제가, 유득공 등은 서얼 출신인 탓에 과거시험을 치르는 데 제한이 컸고, 설령 소과나 대과에 합격한다고 하더라도 보이지 않는 여러 가지 차별로 인해 조정의 요직에는 임명될 수 없었다. 기껏 임명된다고 해도 기능적 탁월함이 요구되는 직종인 의원, 역관, 천문지리관 등 중인 기술직이나 관아의 말단 이서직이 고작이었다. 이들이 바로 18세기 이후 서울의 샐러리맨이고, 그 나름의 치열한 경쟁 끝에 중앙 관료 기구의 하부 말단에 들어가서 국가의 여러 가지 서비스를 제공하였다.

훌륭한 문학적 재주가 있음에도 불구하고 한미한 출신이라는 이유만으로 크게 등용되지 못한 홍세태洪世泰(1653~1725)는 한학관漢學官, 이문학관吏文學官, 통례원 인의通禮院引儀(종6품) 등 하급 관료로 일하였다. 통신사의 수행원으로 일본에 다녀온 바 있으며, 청 사신이 와서 문사文士를 청했을 때는 응대로 나아가 문재文才를 뽐내기도 하였다. 서부 주부西部主簿(종6품)를 지낼 때 『동문선東文選』(삼국시대 이후 숙종 초까지의 시문을 선별하여 편찬한 시문선집) 찬수관을 맡았고, 중인들의 시집인 『해동유주海東遺珠』를 편찬하였다.

1714년(숙종 40)에 관직에서 파직된 그는 절친한 벗 담헌澹軒 이하곤李夏坤에게 시를 써서 보내 자신의 심정을 토로하였다.^{그림 4-25} 특히 시 뒷부분에서 그는 녹봉을 받는 관료가 관직에서 파직되었을 때 가족이 곤궁해질 생활을 걱정하는 안타까움을 처연히 묘사하였다.

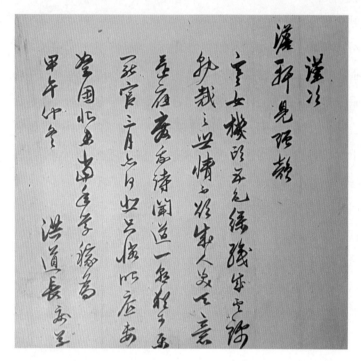

그림 4-25 홍세태의 시고詩稿

담헌 이하곤이 준 시에 차운함(謹次澹軒見贈韻)

가난한 아녀자 베틀에서 짠 오색실　　寒女機頭五色絲

구름 같은 비단을 그 누가 마름질하나　織成雲錦孰裁之

세상 인정 남 잘됨을 원하지 않아　　世情不欲成人美

자연스레 나의 시 폐하게 되네　　　天意還應廢我詩

옳은 말 들은 아침 오히려 즐거우니　聞道一朝猶可樂

파직된 석 달이 어찌 슬프겠는가　　罷官三月亦何悲

다만 눈앞의 처자식 곤궁한 게 불쌍하여　　　只憐眼底妻孥困

젊어서 농사일 못 배운 게 한스럽다네　　　恨未當年學稼爲

　중인이나 서얼 출신으로서 문명文名을 떨친 경우는 많이 볼 수 있다. 이들은 생활이 곤궁했기 때문에 하급 관직이나마 진출하여 녹봉을 받아 생계를 유지해야 했다. 창녕 성씨 명문 출신인 성몽량成夢良(1673~1735)은 할아버지 성후룡成後龍이 서자였고 할머니도 선원仙源 김상용金尙容의 서녀였다. 성후룡은 성완成琬과 성경成璟 두 아들을 두었는데 성완은 숙종대 임술壬戌 통신사의 제술관으로 일본에 가서 문명을 크게 떨쳤다. 성경의 맏아들 성몽량도 기해己亥 통신사의 서기로 일본에 가서 일본의 명사들과 교유를 하고 시명詩名을 드날렸다. 성몽량에게서 공부한 조카 성효기成孝基의 아들 성대중成大中 또한 계미癸未 통신사의 서기로 일본에 가서 기무라 겐카도木村蒹葭堂 등 일본의 지식인들과 교유하고 〈겸가당아집도蒹葭堂雅集圖〉를 가져왔다. 그림 한 점과 8편의 시로 구성된 이 두루마리 횡권은 그동안 야만으로만 보았던 일본의 수준이 그렇게 무시할 정도가 아니었다는 인식을 서울 중심부 백탑파白塔派(박지원, 이덕무, 박제가, 유득공 등으로 이루어진 지식인 집단) 인사들에게 심어주었다.

　이렇게 3대에 걸쳐 문명을 드날린 가문이었지만 이들의 생활은 신산한 나날이었다. 인연이 있는 친인척의 추천으로 하급 관직에 나아갔지만 일시적이었을 뿐 충분하지 못하였다. 성몽량은 소과에 합격하고 통신사 서기로 일본에 다녀온 후 김창집金昌集의 추천으로 천문학 교수를 하면서 한편으로 그의 자제들을 가르치기도 하였다. 성대중은 서얼 출신으로는 크게 성공을 하여 부사府使직에까지 올랐고, 성대중의 아들 성해응成海應은 검서관이 되어 규장각에서 문헌 편찬에 참여하였다. 성완, 성몽량, 성효기, 성대중, 성해응 등 몇 대에 걸친 문한가文翰家였지만 이들은 신분적 제한 때문에 크게 현달할 수 없었고, 검서관이나 중앙 관청의 하급 관직을 전전해야만 했다. 겨우 성공해도 하급 지방관 정도였다. 말단 관직에 머물고 있던 18세기 서울 샐러리맨의 꿈은 차별이 상존하는 서울에서 벗어나 지방에 은거하는 것이었다.

5

고문서로 정치를 읽다

문서의 양식, 의례의 표현
조선시대의 외교문서

작첩과 주첩

조선시대의 문서 양식에 대한 연구는 매우 드물다. 문서가 의례儀禮의 표현이고 이에 따른 문서의 양식도 달라진다는 점에서 이와 관련된 연구가 좀 더 진전되어야 한다. 조선시대에는 문서에 사용하는 종이(料紙), 문서의 크기, 문서를 접는 방식, 글씨의 크기(字大), 글씨의 모양(字樣), 글씨의 서체(字體), 매 면面에 쓰는 글씨의 행수行數, 매 행에 쓰는 글자의 수, 글씨를 쓰는 기준이 되는 행(平行), 글씨를 높이거나 낮추는 방식 및 칸을 떼는 방식(中行, 極行, 高字, 低字, 間字), 피봉의 유무, 문서의 포장(封裹) 등에 이르기까지, 사소하지만 의례이기 때문에 소홀히 할 수 없는 격식이 있었다.

어찌 보면 소소한 이 같은 문서의 양식에 대해 그동안 별로 알려진 바가 없고 그다지 중요시되지도 않았다. 그러나 이러한 자료도 조선시대 문화를 이해하는 데 반드시 해결해야 할 과제이다. 여기에서는 조선 후기 문서식文書式의 기본 규범서라고 할 수 있는 『전율통보典律通補』 별편別編의 문서식을 중심으로 사소한 문제 하나를 정리해보려고 한다. 그것은 바로 문서를 접는 방식이다. 크고 작은 문서를 만들어 상대방에게 보낼 때, 특히 큰 문서의 경우에는 그대로 보낼 수 없으므로 몇 차례 접어서 봉투에 넣어야 한다. 귀한 문서의 경우에는 다시 또 보자기로 싸기도 한다. 문서를 접는 방식에는 크게 두 가지가 있다. 작첩作帖 방식과 주첩周帖 방식이다.

사대事大 문서인 표문表文과 자문咨文, 그리고 교린交隣 문서인 국서國書와 서계書契는 전근대 동아시아 국제 질서 의례가 잘 반영되어 있다. 사대 문서와 교린 문서는 외교문서이기 때문에 형식에 대한 규정이 매우 엄격하였다. 문서가 조금이라도 잘못되었을 때는 외교 문제로 비화하기도 한다. 표문과 자문은 명·청에 보내는 문서이며 모두 작첩으로 만들어졌다. 국서와 서계는 일본과 주고받은 문서로, 모두 주첩으로 만들어졌다.

『속대전續大典』, 『대전통편大典通編』 등 기본 법전을 보완하는 성격을 지닌 『전율통보』는 그 별편에서 문서의 여러 형식, 즉 문서식을 수록해놓았다. 여러 가지 문서식에 대한 설명에서 잘 이해되지 않았던 단어는 각 문서의 첫머리에 붙어 있는 작첩과 주첩이라는 용어였다. 알고 보니 그것은 문서를 접는 방식에 대한 규정이었다. 실제 남아있는 문서를 살펴보고 나서야 작첩과 주첩의 형식을 이해할 수 있었다. 작첩이란 병풍식으로 접는 방식이며,그림 5-1 주첩은 좁은 직사각형으로 꺾어 접어서 펼치면 하나의 문서가 되는 두루말이식 접는 방식이다. 그림 5-2

『전율통보』에서는 사대 문자인 하표賀表, 자문咨文, 신문申文, 정문呈文

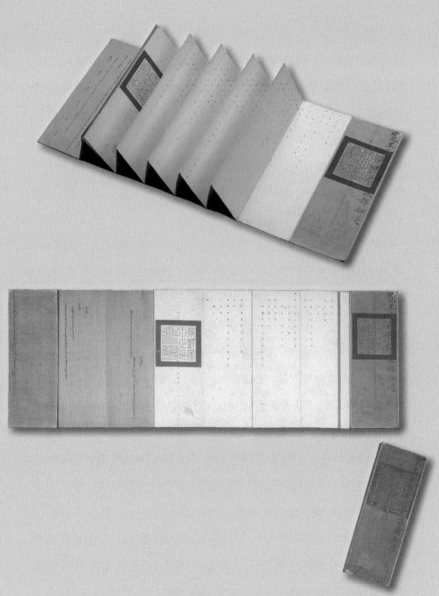

그림 5-1 작첩으로 만든 표문. 병풍식으로 접어서 펼쳐 볼 수 있도록 만들었다. 위는 접은 모양, 아래는 펼친 모양이다.

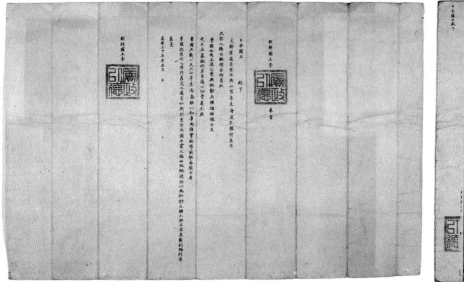

그림 5-2 주첩으로 만든 국서. 오른쪽은 접었을 때의 형태이다.

은 모두 작첩으로 접으라 하였고, 진향제문進香祭文만 주첩으로 접도록 규정하였다. 그에 반해 일본과 주고받는 교린 문자인 국서와 서계는 모두 주첩으로 접으라 하였다. 국내 문서의 경우에는 전문箋文, 계본啓本, 계목啓目, 차자箚子, 상언上言, 정사呈辭, 단자單子 등은 모두 작첩으로 접었고, 초기草記, 장계狀啓, 첩정牒呈, 평관平關, 첩帖, 준호구準戶口 등은 주첩으로 접었다. 작첩과 주첩에는 어떤 차서差序가 있을까?

전근대 동아시아 국제 질서에서 중국과 조선의 관계는 사대 관계였고, 중국 황제와 조선 국왕이 행하는 문서 행위는 대등한 관계의 외교 행위가 아니라 천자와 제후 사이의 상하 관계에서 주고받는 것이었다. 따라서 양국 사이에 구체적인 문제가 생겼을 때 조선의 국왕과 실질적인 논의를 하는 중국 측 상대방은 황제가 아닌 예부 상서였다. 한편 조선 국왕이 상대하는 일본의 파트너는 관백關白으로 표현되는 쇼군將軍이었고, 실제적 문서 행위는 우리나라의 예조 참의나 동래 부사와 일본 막부의 외교를 대행해주던 대마 태수對馬太守인 종씨宗氏 및 여러 번주藩主들이었다.

<표 2> 외교문서의 접는 방식, 크기, 행수, 자수

문서식	작첩 방식	길이(長)	너비(廣)	첩당 행수 帖當行數	행당 자수 行當字數	비고
표문 정본 表文正本	작첩	33.2cm			21자 (극항極行부터)	담묵 극세자淡墨極細字
하표 부본 賀表副本	작첩	33.2cm	12.0cm	6행	21자	심묵소자深墨小字/ 첩수帖數는 임의
진향제문 進香祭文	주첩	43.0cm			36자	
자문咨文	작첩	57.6cm	15.6cm	9행	16자	표表·주奏·전箋· 장狀에 구비. 글씨 크기는 부본副本보 다 약간 작음
국서國書	주첩	48.0cm	11.0cm	4행		
별폭別幅	주첩			4행		3첩이 초행
서계書契	주첩	46.0cm		4행 또는 5행		

* 길이는 주척周尺 1척을 20.0cm로 환산(주척 수는 생략하고 cm로만 표기함)

주첩 문서, 국서와 서계

주첩의 사례를 일본에 보낸 국서와 서계를 통해 살펴보자. 그림 5-3은 임진왜란 직전인 1590년(선조 23)에 선조가 일본 관백 도요토미 히데요시豊臣秀吉에게 보낸 국서이다. 일본을 통일한 도요토미가 조선을 침략하려 한다는 소문이 들리자, 조선 조정은 황윤길黃允吉을 정사로, 김성일金誠一과 허성許筬을 각각 부사와 종사관으로 임명하여 일본에 파견하였다. 이 국서는 바로 그때 사행使行에 딸려 보낸 문서이다. 국서의 내용은 일본 60주州를 통일한 것을 축하하면서 토산품을 보낸다는 의례적인 서술이다.

조선 국왕 이연이 일본 국왕 전하에게 씁니다.

화창한 봄 날씨에 건강은 좋으신지요. 멀리서 대왕께서 60여 주를 통일하였다고 들어서 비록 빨리 강신수목講信修睦하여 잘 지내려 하였으나, 도로가 희미하여 사신의 행리行李가 지체될까 하는 걱정이 있었습니다. 이 때문에 여러 해를 생각만 하고 그쳤습니다.

이제 귀하의 사신과 함께 황윤길, 김성일, 허성 세 사신을 파견하여 축하의 말씀을 드립니다. 지금부터는 이웃과 잘 지내는 것이 다른 곳보다 나으면 매우 다행이겠습니다. 풍족하지 않은 토산물을 별폭에 수록하였습니다.

웃고 받으십시오.

나머지는 계절에 따라 하여서 몸을 진중히 보존하시기를 바랍니다. 이만 줄입니다.

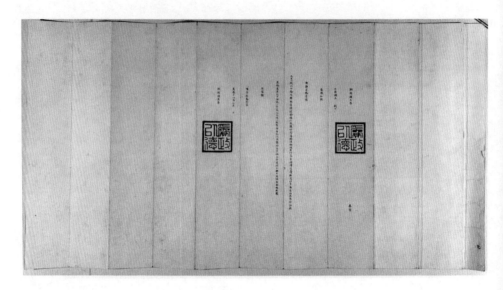

그림 5-3 조선 국왕 선조가 일본 관백 도요토미 히데요시에게 보낸 국서. 이 국서의 원문은 283쪽 참조.

만력 18년(1590) 3월 일

조선 국왕 이연.

이 외에도 현재 남아있는 조선 국왕의 국서는 1500년(연산군 6)에 연산군이 류큐 국왕琉球國王 상진尙眞에게 보낸 것(일본 미야코노조都城 시마즈가島津家소장), 1607년(선조 40)에 선조가 일본 관백 도쿠가와 이에야스德川家康에게 보낸 것, 1617년(광해군 9)에 광해군이 일본 관백 도쿠가와 히데타다德川秀忠에게 보낸 것(이상 일본 교토대학京都大學 종합도서관總合圖書館 소장) 등 4점이 확인된다.

朝鮮國王李　昑　[爲政以德印]　奉書

日本國王　殿下

春候和煦

動靜佳勝遠傳

大王一統六十餘州雖欲速講信修睦以敦隣好恐道路煙晦使臣行李有淹滯之憂歟是以多年思而止矣今令與

貴价遣黃允吉金誠一許筬之三使以致賀辭自今以往隣好出于他上幸甚仍不腆土宜錄載別幅庶幾

笑留餘

順序珍嗇不宣

萬曆十八年三月 日

朝鮮國王李　昑　[爲政以德印]

그림 5-4 조선국 예조 참의 이식이 대마도주에게 보낸 서계

　다음은 조선의 이식李拭이 일본 대마도주에게 보낸 서계이다. 1576년
(선조 9) 조선국 예조 참의 이식이 대마도주 종의조宗義調에게 보낸 것으로,
대마도주가 올린 토공土貢에 대한 답례로 돌아가는 사신 편에 정포正布 등
을 하사한다는 의례적인 서계이다.

　조선국 예조 참의 이식은 대마주對馬州 태수 평조신 종공宗公 족하에게
답장을 합니다.
　서계가 와서 편안히 있다는 것을 알고 위로가 되었습니다.

朝鮮國禮曹參議李 栻 ［全州李氏印］奉復

對馬州太守平朝臣宗公足下

書來得審

迪吉開慰所

獻禮物謹

啓收了將土宜正布拾匹幷

給賜甘茶割綿紬貳匹付回使惟

領留餘冀

自玉不宣

萬曆四年五月　日

禮曹參議李　栻　［全州李氏印］

그림 5-4의 서계 원문

바친 예물은 삼가 잘 받았습니다.

토산물 정포 10필, 감차甘茶와 할면주割綿紬 2필을 돌아가는 사신 편에

하사하니 잘 받으십시오. 나머지는 진중하게 지내시기를 바랍니다.

만력(1576) 4년 5월 일

예조 참의 이식.

일이 있을 때마다 조선 예조에서 대마도주에게 보낸 대량의 서계는 대
마對馬 종씨宗氏가에 보존되어 있었는데, 일제강점기에 나가사키長崎 출

신의 조선사편수회 고문 구로이타 가쓰미黑板勝美가 총독부에 소개하여 조선사편수회로 이전되었다. 현재는 1만 점에 가까운 서계가 국사편찬위원회 도서관에 소장되어 있다.

'즈다오', '즈다오러'

거행조건

주비주접

몇 년 전 대만 고궁박물원故宮博物院은 '주비주접硃批奏摺' 전시회를 개최하였다. 청나라 때 황제에게 보고하고 결재를 받는 공문서가 주비주접인데, 이 전시회의 제목은 〈즈다오러知道了〉였다. '주접'이란 황제에게 직보하는 공문서이고, 이 문서에 황제가 붉은 글씨로 쓴 비답批答을 '주비'라고 하였다. '즈다오러知道了'는 황제가 대신들의 주접을 읽고서 지시하거나 수정할 때 으레 쓰는 용어로, 상주上奏한 내용을 짐朕이 '알았다'는 뜻이다.

신하들이 황제에게 올리는 보고문의 명칭은 장章, 주奏, 표表, 의議, 소疏, 계啓, 장狀, 찰札, 게偈, 봉사封事 등 아주 많다. 주접이라는 말이 처음 나온 것은 청 강희康熙 연간이다. 처음에는 어떤 특정 관원이 황제에게 밀보密報할 때 사용한 명칭이었는데, 어전에 곧바로 직접 전하여 일을 처리하는 절차가 비밀스럽고 신속했기 때문에 황제가 매우 흡족하고 마음에

그림 5-5 신하의 상주문과 황제의 비답 '주비주접'

| 강희제 | 옹정제 | 건륭제 | 가경제 |

| 도광제 | 함풍제 | 동치제 | 광서제 |

그림 5-6 주접에 청나라 역대 황제가 쓴 주비 '즈다오러知道了'

들어 했다. 그래서 옹정제雍正帝는 주접의 사용 범위를 확대했고 점차 주접의 형식을 획일화하였으며, 건륭제乾隆帝 때 이르러서는 주접을 통한 보고를 정례화하였다. 황제가 주접을 읽은 뒤 붉은 먹(주묵朱墨)으로 써서 비답을 내렸기 때문에 '주비주접' 또는 '주비유지朱批諭旨'라 칭하고 간략하게 '주비'라고도 하였다. 대만의 고궁박물원에는 15만 8,000여 건의 주비주접이 소장되어 있다.

'즈다오知道'나 '즈다오러知道了'는 다른 사람이 어떤 말을 한 것에 대해서 '알았다' '알겠다'고 하는 말이다. 중국에서 지금도 통용되는 '知道' '知道了'는 명·청 대에 황제에게 올리는 보고 문서에서뿐만 아니라 조선 왕조 국왕의 문서 결재에서도 자주 썼던 말이다.

조선의 최고 권력자 국왕의 비서 기구인 승정원은 왕명을 출납하는 일이 기본 임무였다. 신민臣民의 목소리는 왕에게, 왕의 말씀은 신민에게 전달하는 승정원은 마치 국왕의 목구멍과 같은 기관이었다. 이런 이유로 국왕의 말을 대신 전하는 승정원을 '후원喉院'이라고도 하였다. 국왕은 의정부 같은 핵심 관서에서부터 귀후서歸厚署(관곽 판매와 장례에 관한 일을 맡아보는 종6품 아문)같이 말단의 조그마한 중앙 관서, 그리고 각 도와 전국 360여 군현에서 올라오는 외방의 보고를 받아 처결을 했는데, 그 처리 과정에서 중심적인 역할을 하는 기관이 승정원이었다.

종친부나 6조 등 2품 이상 아문은 국왕에게 직보直報할 수 있지만 봉상시나 종부시 등 3품 이하의 관서는 자신이 속해 있는 2품 이상 아문을 경유하여 국왕에게 보고해야 한다. 국왕에게 올리는 문서는 큰일의 경우에는 계본啓本으로 보고하고 조그만 일은 계목啓目으로 보고한다. 그러나 그보다 더 잗다란 일들은 단자單子나 초기草記로 보고한다.

6조를 분담하여 맡은 승정원의 각 승지들이 자신의 관할 부서에서 올라오는 계본 혹은 계목을 첨부하거나 요약하여 초기로 보고를 하면 국왕은 그 초기 문서에 결재를 하여 지시를 내린다. 연설筵說에서 초출된 거행조건擧行條件이나 시행 사항은 계목 없이 단자나 초기를 올려 국왕의 결재를 받는다. '연설', '거행조건' 등의 용어는 바로 뒤에서 자세히 설명할 것이다. 국왕의 결재는 '판부判付'라고 하였다. 판부는 국왕이 친필로 직접 쓰기도 하지만 구두나 메모로 지시를 하면 승지가 대신 판부를 쓰기도 한다. 그림 5-8의 『숙묘어필肅廟御筆』에 있는 판부는 숙종의 친필이기 때문에 귀하게 여겨 첩장해서 보관한 것이다.

거행조건

조선시대 국왕의 권력은 시기에 따라 다르기는 하지만 TV 역사드라마에 나오는 것처럼 그렇게 절대적이거나 강력하지는 못하였다. 조선왕조 500년이라는, 세계에서 유례가 없는 장기 왕조가 가능할 수 있었던 까닭은 왕권과 신권의 조화가 잘 이루어졌기 때문이다. 왕권과 신권의 조화가 가장 잘 드러나는 곳이 국왕과 신료들이 함께 경전을 공부하고 시사를 논의하는 경연經筵 자리였다. 공부를 좋아하는 국왕의 경우에는 아침에 조강朝講, 낮에 주강晝講, 저녁에는 석강夕講 등 하루에 세 번씩이나 경연을 할 때도 있었다. 경연에서 나누는 국왕과 신하들 사이의 대화는 빠

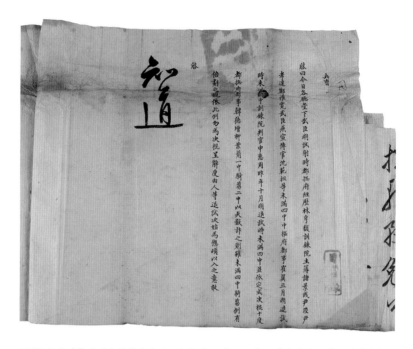

그림 5-7 승정원 승지가 국왕에게 보고한 문서 초기草記. 정조 때 승정원 주서로 재직했던 류이좌柳台佐(1763~1837)의 전교축傳敎軸에 합철되어 있다.

짐없이 기록되었다. 경연 자리에는 좌사左史, 우사右史 등 예문관의 전임사관專任史官과 승정원의 주서가 참석하여 국왕과 신하들이 나눈 말을 이중으로 기록하였다. 그 기록이 바로 '연설筵說'이다.

경연에서 논의된 사안은 그냥 마음속에 담아두면 될 것도 있지만 당장 시행해야 할 것들도 있었다. 경연에 참여한 승지는 주서가 기록한 '초책草冊'에 근거해 시행할 조목들을 정리하여 다시 국왕에게 보고하고, 국왕은 이를 확인한 뒤 결재하였다. 그러면 그 내용은 바로 담당 관청에 전달되어 시행되었다. 이것을 '거행조건擧行條件', 줄여서 '거조擧條'라고 한다. 국왕이 이때 보고된 거행 조목과 조건들을 검토하여 다시 지시를 내리는 경우도 있지만, 대부분의 경우에는 '知道(알았다)'라고 결재를 하여 시행토록 하였다. '거행조건'이라고 하니 마치 어떤 일을 거행하는 데 필요한 조건으로 그 뜻을 유추하기 쉬운데, 이는 잘못된 해석이다. 여기에서 '조건條件'이라는 말은 조목條目, 조항條項이라는 뜻이다. 즉, '거행조건'이란 '거행할 조목'을 의미한다.

거행조건을 시행하기 위해서 승지가 써서 올리는 문서를 초기草記라고 한다. 신하가 국왕에게 올리는 문서는 일반 신민이 올리는 상소문에서부터 상언上言, 상계上啓, 계언啓言, 장계狀啓, 차자箚子 등 많은 형식의 문서가 있다. 그러나 승지는 매일 각 부서로부터 올라오는 문서나 요구 사항 등을 바로 국왕에게 전달해야 하므로 간략하게 격식을 갖춰 쓰는 문서인 초기로 보고하였다.

『숙묘어필』

한국학중앙연구원 장서각에는 시흥의 반남 박씨潘南朴氏 금계군錦溪君 (박동량朴東亮) 종택에서 기증한 『숙묘어필肅廟御筆』이라는 자료가 있다. 표제가 '숙묘어필'이라고 붙여진 이 자료는 문장이 이어지는 글이 아니라 승지가 국왕에게 보고한 문서에서 국왕이 친필로 결재한 부분만 오려 만든 장첩이다. 그 내용은 다음과 같다.

그림 5-8 『숙묘어필』

『숙묘어필』 1-2쪽

『숙묘어필』 2-1쪽 / 2-2쪽

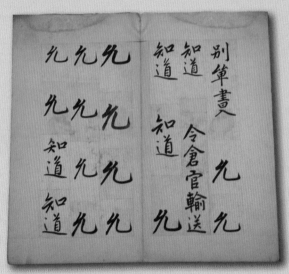

『숙묘어필』 3-1쪽 / 3-2쪽

『숙묘어필』 4-1쪽 / 4-2쪽

1-2쪽 知道先爲入來 允/ 知道 允 允 允/ 知道 允 知道

2-1쪽 依啓 允 允 允/ 知道 知道 允 允/ 知道竝推考 允允

2-2쪽 限明秋姑減 允 允/ 入來後持傳 知道/ 知道六七人加抄以入 知道

3-1쪽 別單書入 允 允/ 知道 令倉官輪送/ 知道 知道 允

3-2쪽 允 允 允 允/ 允 允 允 允/允 允 知道 知道

4-1쪽 允 允 允 允/ 允 允 允/ 特爲加資

4-2쪽 知道 先爲入來/ 領相獻議實合予意依此施行/ 又有變通之擧則

不至失稔處固當依例爲之/ 首飾亦非大明冠制矣 宣泄事情

국왕이 결재한 문서는 무척 다양했지만, 『숙묘어필』에 가장 많이 보이는 국왕의 답변은 '허가한다'는 의미의 '윤允'이고, '알겠다'는 의미의 '지도知道' 역시 눈에 많이 띈다. 구체적으로 이 자료는 1710년(숙종 36)에서 1713년(숙종 39) 사이에 보고한 문서에 결재한 숙종의 친필이다. '윤'이나 '지도' 같은 용어는 왕명 출납 기록인 『승정원일기』에서 검색해보면 무수히 나오기 때문에 검색 자체가 어렵기도 하거니와 찾는 의미도 별로 없다. 그러나 『숙묘어필』의 몇몇 구절은 『승정원일기』에서 실제로 확인할 수 있다.

2-2쪽 限明秋姑減: 내년 가을까지 우선 감면한다.(숙종 36년 8월 1일)

2-2쪽 入來後持傳: 들어온 후에 가지고 와서 전할 것.(숙종 39년 7월 7일)

2-2쪽 知道六七人加抄以入: 알겠다. 6, 7인을 더 가려 뽑아 들이라.(숙종 39년 8월 11일)

3-1쪽 令倉官輸送: 창관에게 수송하게 하라.(숙종 38년 9월 26일)

4-2쪽 知道 先爲入來: 알겠다. 먼저 들어오라.(숙종 39년 7월 7일)

4-2쪽 領相獻議 實合予意 依此施行: 영의정이 올린 의견은 실로 나의 뜻에 맞는다. 이에 따라 시행하라.(숙종 39년 5월 25일)

4-2쪽 不至失稔處 固當依例爲之: 흉년이 든 곳이 아니면 전례대로 시행하라.(숙종 39년 8월 10일)

4-2쪽 首飾亦非大明冠制矣: 머리 장식도 역시 명나라의 관제가 아니다.(숙종 39년 5월 5일)

4-2쪽 宣泄事情: 사정을 누설하였다.(숙종 39년 7월 20일)

　그런데 각 승지들이 보고한 문서에 국왕은 과연 일일이 결재 지시문을 친필로 썼을까? 처음 국왕 문서를 공부하던 시절, 필자는 각 관사에서 승지를 통하여 보고한 문서에 결재한 국왕의 재가문이 정말로 친필인가에 대해서 의심한 적이 있었다. 그러나 이 의심은 곧 해소되었다. 국왕의 결재가 끝나고 거행조건의 시행이 완료되어 그 문서가 쓸모없어지면 승지들은 개인적으로 반출하여 보관하기도 했는데, 『숙묘어필』에서 보듯이 반남 박씨가에서는 숙종의 친필 부분만 오려서 첩장하여 집안의 보배로 간직하였다. 이 자료를 보면 초기草記에 결재한 문언文言 글씨는 국왕의 친필로 봐도 좋을 것이다.

영조의 어필 정치
갱재첩

『어제갱진첩』

영조의 글씨는 거칠고 급한 그의 성격과 달리 마치 버드나무처럼 유연하고 부드러우면서도 강인한 느낌까지 준다. 왕위에 즉위하기 전인 연잉군延礽君 시절의 글씨는 행서체에 날렵하고 유려하게 쓴 전통적인 간찰체 서풍이 많이 드러나지만, 등극한 이후에 남긴 수많은 글씨는 강약이 있는 유연한 서체를 구사하였다.

여기에 소개하는 갱재첩賡載帖은 영조가 왕세손(훗날 정조)과 함께 강연講筵한 것을 기념하는 시첩詩帖이다. 1770년(영조 46) 2월 23일 영조는 『중용』 읽기를 마친 세손과 더불어 『중용』을 강연한 뒤 운자韻字에 맞춰 시를 짓고 화답하는 자리를 가졌는데, 이 자리에는 16명의 신하도 참석하여 갱재賡載하였다.

갱재란 중국 고대의 순舜임금과 그 신하인 고요皐陶가 노래를 주고받은 데서 유래한 말이다. '갱'은 잇는다는 뜻이고 '재'는 짓는다는 의미로,

그림 5-9 영조 어진

'갱재'는 이어서 노래를 짓는다는 말이다. 왕과 신하가 이어서 쓴 시를 모은 시첩을 갱재첩이라고 한다. 왕과 신하의 공동 시집인 셈이다.

갱진하는 자리에서 영조가 먼저 "할아비와 손자가 한곳에서 공부를 하네(祖孫소講一堂中)"라고 하니, 세손이 "성스러운 가르침이 기꺼이 한 부의 중용에 있네(聖誨欣承一部中)"라며 호응하였고, 병조 판서 채제공蔡濟恭, 도승지 윤동섬尹東暹 이하 예문관 검열인 오정원吳鼎源까지 갱재를 하였다.그림 5-10 이어서 영조가 다시 "작년과 금년에도 공부하는 자리 똑같네(昨歲今年宴講同)"라고 하니, 왕세손은 "기쁘게 모시고 공부를 하니 앞과 뒤가 똑같네(陪歡侍講後先同)"라고 하였으며, 병조 판서 채제공은 "훌륭하게 이어 짓는 노래 순임금 궁전과 똑같네(濟濟賡歌舜殿同)"라고 화답해 올렸다. 영조와 왕세손을 비롯한 신하들이 모여서 갱진한 시의 내용을 정리하면 〈표 3〉과 같다.

실록에도 영조가 광명전光明殿에서 『중용』을 다 읽은 왕세손과 함께 강講하였다는 기사가 나온다(『영조실록』, 영조 46년 2월 23일). 영조가 먼저 『중용』 제1장을 외우고 세손에게 한 차례 임강臨講하라고 명하였다. 그리고서 말하기를 "글 읽는 소리를 들으니, 많이 읽었음을 알 수 있다" 칭찬하고 "무엇을 하늘이 명한 성(天命之性)이라 하는가? 그 명한 바를 누가 듣고 보았는가?" 하고 질문하니, 세손이 "만물을 화생化生시키는 데 기氣가 형성되고 이理도 부여되는 것이 명령하는 것과 같습니다" 하였다. 영조가 또 "수도修道란 무엇인가?" 하니, "천성天性은 성인聖人이나 범인凡人이 모두 같으나, 선천적으로 타고나는 기질은 지나치고 미치지 못하는 차이가 있습니다. 그러므로 수도한 뒤에야 천성을 회복할 수 있습니다" 하였다.

그림 5-10 『어제갱진첩』
왼쪽은 표지이고, 아래는 영조의 어필로 노
쇠하고 병약한 말년의 글씨이다.
301쪽 위는 세손의 갱진 부분, 300쪽 아래
는 채제공, 윤동섬, 홍양한, 이수봉 등 시종
신들의 갱진 부분이다.

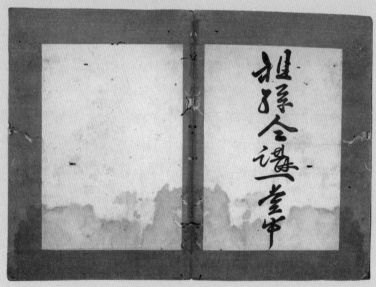

고문서와 옛 편지에 관한 에세이, 독사수필

王世孫慶進

聖誨欣承一部中

講誦戴魚道體中

兵曹判書臣蔡濟恭慶進

傳心大法得堯中

行承政院都承旨臣尹東道慶進

皇極神功在致中

承政院左承旨臣洪良漢慶進

中和位育一書中

承政院左副承旨臣崔喬嶽慶進

〈표 3〉 『어제갱진첩』에 실린 실린 시구

지위	성명	갱진구 1	갱진구 2
국왕(영조)		祖孫今講一堂中 할아비와 손자가 한곳에서 공부를 하네.	昨歲今年宴講同 작년과 금년에도 공부하는 자리 똑같네.
왕세손		聖誨欣承一部中 성스러운 가르침이 기꺼이 한 부의 중용에 있네.	陪歡侍講後先同 기쁘게 모시고 공부를 하니 앞과 뒤가 똑같네.
병조 판서	채제공蔡濟恭	講誦鳶魚道體中 솔개 물고기 강송하니 도체가 있고	濟濟賡歌舜殿同 훌륭하게 이어 짓는 노래 순임금 궁전과 똑같네.
승정원 도승지	윤동섬尹東暹	傳心大法得堯中 큰 법 이어받으니 요임금에서 얻었고	壽酌餘歡講席同 오래 장수하여 강연을 함께하네
승정원 좌승지	홍양한洪良漢	皇極神功在致中 황극의 신공이 중용에 있고	鳩杖春臨鶴駕同 원로 대신 임하여 왕세손과 함께 하네
승정원 좌부승지	이수봉李壽鳳	中和位育一書中 중화를 기르는 것 중용 한 책 속에 있고	精一相傳心法同 정일한 것 전하니 심법이 같네
승정원 우부승지	박필규朴弼逵	道在天人性命中 도는 하늘과 사람의 성명 속에 있고	喜氣盈盈上下同 기쁜 기운 가득하니 위아래가 같다네
승정원 동부승지	김광묵金光默	聖學淵源在執中 성학의 연원은 윤집궐중에 있고	五雲深處講筵同 궁중 깊은 곳에서 다 함께 강연하네
병조 참지	서유량徐有良	燕翼煌煌精一中 빛나는 조상들 정일 속에 있고	殿中和氣與春同 궁전의 화기는 봄기운과 같다네
시강원 필선弼善	이택수李澤遂	猥忝宮僚侍殿中 외람되이 궁료가 되어 세손을 모시니	賡歌盛事古今同 노래 이어 지으니 예와 지금똑같다네

겸 시강원 사서 兼侍講院司書	이병정李秉鼎	鳶魚活潑日方中 솔개와 물고기 네모난 연못에 활발하고	欣瞻大德與天同 큰 덕을 기쁘게 바라보니 하늘과 같네
통례원 좌통례 通禮院左通禮	신오청申五淸	妙在鳶魚體察中 묘리는 솔개와 물고기 속에서 몸소 살피고	前後羣工喜氣同 앞뒤의 여러 신하 기쁜 기운 똑같 다네
통례원 우통례	신상권申尙權	玉音恭聽五雲中 임금님 목소리 오색구름 속에 서 듣고	簪花樂事細氈同 비녀에 꽃 꽂은 경사 좋은 융단과 함께하네
병조 좌랑	김만구金晩耈	臣隣欣聳講筵中 신하들 강연에서 기쁘게 솟구 치고	心法相傳堯舜同 심법을 전하는 것 요순과 같다네
승정원 주서	유익지柳翼之	聖賢心法不偏中 성현의 심법은 편중되지 않는 것에 있고	經幃書筵講勉同 경연이나 서연이나 애쓰는 것은 같다네
승정원 가주서	최옥崔鈺	堯舜相傳一是中 요순이 전하는 것 이 속에 있고	光明殿裏又摻同 광명전 속에서 보는 것이 같다네
예문관 검열	김하재金夏材	心法相傳允執中 심법을 전하는 것 윤집권중에 있고	紫禁新春盛擧同 궁중의 새봄에 성스러운 거조는 같다네
예문관 검열	오정원吳鼎源	睿講欣陪舊殿中 서연에서 모시던 기쁨 옛 궁전 에 있고	千載賡歌一殿同 천년 동안 이어 부르는 노래 하나 의 궁전이네

영조와 세손은 '닦는다(修)'는 의미, '일상적으로 해야 할 일에 등급等級과 절목節目을 두는 것' 등에 대해 상세한 강론을 하였다. 영조는 크게 기뻐하고 칭찬하면서 어제시御製詩 두 구절을 내렸고, 세손도 곧 그 자리에서 화답하여 올렸다. 여러 신하들도 차례로 화답해 올렸다.

『승정원일기』에는 당시 상황이 좀 더 상세하게 기술되어 있다. 영조가 먼저 '중中' 자 운으로 시를 지어서 내리고 세손에게 갱진하게 하였으며, 승지와 사관 및 시위侍衛 신하에게도 화답해 올리라고 하였다. 1차 갱진을 마친 후 영조는 다시 '동同' 자 운으로 써서 내렸는데, 세손이 이에 갱진하자 '훌륭하다'고 칭찬하면서 이어 여러 신하들에게도 갱진하도록 하였다. 그리고 이를 첩으로 만들어서 입시한 여러 신하들에게 각 1건씩 분급하라고 명했다는 내용이다.

어필 정치

영조는 왕실의 행사나 의례 때 갱재시를 지어서 신하들에게 호응하도록 하고, 또 현판 글씨를 써서 내리기도 하였다. 국왕의 글씨를 어필御筆이라고 하는데, 이 어필을 받은 신하들은 영광으로 여겨 소중하게 간직하였다. 영조는 재위 기간(1724~1776)이 긴 만큼 현재 남아있는 어필의 수도 매우 많다. 영조의 어필은 손수 쓴 진적眞跡으로도 전해지지만, 국왕의 글씨를 귀하게 여긴 사람들이 나무나 금석에 새겨서 탁본으로 여러 부를 만들어 나누어 가진 것이 전해 내려오기도 한다. 영조의 갱재첩이나 탁본 글씨첩이 많이 남아있게 된 이유다.

대량의 글씨첩을 제작할 때는 보통 목판이나 금석에 새겨 탁본으로 만들기도 했지만, 갱재시첩의 경우에는 국왕의 시에 수창酬唱한 배종陪從 신하들에게 어필과 함께 모두 나눠 가질 수 있도록 하기 위해 사자관寫字官이 여러 부를 만들어 분급하였다. 특히 영조가 친필로 써서 내린 글씨는 사자관이 문자의 외곽을 그린 다음 그 안 부분을 먹으로 채워 넣는 쌍구전묵雙鉤塡墨 방식으로 똑같이 베껴 어필의 느낌을 살렸고, 나머지 신하들의 시구詩句는 사자관의 글씨로 정서하여 첩을 만들었다. 수창에 함께 한 배종 신하들이 적을 때는 10여 명, 많을 때는 수십 명에 이르기도 하였다.

국왕의 시에 갱재하는 시는 기본적으로 『용비어천가』 식의 찬양에만 그치기 때문에 문학적인 가치는 그다지 높지 않다. 그럼에도 불구하고 영조는 기회만 되면 자신이 먼저 시를 한 구 지어서 친필로 써주고 신하들로 하여금 이에 화운和韻하도록 하였다. 그리고 갱재에 참여한 여러 신하들에게는 어필 시를 비롯하여 각 신하들이 올린 갱재시를 첩으로 만들어 하사하였다. 영조는 행사 자리의 시종신들에게 자신의 어필이 있는 갱진첩이나 어필 진적 등을 하사함으로써 그 어필이나 어필첩을 받은 신하들의 충성심을 끌어냈다. 일종의 '어필 정치'라 하겠다. 영조의 어필은 친필인 진적뿐만 아니라 갱재첩, 현판이나 탁본 등으로도 많이 남아있다. 현재 전해지는 영조의 현판 글씨만 해도 100여 점이 넘는다.

정조의 비답 정치
상소와 비답

황제 과로사

오래전, 중국 근세사의 대가이자 교토대학京都大學 교수로 있는 미야자키 이치사다宮崎市定는 『옹정제雍正帝』라는 조그만 문고판 책에서 강희제康熙帝(재위 1661~1722)와 건륭제乾隆帝(재위 1735~1796) 사이에 끼어 별로 주목받지 못한 옹정제(재위 1722~1735)에 주목하였다. 35명의 황자皇子 사이에서 경쟁을 뚫고 황제로 즉위한 옹정제는 단호하고 철저하게 형제들을 숙청하고 감시하면서 황제독재체제를 확립하였다. 그것은 주접제도奏摺制度를 완성시켜 각 지역의 중신들이 황제에게 직보하는 체제를 확립함으로써 전국을 일원적으로 통치할 수 있었던 데서 가능하였다. 광대한 중국을 통일하고 이를 완성한 것은 옹정제의 부왕父王인 강희제였다. 옹정제가 통일 제국을 일사불란하게 통치할 수 있었던 것은 각 지역의 총독總督이나 순무巡撫가 황제에게 비밀리에 직보할 수 있는 주접제도가 있었기에 가능했다고 미야자키 교수는 주장하였다.

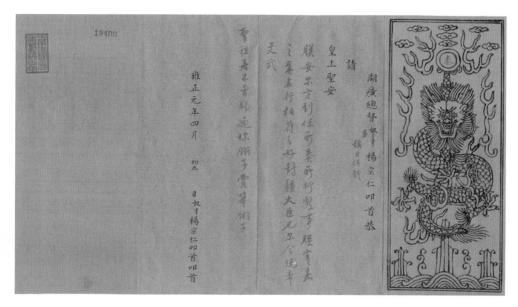

그림 5-11 호광 총독 양종인의 청안접(문안 주접)에 대한 옹정제의 주비

　황제는 총독이나 순무가 올리는 상주문에 붉은 글씨 친필로 비답을 하였다. 붉은 글씨로 쓴 친필 비답을 주비硃批라 하고, 이러한 문서를 주비주접硃批奏摺이라고 하였다. 그림 5-11은 호광 총독湖廣總督 양종인楊宗仁이 올린 안부를 묻는 문서(청안접請安摺)에 대한 옹정제의 주비이다. 안부를 묻는 간단한 문서인데도 '칭노稱奴'하는 것은 체식體式에 맞지 않으니 '칭신稱臣'하라고 교정하였을 뿐만 아니라 요란하게 업무를 지시하였다.

　만주족이 중원을 지배한 이후 강희제가 어느 정도 안정을 이루고 건륭제는 현재의 중국 판도 전역을 지배하는 전성기를 이루었다고 평가받는데 비하여 이 두 황제의 중간에 낀 옹정제는 거의 존재감이 없었다. 그런데 미야자키 교수가 일본에 유입되어 소장되어 있는 옹정제의 주비주접을 분석해 옹정제 통치기의 의미를 새롭게 정리하였다. 나아가 그는 옹정제가 부왕인 강희제나 아들인 건륭제처럼 여름에는 피서산장避暑山莊이 있는 열하熱河에도 가지 않고 지방을 순무하지도 않으며 오로지 궁중에 틀어박혀 황제의 업무에만 매몰되었음을 밝혔다. 옹정제는 불철주야 각지에서 올라온 주접을 일일이 읽고 그에 답변하는 주비를 쓰느라 밤을 새우기 일쑤였다고 한다. 즉위 13년 만에 갑자기 죽은 옹정제의 죽음에 대하여 황제가 직무를 너무 열심히 하다가 과로사하였다는 이른바 '황제과로사皇帝過勞死'설이 나오게 된 배경이다.

비답과 판부

신하들의 상주문에 대하여 황제와 국왕이 답변을 하는 형식은 달랐지만, 조선의 왕들도 신하의 상언에 꼼꼼하게 비답하고 판부를 내린 것이 많았다. 특히 정조는 신하들의 모든 상언을 상세히 읽고 그에 대하여 답변을 하였다. 호학好學 군주로 일컬어지는 정조는 184권에 달하는 방대한 저술 『홍재전서弘齋全書』를 남겼다. 『홍재전서』에는 정조가 내린 윤음綸音, 교서敎書, 돈유敦諭, 유서論書, 봉서封書 등 신민이나 산림山林, 관료, 암행어사에게 지시한 문서가 있는가 하면, 신하들이 올린 상소나 차자에 답하는 비답, 각 관서에서 올라온 문서에 결재한 판부도 수록되어 있다.

그중 신하들이 올린 상소나 차자에 답변하는 비답이 매우 주목할 만하

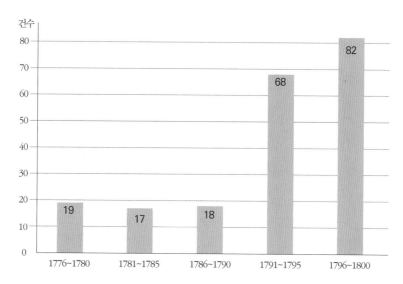

그림 5-12 『홍재전서』에 수록된 정조의 비답 건수

다. 정조의 문집인 『홍재전서』에 수록된 비답의 건수는 총 204건으로, 그
림 5-12와 같이 치세 전반기에는 19건, 17건, 18건이었다가 마지막 10년
동안 각각 68건, 82건으로 격증한다.

정조 말년에 류이좌柳台佐는 자신이 승정원 주서를 맡고 있을 때 생산
된 전교축傳敎軸⦿을 집으로 가지고 갔다. ^{그림 5-7} 이 전교축은 하루에도 수

⦿ 승정원의 주서는 국왕의 모든 언동을 다 기록할 책임이 있으며 승정원을 통하여 출납된 모
든 상소나 차자, 계본, 계목, 초기, 단자 등을 수합하여 『승정원일기』 편찬의 임무를 맡는다.
따라서 이러한 자료들을 합철한 자료의 명칭은 '승정원 출납 문서축'이 정확하겠지만, 그동
안 '전교축'이라는 명칭으로 불렸기 때문에 그에 따른다. 안동 하회 풍산 류씨 류이좌의 후
손가에 이 자료들이 전해 내려왔는데, 지금은 한국국학진흥원에 기탁되어 있다.

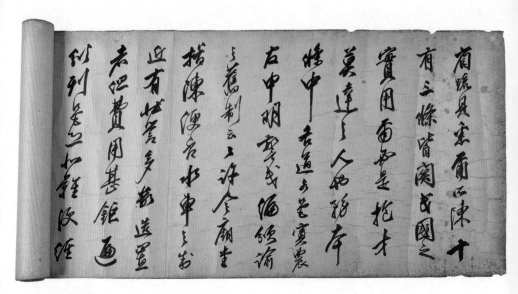

십 건의 상소와 차자, 초기 등의 형태로 보고되는 문서와 이에 대해 정조
가 일일이 답변한 문서로 이루어져 있다. 상소나 차자에 국왕이 직접 답
변을 하는 것이 비답이다.

정조는 윤음이나 교서와 같은 형식적인 문서에 대해서는 어제서御製書
작성의 임무를 맡은 지제교知製敎 등에게 대신 작성하게 했지만, 정치적
함의가 짙은 상소나 차자에 대해서는 직접 비답을 작성하였다. 여러 차
례에 걸쳐 각 지역의 유생들에게 농서農書를 올리라 하기도 하고 시무책
時務策을 올리라고도 한 후, 그에 대해서 하나하나 답변을 하였다. 그런
비답이 오늘날까지 많이 전해온다. 그중 대표적인 것이 정조의 구언求言
에 응하여 우하영禹夏永(1741~1812)이 올린 13조의 시무책에 대한 비답이

다. ^{그림 5-13} 폭이 60cm가 넘고 거의 7m 길이에 이르는 장지에 쓴 정조의
비답은 각 조항 하나하나에 대한 진지한 답변이다.

정조의 친필 비답

이제부터 소개하려고 하는 것은 홍문관 교리 이동직李東稷의 상소에
대해 정조가 1792년(정조 16)에 답변한 비답이다. 정조는 이동직이 문체
文體를 빌미로 반대 세력을 제거하려고 하자 바로 이를 간파했고, 상소
를 올린 그를 훈계하며 꾸짖는 비답을 내렸다. 이동직의 상소가 겉으로
는 문체를 말하지만 실제로는 당론을 세운 것이라면서 엄히 꾸짖는 비답
을 내리고, 동시에 그 상소문은 불태워서 더 이상 다른 사람들이 보지 못
하도록 명하였다. 당쟁으로 확대될 것을 우려했기 때문이다.

『정조실록』, 『승정원일기』, 『홍재전서』에도 실려 있는 정조의 비답 원
본은 한국학중앙연구원 장서각에 소장되어 있다. ^{그림 5-14} 폭 37cm, 길이
240cm에 이르고 1,100여 자에 달하는 이 장문의 비답은 문체를 핑계로
정적을 제거하려 하는 노론 벽파의 심중을 꿰뚫어 보고 있다. 이를 견제
하고 강하게 꾸짖는 정조의 생각을 잘 알 수 있다.

당쟁을 거론하였다며 정조가 불태우도록 명한 이동직의 원래 상소문
은 『승정원일기』와 『홍재전서』에는 실려 있지 않으나 『정조실록』에는 수
록되어 있다. 정조의 지시대로 상소문은 불태워졌겠지만, 후대에 실록을
편찬할 때 당시의 사관들이 집에 보관하고 있던 사초(가장사초家藏史草)를

제출하여 실록에 수록될 수 있었던 것으로 보인다. 하긴 심환지沈煥之에게 보낸 비밀 편지도 대부분 불태우도록 명했지만 그대로 고스란히 남아 있다. 어쨌든 이동직의 상소에 대해 실록에 실린 정조의 비답에는 당시 당로자들이 언급되어 있는 부분과 후반부가 생략되어 있다.

　이동직 상소문에 대한 정조의 비답은 각 자료의 성격에 따라 제목부터 다르다. 정조의 친필 비답에는 「옥당 이동직 상소 비답玉堂李東稷上疏批答」이라는 제목을 달고, 보통의 비답 첫머리 투식인 "상소문을 잘 보았다(省疏具悉)"로 시작한다. 그러나 『승정원일기』에서는 이동직의 상소 원문은 없이 "부교리 이동직의 상소에 답하기를(答副校理李東稷疏曰)"이라는 말로 비답을 시작하고 있다. 『정조실록』에는 "부교리 이동직이 상소하여 이르기를(副校理李東稷上疏曰)"이라 하여 이동직의 상소문을 실었으며, 이어서 "비답에 이르기를(批曰)"로 시작하는 정조의 답변을 수록하였다. 그러나 『정조실록』에는 비답의 후반부 상당 부분 및 그동안 문병文柄을 장악하고 있던 남공철南公轍, 김조순金祖淳, 이상황李相璜, 심상규沈象奎 등 세가世家 역시 이가환李家煥과 마찬가지로 문체가 순정하지 못하다고 비판한 부분 등을 생략하였다. 『홍재전서』는 「부교리 이동직이 이가환을 논핵한 상소문에 대한 비답(副校理李東稷論李家煥疏批)」이라고 적어 이동직이 이가환을 탄핵한 것이 주요 내용이라는 식의 제목을 달아놓았다.

　『정조실록』에만 실려 있는 이동직의 상소는 신기현申驥顯이 홍국영 등 역적을 옹호한 것을 비판하고 그 앞뒤에서 힘을 실어주고 있는 인물이 이가환과 채제공이라며 남인 시파를 맹렬히 비판하였다. 대사성에 임명된 이가환이 신기현과 채제공을 중간에서 연결해주는 역할을 하고 있으며 문체도 순정하지 못하다고 비판하였다. 이동직의 상소에 대해 정조는 오랫동안 끌어온 신기현 탄핵 문제뿐 아니라 문체의 문제, 남인들을 육성하려는 의지에서 더 나아가 서얼을 등용하려는 자신의 뜻을 명확히 밝혔다. 그리고 당론을 언급하는 이동직의 상소는 불에 태워서 더 이상 논란을 일으키지 말도록 명령하였다. 다음은 정조의 친필 비답 중 일부이며, 밑줄 친 부분은 『홍재전서』와 『정조실록』에서 빠진 내용이다.

> 내가 요즈음에 치세治世의 희음希音을 듣고 싶어 먼저 한두 명의 젊은 문신들을 예로 들어서 경고하였다. <u>남공철과 같은 집안은 대대로 사륜絲綸(국왕의 말씀을 쓴 글)을 장악하고 있었고 김조순의 집안은 시詩와 예禮로 전해졌으며, 이상황과 심상규는 주연胄筵(서연: 왕세자와 강론하던 것)을 하던 옛 신료들의 자식이다. 익숙한 것은 높은 벼슬아치의 작품이고, 외어 익힌 것은 외교 문학의 문제이다. 위아래로 나아가 진실로 각각 그 재주에 따를 뿐이다.</u> 만약에 하나라도 송宋을 버리고 월越로 간다든가 중화를 써서 오랑캐 풍속으로 변화시킨다면 정도를 따르지 않고 본말을 전도시키는 것이 되니, 문교文敎를 펴는 데 해가 되고 그 선대의 사업을 욕되게 한 셈이다. 어찌 다만 뜻하지 않은 작은 과오이겠는가. 그들은 명문가의 자제로서 눈 깜짝할 사이에 응당 성균관 대사성과 홍문관, 예문관의 제학提學을 손쉽게 점유할 것이다. 과거를 주관할 때는 선비들을 그르치고 글을 윤색할 때는 왕언王言을 욕되게 하는 것이야말로 이른바 현악기로 저속한 노래를 연주하고 좋은 술을 질항아리에 담는 셈이다. 성균관과 관각館閣(홍문관, 예문관, 규장각)을 줄곧 이들이 무너

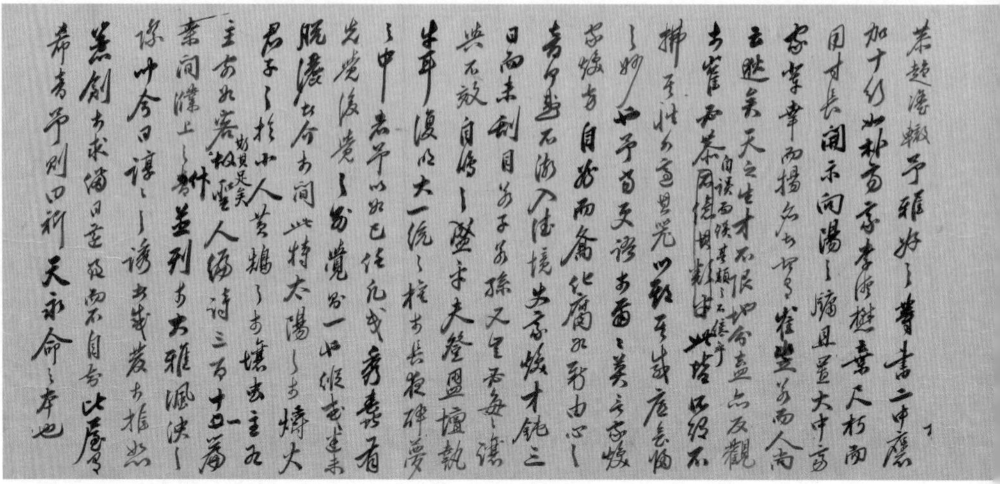

그림 5-14 이동직 상소에 대한 정조의 비답. 315쪽은 첫머리 부분, 위는 마지막 부분.

뜨리는 대로 맡겨둔다면 아주 멀리 내쫓더라도 어찌 족히 속죄를 할 수 있겠는가.

予於近日 欲聞治世之希音 首擧一二年少文臣而撕警之者 南公轍之世掌
絲綸 金祖淳之家傳詩禮 李相璜沈象奎之胄筵舊僚之子 濡染者軒冕之作
誦習者詞命之體也 俯就跂及 固各隨其才分 萬有一捨宋而適越 用夏而
變夷 捷徑窘步 貪鳥錯人 則其爲賊于敷文 衾厥先武 豈特无妄之小過 渠
曺以崔盧赫閥 瞬焉之頃 當臥占國子大司成弘藝文館提學矣 貢擧而誤多
士 潤色而辱王言 是所謂朱絃下里 黃流瓦缶 而饗庠館閣之上 一任此輩
厮壞 則有北之投 何足以贖乎

몇 년 전 방대한 분량의 정조 간찰이 발견되어 학계에 소개된 바 있다. 어린 세손 시절에는 주로 외가인 풍산 홍씨가 외할아버지와 외삼촌에게 쓴 편지들이 있고, 즉위 이후에는 벽파의 영수 심환지(1730~1802)와 시파의 영수 채제공(1720~1799)에게 보낸 간찰이 많다. 2009년에 공개된 간찰은 정조가 죽기 전 마지막 4년 동안 심환지에게 보낸 비밀 편지 350여 통이다. 노론, 소론, 남인 그리고 시파와 벽파의 정치적 갈등 속에서 조제보합調劑保合하려고 노심초사하는 정조의 모습이 밀찰密札 속에 고스란히 드러나 있다. 4년 동안 350여 통이니 1년에 거의 100통 가까운 편지가 벽파의 영수에게 보내졌다. 어떤 날은 하루에 세 차례나 편지를 보내기도 했다. 벽파의 영수인 심환지와 마찬가지로 시파는 물론 남인의 영수인 채제공에게도 많은 비밀 편지를 보낸 것으로 짐작된다.

만기萬機를 친람하고 만천명월萬川明月의 주인임을 자처하는 정조는 불같은 태양太陽 체질의 성격이었다. 비답이나 비밀 편지 등을 통하여 군신 간의 대립 갈등을 조정하느라 밤을 꼬박 새우는 일도 비일비재하였다. 정조의 갑작스런 죽음을 놓고 옹정제의 '황제과로사'를 떠올리는 것은 지나칠까?

제대로 천거하지 않았다면 재앙을 입으리라
사관의 자격

춘추관 문서

한국고문서학회는 매월 학술발표회를 하면서 한 시간 정도 따로 새로
운 고문서 자료를 소개하고 강독하는 시간을 갖는다. 대부분 흔히 볼 수
있는 고문서를 가지고 초서 공부를 겸하여 강독하는 것이 일반적이지만,
간혹 독특한 고문서가 소개되기도 한다. 10여 년 전 강독 때 읽고 덮어
두었던 자료 가운데 춘추관 문서가 있었다. 경상도 칠곡의 광주 이씨가
廣州李氏家에서 나온 문서로, 현재 서울역사박물관이 소장하고 있다.

> 승문원 박사 이도장에게 신칙함. 오는 초10일에 의정부에서 사관 취재
> 를 할 때에『강목』,『좌전』,『송감』각 20건을 강지講紙와 함께 그날 파
> 루 시에 가지고 올 것.
> 정축년(1637, 인조 15) 12월 초4일
> 춘추관 [서압]

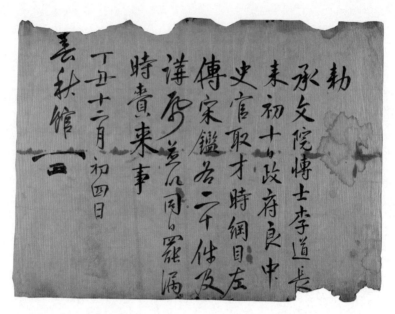

그림 5-15 이도장 춘추관 문서

勅/ 承文院博士李道長/ 來初十日 政府良中/ 史官取才時 綱目·左/傳·宋

鑑 各二十件 及/講紙竝以 同日罷漏/時賚來事

丁丑十二月初四日

春秋館 [署押]

    1637년(인조 15) 12월 초4일에 춘추관에서 발급한 이 문서는 제목(칙서)
인지 서술어(칙하노라)인지 모를 '칙勅'이라는 글자가 첫머리에 쓰여 있다.
그리고 이 문서를 받는 사람은 승문원 박사 이도장李道長(1603~1644)이라
되어 있다. 이 문서는 칠곡의 광주 이씨 집안에서 나왔으므로 이도장이

받은 문서가 틀림없다. 사관 취재를 하는데, 『강목』·『좌전』·『송감』 각 20건과 시험 볼 종이를 챙겨서 파루 종이 울리면 의정부로 가지고 오라는 명령서이다. 파루는 통금이 끝나는 시간이므로 매우 이른 새벽이다.

그런데 이 문서를 받은 이도장은 사관 취재 시험을 보는 대상일까, 아니면 사관 취재를 도와주는 관원일까? 필자는 당연히 이도장이 사관 취재의 대상, 즉 시험을 치를 사람으로 생각하였다. 실제로 이도장은 1637년 이후 몇 년 동안 검열檢閱, 대교待敎, 봉교奉敎 등 사관의 직임을 받았다. 그런데 이 문서를 같이 강독한 이들 중에서 의문을 제기한 사람이 있었다. 시험을 치를 사람이 시험 볼 교재를 가지고 가는 것이 좀 이상하다고 했다. 사관 취재를 담당하는 관원으로는 현재 재직 중인 사관도 있겠고 집책관執冊官도 있을 것이다. 요컨대 그는 이도장이 사관 취재를 담당하는 관원으로 문서를 받았을 수도 있지 않을까 하는 의문이었다. 그러나 이도장의 관력官歷을 면밀히 검토해보면, 1630년(인조 8)에 식년 문과에 급제한 뒤 가주서假注書, 주서 등의 직책을 수행하다가 1634년 부친상을 당하여 2년간 시묘살이를 하고 1636년 11월 주서로 복직하였다. 1637년 12월 2일에는 갑자기 승문원 박사가 되었다가, 위 춘추관 문서에 보이듯이 12월 10일 사관 취재를 거쳐 12월 15일에는 사관 말직인 검열에 임명되었다. 이후 12월 25일 대교가 되고 1638년 4월에는 봉교가 되어 근무하였다. 얼마 뒤 5월 20일에는 전적典籍, 6월 20일에는 병조 좌랑이 되었다.(이상 『승정원일기』 참조)

의정부로 오라는 말은 그곳이 바로 시험장이라는 것이다. 사관 취재의 시험관들은 영춘추領春秋인 영의정, 감춘추監春秋인 좌의정과 우의정, 지춘추인 대제학, 동지춘추인 직제학 등 많은 고위 관료들이다. 그래서 이들이 시험문제를 내기 위해 살펴볼 책이 20건이나 필요하였던 것이다. 취재 시험으로 볼 과목은 『강목』, 『좌전』, 『송감』 등 모두 중국 역사서이다. 사관이 되기 위해서는 중국의 역사서를 줄줄이 꿰고 있어야 하는 것이다.

사관의 자격

이긍익李肯翊은 『연려실기술』에서 오래된 관행으로 이어져왔으되 엄격하게 시행했던 사관 선발 과정을 자세히 소개하고 있다. 사관, 즉 한림翰林을 새로 추천할 때 현임 하번下番 사관이 주관자가 되어 여러 동료들과 함께 모여서 추천할 대상을 상의하는데, 문을 닫아걸고 비밀리에 회의를 하였다. 여기서 추천의 순차를 정하고 추천이 완료되면 한림을 역임한 전임자들과 홍문관·예문관의 양관 당상관들이 회천回薦을 하였으며, 이들의 이의가 없다는 것을 확인한 다음에 분향焚香하고 황천후도皇天后土(하늘과 땅의 신)에 고하였다고 한다. "역사를 쓰는 임무는 나라의 가장 중요한 일입니다. 제대로 된 사람을 천거하지 않았다면 반드시 재앙이 있을 것입니다(秉筆之任 國家最重 薦非其人 必有其殃)"라고.

이 과정이 끝나고서 마지막 단계로 사관 취재 시험이 있는 것이다. 삼공三公(영의정과 좌·우의정)과 의정부 동서벽東西壁(좌찬성과 우찬성 등 동쪽 벽을 등지고 앉은 관원과 좌참찬과 우참찬 등 서벽을 등지고 앉은 관원), 홍문관과 예문관, 이조의 당상이 함께 앉아 천거를 받은 사람에게 『강목』·『좌전』·『송감』 등을 강講하게 하여 순위를 정하였다. 사관 취재 시험은 사관 선발 과정의 마지막 단계로, 나라의 역사를 기록하는 일을 얼마나 중요하게 생각하였는지, 사관의 자격이 얼마나 엄격하였는지를 보여준다.

현재 전해지는 춘추관 문서로 파악된 것은 〈표 4〉에서 보듯이 총 5점이다. 이 중 제일 이른 시기의 것은 1603년 배용길이 받은 문서이고, 암행어사로 유명한 박문수가 1724년에 받은 문서도 있다. ^{그림 5-16에서 5-19까지} 물론 이 외에도 더 많은 춘추관 문서가 나올 수 있을 것으로 보인다.

〈표 4〉 춘추관 문서

사관	관직	문서 발급 시기	취재 일시, 장소	소장처
배용길襄龍吉 (1556~1609)	권지 승문원 부정자 權知承文院副正字	1603년(선조 36) 2월 22일	2월 24일, 의정부	개인 소장
이도장李道長 (1603~1644)	승문원 박사承文院博士	1637년(인조 15) 12월 4일	12월 10일, 의정부	서울역사박물관
조복양趙復陽 (1609~1671)	권지 승문원 부정자	1639년(인조 17) 11월 29일	12월 1일, 비변사	수원화성박물관
박문수朴文秀 (1691~1756)	전 설서前說書	1724년(경종 4) 7월 19일	7월 21일, 비변사	천안박물관
윤광운尹光運 (1689~1733)	권지 승문원 부정자	1728년(영조 4) 9월 1일	9월 2일, 비변사	개인 소장

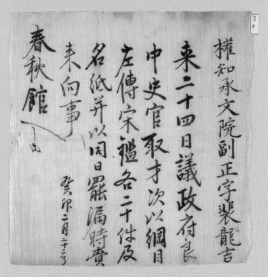

그림 5-16 배용길 춘추관 문서

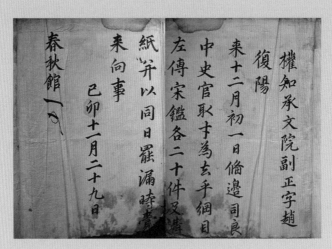

그림 5-17 조복양 춘추관 문서

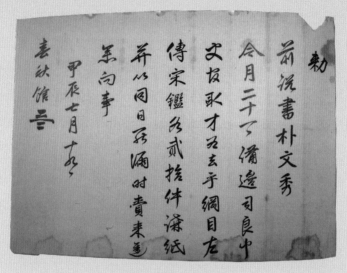

그림 5-18 박문수 춘추관 문서

勅
前說書朴文秀
今月二十丁備邊司良中
丈亥取才石去乎綱目
傳宋鑑各貳拾件謀紙
幷以同日罷漏时責來□
年向事
甲辰七月十九
春秋館告

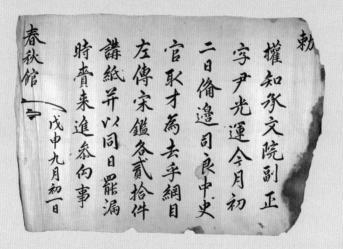

그림 5-19 윤광운 춘추관 문서

勅
權知承文院副正
字尹光運今月初
二日備邊司良中史
官取才爲去乎綱目
左傳宋鑑各貳拾件
謀紙幷以同日罷漏
時責來進叅向事
春秋館告
戊申九月初一日

사관은 한림이라고도 하는데, 예문관의 검열 4원員과 대교와 봉교 각 2원 등 모두 8원이 정원이었다. 이들이 우리가 잘 알고 있는 사관, 즉 전임 사관專任史官이다. 이들 외에도 승정원의 승지와 주서, 홍문관·사헌부·사간원의 관원, 이조와 병조의 전랑 등 주요 청요직淸要職 관료들은 겸사관兼史官의 직책을 가지고 있어 넓은 의미의 사관에 포함된다고 할 수 있다. 특히 승정원 주서는 승정원의 일기를 작성하고 관리할 책임을 맡고 있기에 거의 사관과 다를 바 없는 업무를 수행하고 있었다.

한림 회천

사관은 조선 양반관료제 사회를 지탱해온 중요한 직제 중 하나였다. '청선淸選', '청요직'으로 불렸던 사관에 임명되는 과정은 다른 어느 직책보다 매우 엄격하였다. 조선시대 양반은 우선 치열한 과거 공부를 통해 대과인 문과에 급제해야 비로소 엘리트 코스에 진입할 수 있었다. 문과는 자격시험이 아니라 임용시험이기 때문에 특별한 사정이 없는 한 모두 관직에 임명되었다. 이들은 관직의 첫걸음으로 승문원, 성균관, 교서관으로 나뉘어 들어가 실무를 익히는 분관分館이라는 것을 했는데, 요즘 용어로 시보試補라 할 수 있는 권지權知에 임용되었다. 문과에 합격한 엘리트 중에서 또다시 선배들의 심사와 추천, 그리고 간단한 테스트를 거친 뒤에야 사관직인 검열에 임명되었다. 선배들의 심사와 추천이란 한림 회천翰林回薦을 말한다. 검열·대교·봉교 등을 역임한 선임 사관의 추천을 받는 것을 한림 회천이라고 하는데, 한 사람이라도 반대가 나오면 추천이 되지 않는 절대평가제라고 할 수 있다.

이 때문에 사관의 추천을 둘러싸고 당파 간에 치열한 정쟁이 벌어지기도 하였다. 『휘찬여사彙纂麗史』와 『동국통감제강東國通鑑提綱』 등 역사서를 쓴 홍여하洪汝河는 1654년(효종 5) 35세에 문과에 합격하여 다음 해 4월에 검열이 되고 가을에는 대교, 그 다음 해에 봉교가 되었는데, 서인 송규렴宋奎濂의 반대를 무릅쓰고 자신의 당여黨與인 이상진李象震, 이원정李元禎을 추천한 일로 결국 파직되었다.

이렇게 중시되던 사관 선임 제도가 1741년(영조 17)에 전랑 통청과 한림 회천의 법규를 혁파함으로써 그 의미가 무너졌다. 『영조실록』에는 '이조 낭관의 통청법과 한림 회천 규정을 혁파하도록 명하다(命革罷吏郎通淸之法及翰林回薦之規)'라는 기사가 있다(영조 17년 4월 19일). 이조 낭관과 한림을 선발할 때마다 두 당이 서로 자기편만 올리고 반대편은 억누르면서 끝없이 싸우자, 붕당을 걱정한 영조가 송인명宋寅明, 조현명趙顯命, 원경하元景夏 등 신하들의 건의를 받아들여 두 제도를 폐지하였다. 이 조치는 당쟁을 혐오하고 탕평을 시행하려는 영조의 경장更張 의지가 드러나 있기도 하지만, 또 다른 한편으로는 이를 계기로 왕권을 강화하려는 목적도 있었다.

한림 회천 혁파에 대해, 연암 박지원은 사관이라는 자리가 양반 사대부의 맑은 벼슬자리로 매우 중하게 여겨졌는데 사관 추천 제도가 크게 변하여 한림의 중요성이 상실되었다고 개탄하였다.

우리나라가 세워진 지 오래되어서 사대부들이 오로지 문벌만 숭상하는데, 그 문벌들의 맑은 벼슬자리(淸宦)로는 한림과 이조 좌랑을 더욱 중하게 여겼다. 이조의 정랑과 좌랑은 3품 이하의 관원에 대해서 통색通塞(당상관이나 참상관으로의 승진을 체크하는 것)을 모두 주관하고 또 자기 후임도 스스로 추천한다. 그러나 그 이름과 지위는 하급 관원인 낭서郞署(참상관)를 벗어나지 못한다. 그런데 한림의 관례에 따르면, 회천을 하기 위하여 예문관 하인이 대문에 이르러 전례를 따라 "자리에 계신 분들은 회피하셔야 하겠습니다"라고 아뢰면, 아무리 대관大官이라도 전에 검열을 지낸 사람이 아니면 으레 다 자리를 피해서 떠나야 한다. 선발에 든 사람이 문벌과 재학才學에 털끝만큼의 하자도 지적되지 않은 다음에야 비로소 완천完薦이 되었다. 완천한 날에는 분향하고 맹세하기를 "제대로 되지 않은 사람을 추천하였다면 재앙이 자손에게까지 미칠 것입니다"라고 하였다. 이것은 사관의 일을 중히 여긴 때문이었다. 그러므로 벼슬 품계는 비록 낮으나 어디에도 통제되지 않고 소속되지 않았으니, 이조의 정랑과 좌랑에 비해서도 그 이름이 더욱 화려하고 돋보였다.

—『燕巖集』卷3 孔雀館文稿 王考手書翰林薦記

조선의 명문세가는 맑은 관직을 좋아했는데 그중에서도 특히 한림과 전랑을 중시 여겼다는 말이다. 한림은 검열·대교·봉교 등 전임 사관을 가리키며, 전랑은 문반의 인사권과 자신의 후임을 임명하는 권한인 자대권自代權까지 갖고 있는 이조의 정랑과 좌랑을 통칭하는 용어이다. 검열은 4원, 이조 정랑과 좌랑은 각 3원이 정원이었다. 모두 합해 열 자리에 지나지 않는 관직이지만, 조선 엘리트들이 가장 선망하는 자리였다. 연암은 전랑보다 오히려 한림 자리를 더 높게 보았다. 윗글에서 알 수 있듯이, 사관 임명의 전례에 따라 후임 한림을 추천하기 위한 회천이 예문관에 당도하면 비록 고위 관료라도 그 자리를 피해주어야 하고, 추천은 문벌과 재주와 학식에 하나의 흠도 없는 사람이라야 완천을 받을 수 있었다. 완천은 추천권자 모든 사람의 동의를 의미하는 것으로, 한 사람이라도 반대가 있으면 임명되지 못하였다. 그래서 완천하는 날에는 분향을 하고 하늘에 맹서를 하는 의식을 했던 것이다.

예문관의 검열은 정9품, 대교는 정8품, 봉교는 정7품에 지나지 않은 하급 관직이다. 이조 정랑은 정5품, 이조 좌랑은 정6품으로 문반 인사권과 자대권까지 가지고 있지만, 당하관이라는 낮은 품계이기는 한림이나 전랑이 마찬가지이다. 전랑 자리를 둘러싸고 당쟁이 일어났다는 것은 잘 알려진 사실이나, 이중환李重煥은 『택리지擇里志』에서 신진기예의 젊은 그룹과 삼공육경三公六卿으로 대표되는 2품 이상의 노성한 대신들이 서로 견제와 균형을 이룬 가운데 조선왕조의 왕권이 안정된 국가 경영을 할 수 있었다고 하였다. 당쟁의 핵심 자리임에도 불구하고 전랑과 한림에 대한 이해는 남인인 이중환(1690~1756)과 노론인 박지원(1737~1805)이 같은 생각을 갖고 있었다.

이중환이 전랑 통청제와 한림 회천제가 혁파된(1741) 이후에 태어났더라도 전랑과 한림을 보는 시각은 박지원과 같았을 것이다. 두 제도가 노성한 원로 대신이나 국왕의 탕평책을 신진 관료들이 제대로 따르지 않는 나쁜 제도로 지목받았고, 결국 당시 탕평파 관리들과 영조에 의하여 한림 회천제가 폐지되고 한림 권점제로 바뀌었기 때문이다. 한림 회천제가 절대평가라고 한다면 한림 권점제는 상대평가라고 할 수 있다. 한림 회천에서는 한 사람이라도 선배 사관이 반대를 하면 완천이 되지 않았지만, 한림 권점(권점이란 동그라미 점을 뜻하는데, 찬반을 표시한다)은 다수의 유자격자 가운데서 선배 사관이 권점을 한 뒤 이어 원로 대신들이 권점을 하여 다수의 지지를 받은 순서대로 한림에 임용되었다. 즉, 상대적으로 나은 사람을 한림에 임명하는 상대평가 제도라고 할 수 있다.

연암 박지원은 한림 회천이 한림 소시召試로 바뀌고 전랑을 일반 관리로 만들어버린 탓에 사대부들이 부귀영달하는 길로만 치달리게 되었고, 이로써 조선왕조 300년 동안 사대부의 기상을 함양하던 제도가 모두 없어져버리고 말았다며 개탄하였다. 사관이 사초를 작성하는 중책을 맡고 있는데도 하늘에 분향하고 맹세하는 말이 없어져버렸다는 것이다.

앞에 소개한 사관 취재 춘추관 문서는 한림 회천법이 시행될 때의 문서들이다. 회천법이 폐지된 이후에도 한림을 시험하여 선발하는 시험제도(한림 소시)는 계속되었다.

율곡의 붓 아래 완전한 사람 없다
사초와 사필

『석담일기』

매천梅泉 황현黃玹은 재야의 선비이지만 『매천야록梅泉野錄』과 『오하기 문梧下記聞』 등 당대에 직접 견문한 일들을 기록하였다. 매천은 사관이 아님에도 불구하고 그에 못지않은 필봉을 휘둘러 '매천의 붓 아래 완전한 사람은 없다(梅泉筆下無完人)'는 말까지 나왔을 정도였다. 우리나라 근대에 해당하는 고종·순종 대 역사는 정사인 『고종실록』과 『순종실록』이 있지만, 이 두 실록은 일제강점기에 이왕직李王職이라는 일제 식민지총독기구에 의하여 편찬되었기 때문에 편년 기록 이상의 역사서로서 의미를 가지지 못한다. 그런 까닭에 해방 후 국사편찬위원회에서 근대사 사료집을 편찬할 때 첫 번째로 간행한 사료총서 1집이 『매천야록』이었다. 『매천야록』은 우리나라 근대사를 파악하는 하나의 기준 관점이 되었다.

매천의 필봉이 날카롭다는 것은 잘 알려진 사실이지만, 본래 사필史筆에 의하여 인물이나 사건을 평가하는 것은 전근대 사관의 임무였다. 율곡 이이는 1565년(명종 20) 7월부터 시작하여 1581년(선조 14) 11월까지 15년 이상의 사초를 정리하여 일기 자료로 남겼는데, 그것이 바로 『석담일기石潭日記』이다. 『석담일기』의 원래 표제는 『경연일기』이며 내제內題는 '금상실록今上實錄'이라 되어 있었다고 한다. 율곡은 전임 사관의 직책인 검열·대교·봉교의 직임을 가지지는 않았기 때문에 사관이 집에 보관한 '가장사초家藏史草'를 남기지는 않았다. 그러나 29세에 문과에 합격하여 관직에 나간 이후 사간원 정언, 사헌부 지평, 홍문관 교리, 이조 좌랑 등 청요직을 역임하면서 겸사관兼史官의 직책을 맡았고, 경연관으로 경연에 참여하면서 그 기록을 남겼다. 『석담일기』는 각 사건이나 인물을 날짜순으로 기록하면서 그에 대해 '삼가 생각건대(謹按)'로 시작하는 자신의 사평史評을 달았다. 사초의 이런 문구가 실록으로 편찬될 때는 '사신은 말한다(史臣曰)'로 시작하는 사평이 된다.

율곡의 사평은 매우 가혹하여 조광조, 이황, 성혼 등을 제외하고 거의 대부분 이준경, 노수신, 허엽 등 동시대 인물들의 의리나 처세, 학문의 문제점에 대해 날 선 비판과 지적을 서슴지 않았다. 기대승의 졸기卒記에서도 최영경의 비판을 인용하여 논평하였다. 이로부터 '율곡의 붓 아래 완전한 사람이 없다(栗谷筆下無完人)'는 말이 나오게 되었다.

시정기, 『승정원일기』와 가장사초

사초는 모든 역사 자료의 초고를 말한다. 조선시대에는 사초와 관련된 사건들이 많았다. 김일손이 스승 김종직의 '조의제문弔義帝文'을 사초에 인용함으로써 빚어진 무오년(1498, 연산군 4년)의 사건은 사림이 화를 입은 '사화士禍'이지만 사초로 인해 빚어진 사건이기도 하기 때문에 '士' 대신 '史' 자를 써서 '사화史禍'라고도 하였다. 사초에 대해 엄격히 규정하자면 조선시대의 사관 제도를 먼저 살펴보아야 한다. 사초는 당대의 역사 편찬을 위하여 준비해두는 기록이다. 이를 전담하는 관직이 사관이다. 사관의 정원은 예문관의 검열(정9품) 4원員, 대교(정8품) 2원, 봉교(정7품) 2원 등 모두 8원이다. 규정에는 8원으로 되어 있지만 실제로는 보통 3~4명의 현임 사관이 있을 뿐이다. 이들은 국왕의 모든 언동을 기록한다. 이 기록이 바로 사초이다.

사관은 하루에 한 권씩 휴대하기에 적합하도록 지금 크기로는 B5나 A5 종이 크기 정도의 조그만 공책을 만들어 국왕의 측근에서 기록했는데, 그것을 초책草冊이라고 하였다. 이 초책을 정리하여 뒤에 실록 편찬의 기초 자료가 되는 「시정기時政記」를 만든다. 따라서 이러한 초책들은 시정기 초책이라고 부를 수 있겠다. 시정기 초책으로 지금 남아있는 자료는 사관 박태유朴泰維(1648~1696)가 기록한 『박태유 사초』그림 5-20와 허적 許積(1610~1680)이 기록한 『인조무인사초仁祖戊寅史草』그림 5-21가 있다.

전임 사관 외에 국왕의 지근거리에서 왕명 출납을 맡아보며 기록하는 직책이 또 있었으니 곧 승정원의 주서注書이다. 주서는 정7품의 하급 관원이지만 전임 사관인 예문관 검열과 마찬가지로 국왕의 기록을 맡아 하였다. 이들도 적은 인원이지만 국왕의 언동을 빠짐없이 기록하였다. 주서가 국왕의 언동을 기록한 것을 승정원일기 초책이라고 하며, 이를 나중에

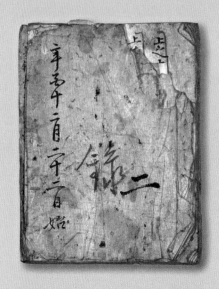

그림 5-20 시정기 초책 :
『박태유 사초』

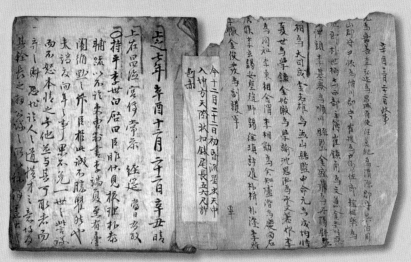

그림 5-21 시정기 초책 :
허적이 기록한 『인조무인사초』

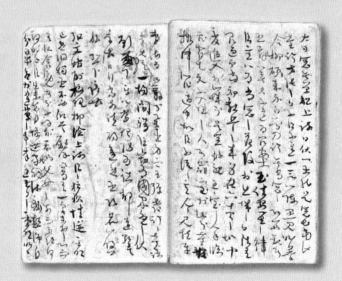

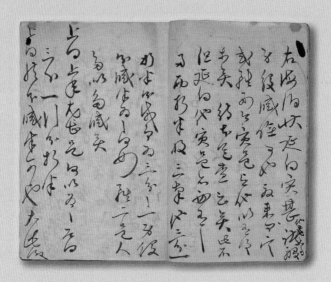

그림 5-22 승정원일기 초책 : 이담명이 기록한 『승정원사초』

정리 정서하여 『승정원일기』로 만들어 보관하였다. 현재 전해오는 승정원일기 초책으로는 이담명李聃命(1646~1701)의 『승정원사초承政院史草』^{그림}⁵⁻²²가 있다.

실록 편찬의 기초 자료가 되는 「시정기」와 『승정원일기』 외에도 특별한 사초가 또 하나 있는데, 바로 사관이 집에 보관한 가장사초이다. 사관은 춘추관에 보관하는 「시정기」를 작성하기도 하지만, 거기에 더하여 여러 가지 인사人事나 사건에 대해 자신의 평가를 써둔 또 하나의 사초를 집에 가져가서 보관했다. 이렇게 정책이나 사건, 인물 등에 대해 쓴 의견을 사평史評 또는 사론史論이라고 한다. 실록에는 '사신 왈史臣曰(사신은 말한다/논한다)'이라고 하여 어떤 인물이나 사건 기사 뒤에 첨부되었다. 국왕의 정치 행위에 대해서도 숨김없이 사평을 가하였다. 본인의 의견을 기탄없이 쓰다 보니 자신과 정치적 이념을 달리하는 사람에 대해서는 가혹한 평이 따르게 마련이고 자기와 같은 당여에 대해서는 비호를 할 수밖에 없었을 것이다. 그래서 더더욱 사관을 선임하는 한림을 추천하는 과정에는 완천完薦을 거쳐 하늘에 맹세를 하는 분향 의식을 거행했던 것이다.

가장사초와 사평, "사신은 말한다(史臣曰)"

가장사초는 한 임금이 죽으면 설치되는 실록청에 제출되어 「시정기」나 『승정원일기』와 함께 실록의 편찬 자료가 되었다. 가장사초에는 사평이 붙어 있기 때문에 정치적 이해관계를 달리하는 사람들이 보게 되면 매우 위험한 것이기도 했다. 사관 당사자가 써서 오늘날 전해오는 가장사초는 현재 3건이 있다. 무덤에 함께 부장되었다가 묘를 이장하는 과정에서 출토된 인조 대 사관 정태제鄭泰齊의 『사초』,^{그림 5-23} 영조 대 사관인 윤동승 尹東昇의 『한간비초汗簡秘草』^{그림 5-24}와 김몽화金夢華의 『비사秘史』^{그림 5-25}가 그것이다. 각 사초의 제목은 가장사초를 정리한 사관이 임의로 붙인 것이다. 이 가장사초들의 특징은 앞서 말했듯이 각 사건을 기록하고 그 뒤에 자신의 견해를 표명한 사평이 실려 있다는 점이다. 하나하나의 사건에 대해 이들이 어떠한 생각을 가지고 있었는지 꼼꼼히 들여다보면 무척 흥미로울 것이다.

실록에는 얼마나 많은 사평이 실려 있을까? 실록에서 사관의 사평인 '史臣曰'로 검색을 해보면 〈표 5〉에 정리해놓았듯이 무려 5,400여 건의 기사가 검색된다. 조선왕조 518년에서 『정조실록』 이후 '사신 왈'이 없는 기간 134년을 제외하면 384년간 연평균 14.1건 이상의 사평이 작성되었다. 전체적인 추이를 보면 성종 대(1469~1494)에 656건의 사평이 있어서 연평균 26건이 넘고, 중종 대(1506~1544)에 1,210건으로 연평균 31.8건, 인종 대(1544. 11~1545. 7)에는 채 1년도 안 되는 재임 기간에 50건의 사평이 있었고, 명종 대(1545~1567)에도 22년 재임 기간 동안 1,254건의 사평으로 연평균 57건의 사평이 수록되어 있다. 이후 선조 대(1567~1608)에 연평균 16.5건을 거쳐 광해군 대(1608~1623) 4.6건, 인조 대(1623~1649)에 6.2건으로 줄어들었다. 『정조실록』 이후부터는 사평이 수록되지 않았다. 1741년(영조 17)에 한림 선발 방식이 회천제回薦制에서 소시제召試制로 바

왕대	재위 기간	'사신 왈' 기사 건수	연평균 기사 건수	비고
태조~예종	77	18	0.2	태종 1건, 단종 5건, 세조 10건, 예종 2건
성종	25	656	26.2	
연산군	12	40	3.3	
중종	38	1,210	31.8	
인종	1	50	50.0	
명종	22	1,254	57.0	
선조	41	676	16.5	
광해군	14	64(201)	4.6(14.4)	정초본 기준, 괄호 안은 중초본
인조	27	167	6.2	
효종	10	7	0.7	
현종	15	181(133)	12.1(8.9)	개수실록 포함, 괄호 안은 『현종실록』만
숙종	46	376(231)	8.2(5.0)	보궐정오 포함, 괄호 안은 『숙종실록』만
경종	4	47(41)	11.8(10.3)	수정실록 포함, 괄호 안은 『경종실록』만
영조	52	479	9.6	
정조~순종	134	없음	–	정조 대 이후 없음
계	518	5,426	10.5	

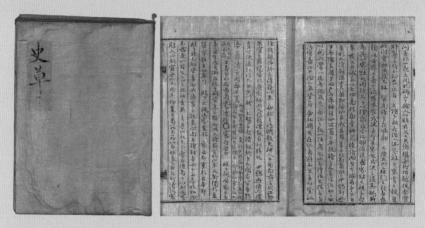

그림 5-23 정태제의 『사초』

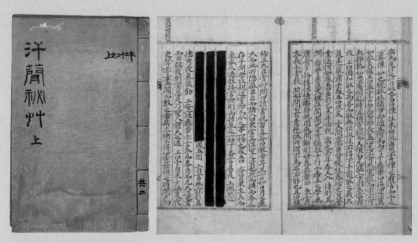

그림 5-24 윤동승의 『한간비초』

그림 5-25 김몽화의 『비사』

뀐 것이 큰 영향을 미치지 않았나 추측된다.

　이러한 추세를 보면, 사관들의 사평이 활발히 이루어졌던 시기는 사림 정치의 전성기와 일치한다. 사림 정치의 흥망과 사관들의 활동이 같은 추이를 보이는 것이다. 선조 대 이후 당쟁이 격화되면서 사평은 점차 줄어들고 『선조수정실록』이나 『현종개수실록』, 『숙종실록보궐정오』, 『경종수정실록』과 같이 정치적 노선에 따라 실록이 다시 편찬되기도 하였다. 극심한 정치적 대립은 사평이 제대로 실리기 어려운 환경으로 변화시켰을 것이다. 그리고 그러한 정치적 대결의 귀결점이 영조에 의한 한림 회천제 폐지와 소시제의 운영이었을 것이다.

사관의 인물평

사관의 평가가 인물평에 집중되어 있고 또한 대부분 악평이었다는 것
을 『선조실록』에서만 몇 개 살펴보자.

송강 정철은 우리나라 가사 문학에서 빼놓을 수 없는 인물이다. 우계
성혼, 율곡 이이와 교유했으며, 문과를 거쳐 최고위직인 정승에까지 올랐
다. 다음은 임진왜란 중에 인성부원군寅城府院君 정철이 사직을 하자, 비
변사가 그는 호서·호남을 지키는 데 중요한 인물이니 사직을 만류하라
고 선조에게 아뢰는 기사에서 정철에 대한 인물평이다.

> 사신은 논한다. 정철의 성질은 강직하고 편협하여, 좋아하는 경우에는
> 단점을 모르고 싫어하는 경우에는 장점을 몰라서 사류士類로 하여금 분
> 열되게 하고 조정이 조용하지 못하게 하였다.
>
> —『선조실록』 26년(1593) 1월 10일

임진왜란 중 좌의정 윤두수尹斗壽가 파직시켜줄 것을 청하자, 그에 대
해서도 젊은 사신들의 혹평이 이어졌다.

> 사신은 논한다. 사사로운 정이 너무 많아 청의淸議가 용납하지 않았다.
> 2년이나 정승으로 있으면서 재상 자리를 우습게 만들었다.
>
> —『선조실록』 26년 10월 8일

경상좌도의 군사와 명나라 군사를 동원하여 왜군을 공격하는 일에 대해 논의하는 어전 회의에서 군사를 이끌 인물로 도원수 권율權慄이 언급되자, 사신은 그에 대한 평가를 다음과 같이 하였다.

> 사신은 논한다. 권율은 사람됨이 변변치 못하고 평범하며 특별한 명성도 없었는데, 마침 기회가 와서 우연히 행주에서 대첩을 이루었으니 공이 있는 것은 사실이다. 원수元帥라는 중요한 직임을 맡아서는 속수무책으로 한 가지 일도 제대로 하지 못하였다. 아! 이처럼 불학무식한 무리에게 중요한 일을 맡겼으니, 나라에서 그 직책에 맞는 사람을 임용했다고 할 수 있겠는가? 일이 안 되는 것이 당연하다.
>
> ─『선조실록』 26년 7월 11일

다음은 선조가 파천하여 평안도 숙천으로 행행行幸했을 때의 기사이다.

> 사신은 논한다. 복수할 뜻은 독실하나 토벌할 힘은 미약하여 오가며 호소하느라 도로에서 방황한 지 벌써 해를 넘겼다. 아, 슬프다. 묘당廟堂의 여러 신하는 기이한 계책을 내놓아 주상의 치욕을 씻어버리지는 못하고서 복수하는 거사와 토벌하는 책임을 명장에게 넘기고 가만히 앉아 그 성공을 누리고자 하니, 이것이 어찌 매우 수치스러운 노릇이 아니겠는가.
>
> ─『선조실록』 26년 3월 26일

인물평이 들어간 기사는 사관들 사이에 공개되어 있는 「시정기」에는

실리지 않고 사관이 집에 보관하는 가장사초에만 수록되었다. 이러한 가
장사초가 실록을 편찬할 때 실록청에 제출되었고, 실록청에서 각 기사
를 편집할 때 기사와 함께 사평도 같이 채택하여 수록된 것이다. 『선조
실록』은 선조가 죽은 후 동인과 북인이 집권한 광해군 초년에 편찬되었
으므로 반대당인 서인 인물에 대해서 좋은 평이 나올 수 없었다. 동인이
나 북인계 인물들에 대한 반대당 사관의 인물평도 있을 터이지만, 그러
한 사초는 제출되지 않았거나 편찬 과정에서 제외되었을 것이다.

송강이 겪은 임진왜란
『백세보중』

가사문학관

담양에는 한국가사문학관이 있다. 면앙정俛仰亭 송순宋純(1493~1582), 송강松江 정철鄭澈(1536~1593) 등 한국의 가사 문학을 빛낸 인물들의 자료를 수집하여 보관하고 전시를 해놓은 곳이다. 근처에 있는 소쇄원, 면앙정, 식영정 등과 함께 담양 창평 지역의 문화유산이다.

가사문학관에서는 면앙정, 송강 등과 관련된 다양한 문서 및 유물 자료들을 데이터베이스로 구축하여 인터넷상(www.gasa.go.kr)으로도 공개하고 있다. 많은 자료 중에서 필자는 특별히 송강 정철의 관련 기록물인 『백세보중百世葆重』과 『송강선조유필松江先祖遺筆』에 주목하였다. 이 두 기록물은 가사 문학 자료는 아니다. 『송강선조유필』은 정철이 인척 어른과 아들, 손자에게 보낸 친필 간찰을 갈무리한 자료이고, 『백세보중』은 정철의 말년 기록, 특히 임진왜란 시기에 양호 도체찰사兩湖都體察使와 사은사謝恩使를 역임할 때 직접 주고받은 문서 원본이나 초고들을 모아놓

그림 5-26 『백세보중』과 『송강선조유필』 표지

은 것이다. 송강 정철과 관련된 기록들은 송강이 죽은 후 아직 전란이 끝나지 않은 데다 정치적으로 탄핵을 받고 몰리는 시기였기 때문에 서의 대부분 산일되어서 남아있지 않았다. 이러한 상황에서도 막내아들인 기옹畸翁 정홍명鄭弘溟(1582~1650)이 아버지의 문집을 편찬하기 위하여 자료들을 정리했던 것으로 보인다. 그러나 정홍명이 모아두었던 자료들도 문집 편찬 이후에 다 흩어졌다가 다행히 후손의 노력으로 얼마간이나마 보존될 수 있었고, 그로부터 거의 200여 년이 지난 후인 순조 대에 실학자 규남圭南 하백원河百源(1781~1845)에 의하여 재정리되었다.

『백세보중』은 임진왜란이 일어나기 10년 전에 송강이 전라도 관찰사를 하면서 올린 상소의 초고뿐 아니라 임진왜란 시기에 양호 도체찰사와 사은사로서 나라의 위기를 구하기 위해 동분서주하는 모습을 생생하게 볼 수 있는 문서의 잔편殘片들이므로 매우 귀중한 자료이다. 여기서는 이 자료들의 의미를 다시 한번 짚어보고, 그중에서도 1차 자료에 해당하는 문서인 전지傳旨◉ 두 점을 통해 송강 정철이 겪은 임진왜란을 추체험해보고자 한다.

『백세보중』

『백세보중』은 5책으로 장첩되어 있다. 1책은 1581년(선조 14) 12월 전라도 관찰사를 하던 시기에 올린 상소 초고에서부터 1591년(선조 24) 유배되었을 때 죄인으로 심문받으면서 했던 진술인 공사供辭까지 모두 임진왜란 직전 시기의 자료들이다. 2책은 두 권으로 나뉘어 있는데, 2-1책은 전쟁이 일어나 선조가 파천을 하고 송강은 사면이 되어 평양에서 두 사람이 다시 만나는 시기부터 송강이 양호 도체찰사가 되어 전란 수습을 위해 서로 주고받은 문서들이 수록되어 있다. 2-2책에는 양호 도체찰사,

◉ 그동안 학계에서는 '승정원을 통하여 담당 승지가 국왕의 명령을 신하에게 전달하는 문서'를 '유지有旨'라는 명칭으로 불러왔는데, '유지'라는 명칭보다는 하백원이 『백세보중』의 발문에서 말한 '전지'라는 명칭이 더 적절하다고 생각된다. 임진왜란 중에 유성룡에게 내려진 '유지'는 「정원전교政院傳敎」, 즉 「승정원전교」라는 이름으로 엮여 전해진다. '유지'는 문서의 마지막에 '…라는 국왕의 말씀이 있었다'는 의미이므로 문서 명칭이 되기 어렵다. 그러한 의미에서 승정원 승지를 통해 국왕의 말씀을 전달한다는 의미인 '전지'나 '전교'라는 용어가 더 적합할 것 같다.

사은사를 맡은 시기에 승정원에서 송강에게 보낸 국왕의 명령서인 '전지' 원본 5건이 첩장되어 있다. 3책은 1592년 10월부터 1593년 6월까지 주고받은 문서의 원본이나 초고들이고, 4책은 1593년 5월과 6월에 올린 헌의獻議와 상소의 초고들이다.

이 자료들은 임진왜란의 역사를 재구성하는 데 모두 중요한 1차 사료이지만, 그중에서도 특히 2-1책에 있는 제봉霽峰 고경명高敬命의 친필 문서, 2-2책의 전지 5건, 3책과 4책에 있는 선원仙源 김상용金尙容이 보낸 문서, 송강이 한음漢陰 이덕형李德馨에게 보낸 문서의 초고 등이 주목된다. 제봉이 양호 도체찰사인 송강에게 보낸 조목條目은 전쟁 초기에 의병과 관군의 운용에 대해 건의한 문서이다.

2-2책에 수록된 전지 5건의 날짜와 내용은 다음과 같다.

1. **도체찰사**都體察使 **인성부원군**寅城府院君　1592년 11월 5일. 군사를 모으러 내려간 변이중邊以中으로 하여금 그대로 머물리시 진라 관찰사 권율을 돕고 군량을 조달하게 하라는 전지.

2. **도체찰사 인성부원군**　1592년 11월 18일. 최원崔遠과 김천일金千鎰 부대가 강화로 물러나 서울 회복에 적극적이지 않은 것, 권율이 평택에 머물러 충청도만 지키고 있게 하는 전략을 꾸짖는 전지.

3. **인성부원군**　1593년 1월 11일. 도체찰사 송강의 종사관 송영구宋英耉를 시강원 사서司書로 임명하니 빨리 보내라는 전지.

4. **인성부원군**　1593년 1월 12일. 명군이 평양성을 회복하여 정철을 명에 파견하는 사은 정사로 임명할 터이니 국왕이 있는 행재소로 오고,

그 뒤의 일은 체찰부사 김찬金瓚에게 맡기라는 전지.

5. **사은사**謝恩使 **영돈녕부사**領敦寧府事   1593년 6월 3일. 왜적이 완전히
   철수하지 않은 상황에서 사은사가 가는 것은 부적절하다는 명나라
   장군의 의견이 있었으므로 일단 의주에 머물러 있으라는 전지.

위 다섯 건의 전지 내용만 보더라도 임진왜란 시기 정철의 주요 활동
내용을 알 수 있다. 전쟁이 일어나자 5월에 귀양에서 풀려난 정철은 6월
에 평양 행재소에서 선조를 눈물로 맞이하고, 자신을 사면해준 데 대하
여 감격하면서 국난을 극복하기 위하여 여러 가지 헌의를 하였다. 그중
에서도 『백세보중』 2-1책에 수록된 헌의가 눈에 띈다. 그는 이 헌의에서
국왕이 평양을 떠나 다시 강계와 같은 곳 또는 압록강을 건너 파천할 것
이 아니라 전라도·충청도가 아직 왜의 침입을 받지 않았고 국가 재정을
담당하는 곳이니 전주 같은 전라도 지방으로 갈 것을 요청하였다. 선조
가 곧이어 6월에 정철을 양호 도체찰사로 임명하여 그쪽 지역을 지휘하
라고 한 명령도 이러한 헌의를 염두에 두었기 때문이 아닐까 생각된다.

송강이 겪은 임진왜란

6월에 뱃길로 충청도에 들어간 정철은 양호兩湖(호남·호서) 지역을 다니
며 관군과 의병들을 지휘하지만 특별히 주목할 만한 공적을 세우지는 못
했던 것 같다. 오히려 휘하를 지휘하는 데서 현장 지휘관인 감사監司·병

사兵使들과 국왕이 있는 행재소 및 왕세자와의 소통과 전략에 큰 이견을 드러냈던 것 같다. 다음은 1592년 11월 18일 도체찰사 정철에게 전라 병사 최원崔遠, 의병장 김천일金千鎰, 전라 감사 권율權慄을 지휘하는 문제를 두고 행재소로부터 내려온 명령 전지이다.^{그림 5-27}

도체찰사 인성부원군 개탁

동부승지 심 [수결]

최원과 김천일의 군대가 외로운 강화 섬으로 물러나 있다고 하니, 이는 용맹하지 않은 군병이다. 지금 믿을 바는 서울로 진격하는 계획을 세우는 것이다. 오로지 권율이 군사를 이끌고 올라온다고 한다. 경은 지금 권율을 평택 지역에 주둔하게 하여 천 리 먼 길까지 와서 국왕을 근위하려는 군사를 중간에서 쇠약하게 만드니 실책이 매우 심하다. 설사 호서 일대를 보존한다고 해도 경기와 황해도의 (적들을) 쓸어낼 책임은 장차 누구에게 맡기겠는가? 경은 경중과 완급의 마땅함을 깊이 생각하여 권율에게 신칙, 명령하여 빨리 어려운 곳으로 가게 하고 뒤처지는 잘못을 없게 하라.

만력 20년(1592) 11월 18일 [승정원 인]

都體察使寅城府院君 開拆

同副承旨 沈 [手決]

崔遠·金千鎰之軍 頓之江華孤島/中 已爲無勇之兵 今所恃以爲進/取京城之計者 專在權慄領兵上/來而聞 卿今權慄屯守平澤境/ 以致千里勤王

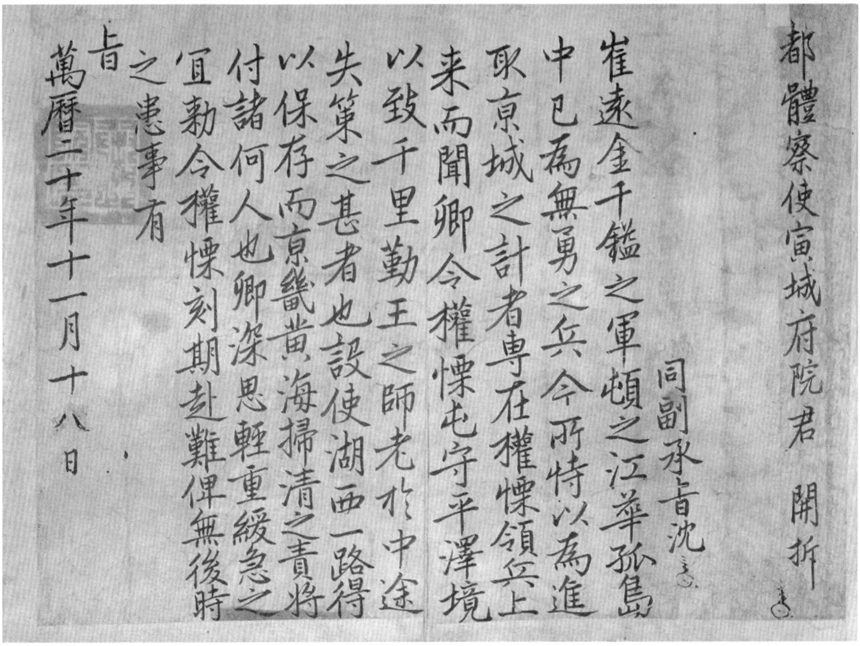

都體察使寅城府院君 開折
同副承旨沈
崔遠金千鎰之軍頓之江華孤島
中已爲無勇之兵今所恃以爲進
取京城之計者專在權慄領兵上
來而聞卿令權慄屯守平澤境
以致千里勤王之師老於中途
失策之甚者也設使湖西一路得
以保存而京畿黃海掃淸之責將
付諸何人也卿深思輕重緩急之
宜勅令權慄刻期赴難俾無後時
之患事有
旨
萬曆二十年十一月十八日

그림 5-27 1592년 11월 18일 도체찰사 정철에게 보낸 전지(『백세보중』의 자료를 재편집함. 그림 5-28도 같음)

之師 老於中途/ 失策之甚者也 設使湖西一路得/以保存 而京畿黃海掃淸

之責 卿深思輕重緩急之/宜 勅令權慄 刻期赴難 俾無後時/之患事 有/旨

萬曆二十年十一月十八日 [承政院印]

1592년 11월 도체찰사 정철은 국왕 선조로부터 질책을 들었다. 전라병사 최원, 의병장 김천일 군대를 이끌고 강화로 물러남으로써 서울을 수복하려는 적극적인 전략을 세우지 않는 것, 또 호서(충청도) 지역을 보존하려고 전라 관찰사 권율 군대에게 평택을 지키게 함으로써 경기나 황해도의 왜적을 소탕하는 데 소홀했다는 것이다. 이때의 동부승지는 심희수沈喜壽이다. 전지는 국왕의 뜻이나 명령을 담당 승지가 받아 그 내용을 직접 써서 수결을 하고 '승정원 인' 도장을 찍어 해당 관리에게 발송한다. 다음은 이듬해인 1593년 정월 12일의 전지이다.^{그림 5-28}

인성부원군 개탁
동부승지 심 [수결]
명나라 군사는 이미 이달 초8일에 평양성을 수복하였고 왜군을 몰아내고 소탕하여 조만간 서울도 수복될 것이다. 지금 황제의 은택에 사은을 하여야 한다. 지금 경을 사은 정사로 임명하니 경은 역마를 타고 빨리 행재소로 오라. 경이 올라온 후에는 양호의 감사와 병사들이 모두 경기 근처에 있게 되니 두 도의 일이 매우 허술해질 것이다. 체찰 부사 김찬에게 종사관 몇 사람을 이끌고 계속 머물러 있으면서 간독하고 살피게 하라는 국왕의 말씀이다.
만력 21년(1593) 정월 12일 [승정원 인]

寅城府院君 開拆
同副承旨 沈 [手決]
天兵已於本月初八日 克復平/壤城 長驅掃蕩 朝夕收復/京都 卽當恭謝/
皇恩 今以卿充謝/恩正使 卿其乘馹 斯速來詣/行在 卿旣上來 則兩湖監/
司/兵使 皆在畿甸近處 兩道之事/ 極爲虛疎 副使金瓚率從事/官數人 仍

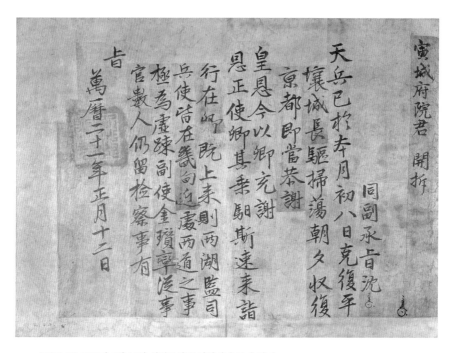

그림 5-28 1593년 1월 12일 인성부원군 정철에게 보낸 전지

留檢察事 有/旨

萬曆二十一年正月十二日 [承政院印]

    명나라 군사가 평양성을 탈환하고 승승장구하여 서울을 회복할 기세이니 그러한 원군을 보내준 황제에게 사은을 해야 하는데, 정철을 사은정사로 임명하여 그 일을 맡기겠다는 것이다. 그러니 바로 역마를 타고 행재소로 올라오라는 말과 함께, 도체찰사인 정철이 행재소로 올라오고

난 뒤 경기 근처에 머무는 양호(전라도·충청도)의 감사와 병사에 대한 지휘 및 두 도의 일은 체찰 부사인 김찬에게 맡기라는 내용이다.

위아래의 소통과 지휘를 원만하게 처리하지 못하였던 정철은 결국 사은 정사에 임명한다는 구실로 해임되었으며, 바로 행재소로 와서 사은 행차를 준비하라는 명을 받았다. 위로는 행재소와 동궁의 지휘, 아래로는 전라·충청도 감사와 병사에 대한 지휘에서 전략의 차이와 갈등을 해소하는 일은 전쟁 중 가장 필요한 지휘 체계의 확립을 위해 중요하였다.

명군이 평양성 전투를 한 번 이겼다고 바로 사은사를 보내려는 것도 특이한 일이었지만, 사은 행차에 대한 명나라 장군들과 조선 조정의 견해 차이로 정철의 사은사 행렬은 거의 반년 가까이 머뭇거리고 의주에서 강을 건너가지 못하였다. 마침내 사은사로 명에 다녀왔으나, 명에서 돌아온 이후 황제에게 주대奏對를 잘못한 일로 탄핵을 받아 정철은 더 이상 국사에 적극적으로 관여할 수 없게 되었다. 그 후 강화에 물러나 있다가 명예를 회복하지 못하고 죽었다.

진짜 역사

서양의 역사학자 크로체(Benedetto Croce)는 '모든 역사는 현대사'라고 말하였다. 그리고 역사 자료를 '진짜 역사(true history)', '역사(history)', '의사擬似 역사(pseudo history)'의 세 개 층위로 구분하였다. 그가 '모든 역사는 현대사'라고 했을 때의 역사는 '진짜 역사'를 말한다. 역사에 '진짜 역사'와 '가짜 역사'가 있는 것이 아니라 사료론史料論의 관점에서 보았을 때, 수장고나 서고에 현대인들의 관심과 주목을 받지 못하고 죽어있는 사료를 그는 '죽은 역사', '의사 역사'라고 한 것이다. 서고나 수장고에 죽어있는 사료를 일깨워내서 '역사', '진짜 역사', '살아있는 역사'로 만드는 것이 역사가의 임무라고 하였다.

『백세보중』의 자료들은 송강 당대와 그의 아들 정홍명의 시대에는 그냥 그 자체로 살아있는 역사였는데, 그 이후 동인과 북인이 집권을 하면서 정치적으로 몰락하는 동안 오랜 세월 '죽어있는 역사'로 내려가 있었다. 거의 멸실될 뻔했던 역사가 그의 후손과 규남 하백원에 의해 수습되어 새로운 '역사'로 되살아났다. 그리고 영원히 보존되어야 하겠다는 의미에서 '백세보중'이라는 이름으로 첩장되었다. 이 사료가 아직은 '살아있는 역사', '진짜 역사'로 올라서지는 못하였다. 그냥 '역사'로 남아있는 것인데, 이러한 역사 자료 콘텐츠가 잘 활용되어 현대의 살아있는 역사로 되살아나기를 기대한다.

6

고문서로 생활을 읽다

추노, 그리고 비첩의 정조

오래전 〈추노〉라는 TV 드라마가 방영된 적이 있다. 당시 꽤 인기 있는 드라마여서 모든 국민이 '추노推奴'가 무엇인지를 알게 되었다. 그렇다고 추노의 의미를 정확하게 아는 사람은 그다지 많지 않다. 역사를 공부하고 사료를 읽는 연구자가 볼 때는 강한 근육질의 노奴와 추노꾼이 쫓고 쫓기는 추격전을 벌이는 장면이 오히려 낯설다.

송강 정철이 아들들에게 보낸 편지와 메모 단편들을 모아 장첩한 『송강선조유필松江先祖遺筆』이 담양의 한국가사문학관에 소장되어 있다. 젊은 송강 정철이 성주 목사로 나가 있는 매형에게 자신의 노를 잡아서 혼쫄내달라는 편지가 있는가 하면, 임진왜란이 발발하자 유배 중에 사면되어 강계에서 평양까지 간 노정을 기록한 메모, 강계 유배 중 『통감通鑑』을 반복해서 읽고 기록한 서산書算(글을 몇 번 읽었는지 세는 데 쓰는 물건. 여러 개의 접을 수 있는 부분이 있어서 한 번 읽을 때마다 단을 하나씩 접으며 읽은 횟수를 표시함) 등 매우 다양한 기록이 포함되어 있다. 이 글에서는 송강이 노비를 추심하는 편지 한 건, 비첩婢妾 향복香卜에 관련된 메모 편지 한 건을 살펴봄으로써 조선 사회의 양반과 노비, 주인과 비첩의 의미에 대해 생각해보자.

젊은 송강의 노비 추심

『송강선조유필』첫 장에는 송강의 편지 한 통이 실려 있다.^{그림 6-1} 언제 누구에게 보냈는지는 씌어 있지 않다. 그러나 내용을 잘 살펴보면 편지 수신인이 누구인지 가늠할 수 있다.

【[수결] 근봉】

차인지가 와서 보내주신 편지를 받았습니다. 살피건대 관아의 일 보시는 것이 평안하시다니 기쁘기 그지없습니다. 철澈이 저는 병든 어버이가 누워 계시는 날이 많은 반면 일어나 계시는 날은 적은 데다 숨이 곧 넘어갈 듯하여 항상 걱정스럽고 답답하며 심장과 간이 타들어가는 것 같습니다. 이 때문에 걱정입니다. 마치 나그네처럼 두렵고 절박하여 뒤숭숭한 사람이 되어 만사가 마음속에 들어오지 않으니 어찌하겠습니까? 허락해주신 판자는 지난봄 이래의 숙원에 부응해주시는 것이니 평생토록 감사해야 할 것 같습니다. 바라건대 충분히 잘 골라서 크게 도와주십시오.

이쪽 사정은, 종 순년이가 원래 사악하고 간휼하기 짝이 없는 놈이라서 여러 가지 시키는 일을 모두 거역하고, 말에도 원망하는 모습이 보이며 안전에서 얼굴을 붉히기도 합니다. 항상 병든 부모를 모시는 집에서는 화나는 대로 때릴 수도 없기 때문에 참고 있을 뿐입니다. 지난번에 몇 가지 일을 주고 몇십 일이 지나 경리經理 여부를 물으니 전혀 하지 않았다고 대답합니다. 그래서 경각심을 주기 위해 종을 시켜 잡아들이라 하였더니 도망가버리고 나타나지 않습니다. 그러고는 저의 말을 청탁해서 도처에 외람된 편지를 보내니, 그가 영남의 여러 고을에서 횡행하려 하였다는 것을 알 수 있습니다. 이뿐이 아닙니다. 장모님이 서울에 오셨을 때 한 여종과 상간하고는 함께 도망가기로 약속을 하고 서로 계속 편지를 주고받았다고 합니다. 종 순년이가 성산에 돌아가서 나타나는 날은 바로 여종 하나를 잃어버리는 날입니다.

바라건대 그가 나타나면 일단 감옥에 가두어두고 80~90여 대의 곤장을 세게 쳐서 서울로 압송해주시면 통쾌하기 이를 데가 없을 것입니다. 바라건대 범연히 듣지 마시고 꼭 시행해주시면 크게 빛이 날 것입니다. 살펴주십시오. 삼가 이렇게 아룁니다.

【[手決] 謹封】

車仁智之來 伏承/下書 因審/衛候平安 仰喜不已 澈病親臥日多而起日少/氣息奄奄 常自憫嘿 心肝煎熬 以此忽忽若羈/旅怵迫之人 萬事不掛念頭 如何如何/ 下諸板子 春來如副宿望 則平生感戴 庸有/極乎 伏望/十分精擇 大濟大濟 此中順年奴 本以詐謫無/狀 凡百使喚 一切拒逆 怨形於辭 面勃於/前 常以侍病之家 難於隨怒筆打 容/忍而已 頃授數等事 過

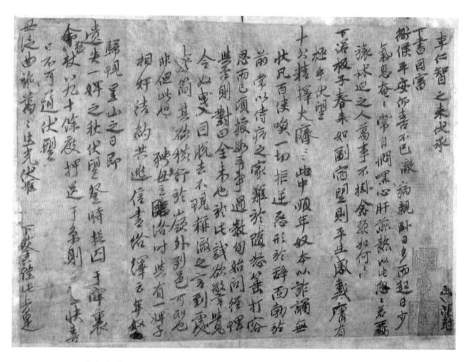

그림 6-1 정철이 최홍도에게 보낸 간찰. 오른쪽 아래의 인장 네 과窠는 후손이 장첩을 하면서 찍은 소장인이다.

數旬始問經理/與否 則對曰全未也 於此試欲警覺/ 令奴曳入 因脫去不

現 稱漱之言 到處/濫簡 其欲橫行於嶺外列邑 可知也/ 非但此也 聘母主

臨洛時 與有一婢子相奸/ 結約共逃 信書絡繹云 年奴/歸現星山之日 卽/

遺失一婢之秋 伏望登時 擬囚于牢裏/ 猛杖八九十餘度 押送于京 則益□

〔愉〕快喜/ 口不可道 伏望/毋泛曲施 萬萬生光 伏惟下鑒 謹此上白是

첫 번째 단락은 차인지라는 사람 편을 통해 편지를 받고, 상대방 즉 편지를 보낸 이가 관직 생활을 잘하고 있다는 소식을 들었다면서 자신의 소식도 전하고 있다. 부모가 많이 편찮으셔서 숨이 거의 넘어갈 정도라 정철 자신은 애를 태우며 지낸다고 하였다. 또 상대방이 관재棺材로 쓸 판자를 보내주겠다고 했던 모양인지 그에 대해 감사를 표하고 있다.

두 번째 단락부터는 상전인 자신에게 공손하지 않은 자세로 일관하고 일도 제대로 하지 않는 종(奴) 순년을 징치하는 문제에 관한 내용이다. 순년이에게 몇 가지 일을 맡기고 잘 관리하라고 시켰으나 제대로 하지도 않았다. 그래서 잡아들여 문초를 하려 했더니 도망가버렸다. 전혀 주인의 말을 듣지 않는 완악한 종이다. 더군다나 정철의 이름을 칭탁하여 영남 도처를 거리낌없이 돌아다니고, 또 자신의 장모가 서울에 왔을 때 따라와서는 다른 여종과 간통을 하고 그 여종과 함께 자신의 거주지로 도망하려 하였다. 그래서 그 종이 성산에 나타나면 잡아서 구속하고 80~90대의 곤장을 때려 흔쭐낸 뒤에 서울로 압송해달라는 부탁이다.

이 편지를 받는 상대방은 누구일까? 원문의 마지막을 보면 '上白是(상사리)'라 맺고 있다. '상사리'는 '아룀'의 극존칭 표현으로, 보통 부모 이상의 일가친척에게 쓰는 편지의 마무리 말이다. 정철은 병든 어버이를 모시고 함께 살고 있었으므로, 편지의 수신인이 자신의 부모일 리 없다. 그렇다면 장인일까? 장인은 문화 유씨 유강항柳强項이다. 그러나 유강항은 벼슬을 하지 않았으므로 이 편지의 상대방이 될 수 없다. 순년이가 도망간 곳은 성산星山이다. 그러므로 편지의 수신인은 그곳 관아에서 일하는 지방관, 즉 성주 목사일 가능성이 높다. 정철 일족 중에서 성주 목사를 한 사람은 손위 매부인 최홍도崔弘渡가 있다. 최홍도는 1563년(명종 18) 3월에 성주 목사로 부임하였다. 이문건李文楗이 쓴 『묵재일기默齋日記』 1563년 3월 21일, 22일 조에 나온다. 그때 정철은 28세로, 바로 1년 전 문과에 합격하고 이해에는 서울에서 벼슬살이를 하고 있었다. 정철은 편지에 부모가 숨이 넘어갈 것처럼 노쇠하다고 쓰면서 관재를 마련하고 장례를 준비할 정도였지만, 실제로 그의 부친이 작고한 것은 그로부터 7년 뒤인 1570년이고, 모친은 10년 후였다.

정철의 손위 매부인 최홍도는 『선조실록』에 아주 나쁜 사람의 표본으로 나온다. 자신의 출세를 위해 당시 실세인 윤원형의 첩 정난정의 아들을 적서嫡壻로 맞이하여 권세를 빙자했던 까닭에 사람들의 기롱을 받고 탄핵을 당하였다. 다음 기사는 1564년(명종 19) 최홍도가 동래 부사에 제수되었을 때의 사평이다.

최홍도는 형편없이 비루한 사람이다. 벼슬하기 전에는 벼슬하지 못할까 걱정했고, 벼슬을 얻고서는 잃을까 근심하였다. 그의 딸을 윤원형의 첩에게서 난 아들에게 시집보내고는 스스로 호랑이의 위엄을 잠시 빌린 여우로 착각하고서 누가 감히 자신을 어떻게 하겠는가 하며 욕심을 한껏 부렸다. 지난번에는 성주星州가 피폐한 것을 싫어하여 늙은 어미를 봉양할 수 없다는 핑계로 국왕을 속이고 부임하는 것을 회피하더니, 동래 부사로 승진 제수되자 노모 잊기를 마치 헌신짝 버리듯 하였다. 최홍도 같은 사람은 남의 종기를 빨아주고 치질을 핥는 등 못하는 짓이 없는 자이니 입에 올릴 것도 못 된다. ─『명종실록』 19년 10월 27일

노비는 거주나 사환使喚의 형태에 따라 외거노비와 솔거노비로 구분을 하지만 외거노비도 언제든지 주인의 소환에 의해 가내사환노비로 바뀔 수 있다. 순년은 매우 똑똑한 외거노비였던 듯하다. 그러니 그에게 여러 가지 일을 시켰을 것이다. 하지만 그는 제대로 일 처리를 하지 않았다. 송강의 장모가 서울에 올라올 때면 시종을 하면서 따라오기도 했는데, 순년이는 그 기회를 틈타 서울에 있는 여종과 간통하고 수시로 연락을 하면서 도망갈 기회를 호시탐탐 노렸던 것 같다.

전정후독前貞後瀆, 송강의 비첩 향복과 강아

송강 정철은 관기官妓나 비첩婢妾과 관련된 에피소드가 매우 많다. 그 중 대표적인 것이 관기 강아江娥 이야기이다. 강아는 원래 남원의 관기 진옥眞玉이었다. 송강의 총애를 받아 이름을 송강의 아이, 즉 깅아라고 바꿨다. 그런데 정철이 1년도 채 지나지 않아 도승지로 임명되면서 서울로 올라가자 강아만 시골에 남아 수절을 지켰다. 10년 후 동서 당쟁의 와중에서 정철은 실각하여 평안도 강계로 유배되었다. 유배 소식을 들은 강아는 그를 찾아 강계까지 갔지만 임진왜란이 발발하면서 송강은 사면되어 다시 국왕 선조를 호종하고 두 사람은 헤어지게 된다. 임란 중에 송강은 양호 도체찰사, 사은사의 바쁜 몸으로 동분서주하다가 일을 제대로 하지 못했다는 반대파의 비판으로 관직에서 물러나 강화에서 운명하였는데, 그 소식을 들은 강아가 다시 달려와 시묘살이를 하다가 죽었다. 송

그림 6-2 의기 강아 묘

강의 무덤 옆에 강아의 무덤이 만들어졌다. 그러나 나중에 후손들이 송강의 묘만 충북 진천으로 이장해감으로써 강아의 무덤만 홀로 남게 되었다. 현재 강아의 묘는 경기도 고양시 덕양구 원신동 송강마을에 위치해 있으며 '의기 강아 묘義妓江娥墓'라는 비가 세워져 있다.

강아와 관련된 설화 중에는 강아가 평양에 들어가 적장으로부터 정보를 입수하고 명군에게 이를 몰래 알려주어 평양성 전투에서 조명 연합군이 승리하게 되었다는 이야기도 있지만, 이는 임진왜란 시기에 있던 흔한 스토리를 가공해 덧붙인 것으로 보인다. 이렇듯 송강과 강아에 관한 많은 이야기가 전해지는데, 정작 송강의 자료에서 강아 이야기는 찾을 수 없다. 「자미화를 노래함(詠紫薇花)」이라는 시가 강아를 두고 읊었다고 하지만, 그것도 만들어진 이야기로 보인다.

그런데 송강의 친필첩인 『송강선조유필』에는 비첩에 관련된 기록이 나온다. 그림 6-3

향복이가 옛날에 나를 모실 때 그 정성이 가상하였을 뿐만 아니라 그 정조를 지키는 것이 더욱 기뻤다. 그래서 보통 때도 항상 기억하고 있었다는 것은 너도 아는 바이다. 지금 여기에서 만났는데 스스로 이미 업동에게 더럽혀졌다고 말하였다. 이는 비록 '전에는 정조를 지켰지만 나중에는 더럽혀졌다(前貞後瀆)'고 하는 것이다. 업동이가 범람한 것은 전부터도 그랬으니 매우 통분할 일이다. 종 업동이는 빨리 시골집에 보내는 게 좋겠다. 장륜이도 범했겠지?

香卜於昔日陪奉我時/ 非徒其誠可嘉 其/貞亮之操尤可/喜 故尋常中每/ 憶之 汝所知也 今玆/相値 自言己汚於/業同云 此雖出於/前貞後瀆 而業/ 同之泛濫 從前如/此 極可痛憤 業/奴速送鄕家爲/可// 張崙亦侵之然耶

이 편지는 누구에게 보냈는지 정확히 알 수 없으나 참으로 우습고 서글픈 내용이다. 편지를 받는 사람에게 '너(汝)'라고 칭한 것으로 미루어 둘째 아들 종명宗溟이나 셋째 아들 진명振溟에게 보냈을 듯하다. 여종 향복이 자신을 모셨다는 것, 또 헤어진 후에도 오래 정조를 지켰다는 것을 정철 스스로도 기억하고 있었다. 그런데 다음에 둘이 만났을 때 향복이

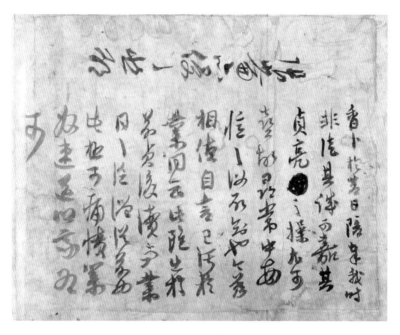

그림 6-3 송강이 향복을 언급한 편지

업동이라는 종에게 더럽혀졌음을 스스로 고백하였다. 그래서 송강은 향복이에게서 업동이를 갈라놓기 위해 그를 시골집으로 보내라고 하였다. 향복이가 업동이를 마음대로 시골집에 보낼 수 있는 힘은 없을 터이므로 송강이 그를 시골로 보내라고 지시한 상대는 아마도 아들로 추정된다. 게다가 송강은 또 다른 미심쩍은 녀석 장륜이에 대해서도 질문을 한다. "장륜이도 범했겠지?" 장륜이는 다른 편지에도 등장한다. 시골집은 창평의 지곡일 텐데 편지를 받는 아들과 향복이는 어디에 있었을까?

면앙정 선생의 가마를 메다
하여면앙정

면앙정과 향안

조선시대 사회사를 공부하는 필자가 처음 면앙정 송순을 알게 된 것은 허균許筠의 『성소부부고惺所覆瓿藁』에 나오는 면앙정의 향안 입록入錄에 관한 기사를 통해서였다.

> 요즈음 외방에는 향안鄕案이라는 것이 있는데, 여기에는 반드시 내외가 사족士族 출신인 자를 가려서 기록한다. 외족外族이나 아내가 다른 고을에서 왔고 현족顯族(지위가 높은 가문)이 아닌 경우에는 비록 고관이라도 또한 이에 기록될 수 없다. 그래서 이에 실리는 것이 홍문록弘文錄이나 이조천吏曹薦(이조 낭관이 되는 추천)에 드는 것보다도 어렵다고들 한다. 송순은 담양 사람이다. 외가가 남원에서 왔고 현달한 벼슬을 한 이도 없었기 때문에 공도 향안에 들 수 없었다.

가문이 한미한 면앙정이 담양 유향소留鄕所의 향원鄕員 명부인 향안에 들어갈 수 없었다는 이야기다. 이미 높은 관직에 있는 그이지만 시골에서는 인정을 받지 못하고 있었다. 결국 그는 고을 어른들에게 한 상 잘 차려 대접하고 원로들의 양해를 받은 뒤에야 향안에 입록될 수 있었다.

이 자료만 본다면 송순의 집안이 정말 한미했다고 생각할 수 있다. 그러나 실상 송순의 가문은 변변치 못하거나 지체가 전혀 낮지 않았다. 『일본행록日本行錄』을 남겨서 유명한 노송당老松堂 송희경宋希璟이 송순의 고조이다. 그사이의 조상 계보에 현저하게 드러난 관직을 가진 선조는 없었지만 양반으로서 체통은 충분히 지킬 수준이었다. 그렇다면 허균의 기록이 잘못된 것인가? 그렇지는 않다. 당시의 사회제도를 충분히 이해한다면 저러한 모순된 상황을 받아들일 수 있다.

국가에서는 지방 지배를 위해 각 지역에 유향소를 설립하였다. 유향소는 향소鄕所 또는 향청鄕廳이라고도 하는데, 재지사족 즉 지역사회의 사족들이 그 구성원이 되어 운영하였다. 재지사족은 지방 수령을 보좌하며 유향소를 통해 향촌 사회를 자치적으로 운영하였다. 유향소의 구성원은 향원이라고 하며, 이들 향원 중에서 유향소의 지도부인 좌수座首와 별감別監이 선출되었다. 향청의 운영에 참여하기 위해서는 일단 유향소의 구성원인 향원이 되어야 한다. 향원은 벼슬의 고하나 재산의 많고 적음으로 결정되는 것이 아니고 지역 토착성이 중요한 관건이었다. 3향鄕, 2향, 1향, 무향無鄕이라고 하는 것이 그것이다. 부향父鄕, 모향母鄕, 처향妻鄕이 바로 3향이다. 부, 외숙, 처부(장인)가 모두 향안에 입록되어 있으면 3향이 되고, 셋 중에 둘만 입록되어 있으면 2향, 하나만 입록되어 있으면 1

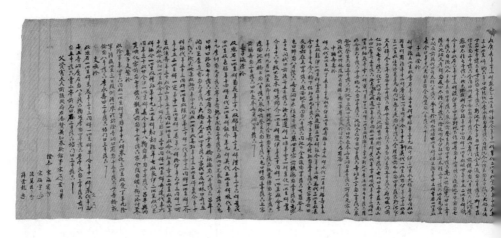

그림 6-4 「1572년 송순의 자필 분재기」

향, 아무도 들어 있지 않으면 무향이 된다. 향원은 이렇듯 구성원의 토착성에 따라 3향의 경우는 직서直書라 하여 곧바로 입록이 되고, 2향이나 1향, 무향의 경우에는 향원들의 권점圈點, 즉 투표를 통하여 입록 여부를 결정한다. 향회의 이러한 운영 내용을 규정한 것이 향규鄕規이다.

이 규정에 따르면 송순의 경우, 어머니는 순창 조씨, 처도 순창 설씨이므로 외삼촌이나 처부가 담양 향안에 올라 있지 않다. 송순은 1향에 불과하므로 권점의 대상이었다. 송순의 집안이 한미하다고 쓴 허균의 말은 바로 이러한 상황을 뜻한다. 그러나 송순의 관직이 높았던 덕에 지역 원로들의 양해를 얻어서 권점을 면제하고 직서할 수 있었던 것 같다. 실제로 송순은 경제적으로나 보나 관직 진출로 보나 전혀 한미한 가문이 아니었다. 1572년(선조 5) 80세의 송순이 친필로 써서 8남매에게 남긴 분재

기에는 노비가 총 160구, 전답이 700여 마지기에 달하는 대단한 재산을
가지고 있었다. ^{그림 6-4}

면앙정의 회방연

송순이 건립한 면앙정에 올라가 보면 간소하고 조그마한 누정에 퇴계
退溪 이황李滉, 하서河西 김인후金麟厚, 양곡陽谷 소세양蘇世讓, 오음梧陰 윤
두수尹斗壽, 제봉霽峯 고경명高敬命, 석천石川 임억령林億齡, 고봉高峯 기대
승奇大升, 백호白湖 임제林悌, 소쇄옹瀟灑翁 양산보梁山甫, 기암畸菴 정홍명
鄭弘溟, 동악東嶽 이안눌李安訥 등 명현들의 주옥같은 시문들이 판각되어

즐비하게 걸려 있다. 송순의 문집 『면앙집』에는 50편에 가까운 이들 제
영題詠을 「면앙정 제영俛仰亭題詠」, 「면앙정 잡록俛仰亭雜錄」이라고 엮어
수록하였다. 기대승의 「면앙정기」에 따르면, 면앙정 터는 갑신년(1524, 중
종 19)에 얻었고 정자를 짓기 시작한 것은 계사년(1533, 중종 28)이었으며,
그후 임자년(1552, 명종 7)에 이르러 중건하였다. 송순이 77세에 우참찬을
끝으로 공직을 마치고 낙향하여 91세에 세상을 떠날 때까지 유유자적했
던 정자다. 송순이 정자를 지을 계획을 세운 것은 1533년, 41세 되던 해
이다. 김안로金安老 일파가 세력을 잡자 관직에서 물러나 이곳 고향 담양
에서 3년 동안 시를 읊으며 지내다가, 그들이 실각하자 다시 조정에 나
아갔다.

　면앙정은 송순이 중앙 정계에서 밀려났을 때 세우고 70대 은퇴 후에
말년을 보냈던 곳. 주변에는 식영정息影亭, 소쇄원瀟灑園, 환벽당環碧堂 등,
전원 문화를 더불어 즐긴 친구들의 누정이 곳곳에 자리한다. 송순은 천
지 우주의 한가운데에서 호연한 흥취를 가지고 바람과 달과 산천과 함께
백 년 가까이 그곳에서 살았다.

　俛有地　仰有天　　굽어보면 땅이요 우러르면 하늘이라
　亭其中　興浩然　　정자 가운데 있어 호연한 기상 일어나네
　招風月　揖山川　　풍월 불러들이고 산천을 끼고 앉아
　扶藜杖　送百年　　지팡이 짚고서 백 년을 보내리라

그림 6-5 송순이 건립한 면앙정

그림 6-6 면앙정에 걸린 송순의 「면앙정가」

송순은 21세 때 진사시에 급제하고 27세 때 대과인 기묘 별시에 합격하여 벼슬살이를 시작하였다. 별시의 시험관은 조광조趙光祖, 남곤南袞, 김구金絿, 김식金湜 등 당대의 명류였다. 시험관들은 송순의 시권詩券을 김일손 이후 최고라며 칭양하고 급제자들의 제일 첫머리에 놓으려 했지만 우여곡절 끝에 3등에 들었다. 이후 남곤, 심정 등 권세가들의 농간으로 기묘 명현들이 쫓겨나고 세도가와 소인배들이 판치는 세상에서 아슬아슬하게 벼슬살이를 하였다.

정치적 갈등의 한가운데서 부침을 거듭했던 후배 송강 정철은 면앙정 송순에 대해 소인배 권력자들이 활보하는 세상에서 크게 넘어지지 않고 행복한 일생을 마쳤다고 평가하면서 다음과 같은 짧은 제문을 올렸다.

아! 풍진세상 험한 길을 다 마치기 어려우니, 다 마친 사람은 대단합니다. 넘어지지 않은 사람도 드뭅니다. 벼슬살이 60년에 큰길을 따라가면서 끝내 넘어지지 않은 이를 상공相公에게서 봅니다. 그러니 오늘의 이 아픔은 나만의 것이 아니겠지요. 아, 슬프다.

嗚呼 風埃險塗之難盡 盡之者尙矣 其不躓者亦鮮矣 立朝六十年 遵大路 而終不大躓者 於相公見之 然則今日之慟 非爲私也 嗚呼哀哉

—『俛仰集』권4 부록「祭俛仰先生文(松江)」

1579년(선조 12)은 송순이 87세 되는 해이자 대과에 합격한 지 60주갑이 되는 해였다. 나라에서는 과거에 합격한 지 60년이 되도록 장수한 사람에게는 신은新恩 급제자처럼 회방연回榜宴이라는 잔치를 베풀어주었다.

27세에 대과에 합격한 송순도 60주년을 맞이하여 당연히 면앙정에서 회방연을 하게 되었다. 국왕이 호조에 명하여 꽃과 선온宣醞을 내려주고 관찰사와 부사도 참석하는 큰 잔치였다. 송순의 후배 제자들인 송강 정철(1536~1593), 제봉 고경명(1533~1592), 백호 임제(1549~1587) 등 100여 명이 참석하였다.

밤이 깊어 송순이 조금 취하여 따뜻한 방으로 돌아가려 하자 정철이 주창하였다. "선생님의 남여를 우리가 드는 것이 좋겠다. 우리가 남여를 메자"고 하여 함께 붙잡고 내려왔다. 제자이자 고관들이 가마를 메는 것은 전에 없던 일이라 그 모습을 지켜보던 사람들이 모두 훌륭하게 생각하였다. 이른바 '면앙정 선생님의 가마를 메다(하여면앙정荷輿俛仰亭)'라는 말은 이렇게 생겨났다.

'하여면앙정'에 관한 첫 기사는 면앙정의 외손자 최기崔棄가 정리한 「행록」에 처음 나온 뒤 이후 『담양부지』 등 여러 기록에서 답습하여 썼다. 그런데 가마를 멘 후배 제자들이 「행록」에는 송강 정철, 고봉 기대승, 제봉 고경명, 백호 임제로 나오고, 또 다른 자료에는 송강, 제봉, 백호, 청련靑蓮 이후백李後白으로 나온다. 정조의 시제試題에서는 송강이 빠지고 제봉, 고봉, 백호가 나온다. 그런데 회방연이 있던 1579년과 이들의 생몰연대를 비교해보면 송강, 제봉, 백호는 회방연에 참석하여 송순의 가마를 멘 것이 맞겠지만, 고봉과 청련은 맞지 않는다. 고봉 기대승은 1572년에 죽었고 청련 이후백은 1578년에 죽었으므로, 기묘년 회방연을 할 때 고봉과 청련은 이미 이 세상에 없었다. 또 관찰사 규암圭菴 송인수宋麟壽가 어사화를 만들고 기악妓樂과 창우倡優를 불러 유희를 바쳤다고 하는 것도

그림 6-7 〈평생도〉 중 〈회방연도回榜宴圖〉.
오른쪽은 〈회방연도〉의 부분 확대 모습이다. 어사화를 쓴 주인
공을 자세히 보면 백발에 고령이다. 뒤쪽에 2품 이상의 고관이
타는 수레인 초헌軺軒을 타고 뒤따르는 사람은 주인공의 자제일
것이다. 작자 미상. (개인 소장)

시기상으로 맞지 않는다.

그러나 이러한 착오에도 불구하고 기묘년 회방연이 열렸다는 사실은 분명하며, 로맨티스트 송강에 의하여 "우리 선생님의 가마를 우리가 메자"는 제안도 충분히 가능한 설정이다. 백발이 성성한 면앙정은 머리에 어사화를 꽂은 사모를 쓰고 "오늘 다시 젊었을 때의 일을 하리라고는 미처 생각하지 못하였다"고 눈물을 흘렸을 것이다.

정조가 낸 도과의 시제

도과道科란 각 도 단위로 그 지역 출신을 대상으로 보는 과거시험이었다. 1792년(정조 16) 도산서원 앞 시사단試士壇에서 실시된 도산별과陶山別科라든지, 1793년(정조 17) 강원도에서 실시하고 『관동빈흥록關東賓興錄』으로 정리된 강원도 도과가 대표적이다. 도산별과에는 7,000여 명의 경상도 유생이 참여하고 3,000여 장의 시권이 제출되어 영남 유학의 성세를 자랑하였다.

정조는 즉위 22년째 되는 해인 1798년, 호남 유학을 진작하기 위하여 광주에서 도과를 설행하라고 지시하였다. 당시 전라 감사는 이득신李得臣이고 광주 목사는 서형수徐瀅修였다. 도과 설행에 앞서 정조는 『어정 대학연의 연의보御定大學衍義衍義補』와 『주자대전절약朱子大全節約』 등의 책을 호남에 내려보내 유생들을 시켜 교정하고 정서하게 하였다. 그리고 그 유생들을 대상으로 과거시험이 치러졌다. 시험 과목은 시詩·부賦·전

그림 6-8 면앙정에 걸린 정조의 어제御製 편액. 정조가 유생들에게 내린 과거시험 문제가 판각되어 있다.

箋·시의詩義·책策 등 5과목이었다. 정조가 친히 이 도과의 시험문제를 출제했는데, 이때 제시한 시제試題가 '하여면앙정'이었다.^{그림 6-8} 작시作詩를 위한 참고 자료로는 『담양부지』의 관련 기사가 제시되었다.

광주에서 치러진 이 과거시험 때 유생들이 작성하여 제출한 시권은 서울로 올려 보내졌고, 정조는 직접 그 시권을 검토한 뒤 다음과 같은 전교를 내렸다.

어정서御定書 두 본을 교정하고 정서한 것에 대한 노고는 기념할 만하다. 고정考訂한 곳에 쪽지를 붙여 의견을 기록한 데서는 또한 각각 지니고 있는 식견을 볼 수 있었다. 도백道伯(관찰사)이 추가로 선발한 사람들은 또 모두 고가故家의 후손들로서 특히 시詩·부賦·전箋·의義·책策 다섯 가지를 가지고 날짜를 나누어서 제술을 시험하였는데, 올려 보낸 여러 시권들을 보니 걸구傑句와 가작佳作이 많았다. 지금 이 재능을 살피고 장점을 비교하는 과거시험은 곧 호남의 재능 있는 선비들의 이름을 드날릴 기회를 만들고자 함이었다.　　　—『정조실록』 22년(1798) 6월 18일

북을 울려 공박하다
정약용의 명고시

명고시

공자의 제자 염구冉求가 재산이 많은 권력자인 계강자季康子의 가신이되었는데, 그의 재산을 더 불려주기 위해 백성들에게 무거운 세금을 부과하였다. 이에 공자가 크게 노하여 제자들에게 "그는 더 이상 우리 문도가 아니다. 자네들은 북을 울려 그를 공격해도 좋다(非吾徒也 小子鳴鼓而攻之可也)"라고 하였다. 『논어』 「선진先進」 편에 나오는 이야기다.

『다산시문집』에는 「번옹 댁의 잔치 모임에 초청을 받았으나 가지 않았다(樊翁宅讌集見招不赴)」라는 시가 실려 있다.

재상집에 초대받아 사람들이 높게 보고	黃閣招延衆所尊
깊은 방 촛불 아래 밤늦도록 요란하네	曲房銀燭五更喧
창생은 어찌하고 동산기와 노니는가	蒼生莫奈東山妓
북해의 동이 술에 모두들 모여들고	名勝皆聞北海樽

비단 자리 풍악은 흥겹기 그만인데	錦席歌笙容笑傲
대울의 서릿달 그 자태도 곱구나	竹欄霜月也嬋媛
무슨 일을 알고저 웅크리고 책을 펴나	攤書抱膝知何事
부질없는 시름 잡아 성은에 보답고저	欲把閑愁答聖恩

　시의 제목이 '번옹樊翁 채제공蔡濟恭(1720~1799) 댁의 잔치 모임에 초청 받았으나 가지 않았다'는 것이다. 수련首聯(1연, 1~2구) 원문에 '황각黃閣' 이라고 한 것은 한漢나라 이후 재상의 집과 관서의 문을 노란색으로 칠 했다고 하는 데서 유래한 말로 '재상의 집'을 뜻한다. 이 시에서는 좌의 정으로 있는 채제공의 집을 말한다. 그의 집 잔치에 초대받은 이들은 모 두 지체 높은 사람이고, 그들은 밤늦게까지 촛불을 밝혀놓고 떠들썩하게 즐긴다.

　함련頷聯(2연, 3~4구)은 중국 고사를 인용한 시구이기 때문에 이해하기 어려운 구절이다. 진晉나라 사안謝安이 벼슬을 그만두고 동산東山에 은거 하여 조정에서 여러 번 불러도 나가지 않자, 당시 사람들이 "안석安石(사 안의 자)이 나오려 하지 않으니 장차 이 창생을 어찌할꼬" 하였는데, 40세 에 다시 관직에 나아감으로써 창생을 구제하였다(『진서晉書』 권79 「사안전謝 安傳」). 이는 채제공이 우의정에서 파직된 후 다시 백성을 돌보기 위해 벼 슬했음을 비유한 것으로 보인다. 북해의 동이 술이란 후한 말기 북해상 北海相을 지낸 공융孔融이 선비를 좋아한 까닭에 항상 그의 집에 명사들 이 끊이지 않았는데 이들을 대접할 술동이를 비우지 않았다는 고사에서 나왔다(『후한서後漢書』 권70 「공융전」). 채제공 또한 사람들을 좋아하여 많은 명사가 그의 집에 왔다는 것을 비유한 말이다.

경련頸聯(3연, 5~6구)의 죽란竹欄이란 대나무 울타리로서, 곧 명례방에 위치한 정약용의 집을 가리킨다. 다산의 집에 대울이 있었는데, 그는 동료들과 죽란시사를 만들어 같이 시를 읊조렸다. 대울에 걸린 서릿달은 청초하지만 스산하게도 느껴진다.

미련尾聯(4연, 7~8구)의 결말에서는 그 집에서 책을 펴고 시름을 달래는 것은 성은에 보답하기 위해서라고 썼다.

상국 댁의 잔치

그러나 이 시만으로는 전후 맥락을 알 길이 없어 이 잔치가 번암 채제공의 환갑연인지 시회詩會인지, 혹은 다른 무슨 잔치인지 알 수가 없다. 오세창이 우리나라 명가들의 글씨를 수집하여 묶은 『근묵槿墨』에 다산 정약용의 이 시 초고가 실려 있는데, 『다산시문집』의 위 시와 많이 다르다. 그림 6-9 특히 경련과 미련의 내용이 다른데, 경련은 약간 다르고 미련은 아예 다른 시구로 바뀌어 있다. 그뿐 아니라 시의 제목에는 채제공 집에서 잔치가 열리게 된 이유와 자신이 이 시를 짓게 된 사연도 쓰여 있다.

제목은 '9월 15일 밤에 상국 댁에서 잔치 모임이 있어 초청을 받았는데, 마침 손님이 와서 가지 못하여 시를 바쳐 용서를 구하였다(九月十五日 夜 相國宅讌集見招 適客至不赴 獻詩乞赦)'라고 되어 있다. 경련의 '錦席歌笙 容笑傲(비단 자리 풍악은 흥겹기 그만인데)'는 원래 '錦席笙歌齊澹蕩(비단 자리

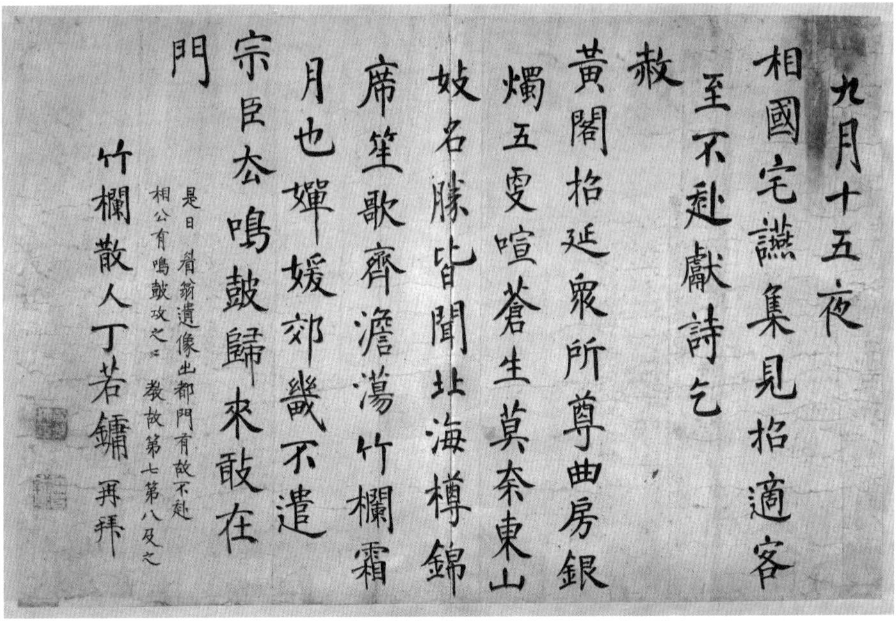

그림 6-9 『근묵』에 실린 정약용의 명고시 초고. 제목, 경련, 미련, 그리고 주석을 덧붙여놓은 것이 『다산시문집』과 다르다.

풍악에 모두가 흐드러지고'로 되어 있고, 미련에서 '攤書抱膝知何事(무슨 일을 알고저 웅크리고 책을 펴나) 欲把閑愁答聖恩(부질없는 시름 잡아 성은에 보답고저)'는 원래 '郊畿不遣宗臣去(근교 조종신 영정 나가는데 보내지 못했으니) 鳴鼓歸來敢在門(명고 벌 받아서 문 앞에 있습니다)'라고 되어 있다. 그리고 미련 아래에 작은 글씨로 '이날 미옹의 유상이 도성 문을 나가는데 일이 생겨 가지 못하였다. 상공께서 북을 쳐 공박하라는 말씀이 있었으므로 7, 8구에서 언급하였다(是日眉翁遺像出都門 有故不赴 相公有鳴鼓攻之之敎 故第七第八

及之'라고 주석을 덧붙이고, '죽란산인 정약용 재배竹欄散人丁若鏞再拜'라고 맺었다. 문집에 실린 시와 전혀 다른 의미를 갖고 있다는 것을 마지막의 미련을 보고서야 알았다.

미수 허목의 초상화

『다산시문집』에 수록된 시만 갖고는 그 전후의 정황을 전혀 알 수 없지만, 원래의 시고詩稿를 통하여 몇 가지 사실을 알 수 있다. 즉, 상공相公 채제공의 집에서 열린 잔치는 정조에게 올렸던 미수 허목許穆(1595~1682)의 초상화를 몇 벌 더 그려 시골로 보내는 축하 잔치라는 것, 그 잔치에 초청된 다산이 참석하지 않자 채제공이 정약용의 동년배들로 하여금 그를 공박하도록 했으며, 그래서 정약용이 이에 대해 사죄를 하는 시라는 것이다. 1794년(정조 18) 채제공이 75세, 정약용이 33세 때의 일이다. 채제공은 남인의 영수로서 정조의 신임을 받아 좌의정에까지 올랐지만, 항상 노론 벽파의 공격 대상이 되었다.

미수 허목의 유상遺像을 모셔다가 이모본移模本을 만들고 원래의 유상은 다시 연천漣川 은거당恩居堂에, 이모본 한 본은 순흥의 소수서원에 보내는 행사가 이날 열렸다. 원래 미수 허목의 82세 초상화는 연천에 그가 살았던 은거당에 있었다. 채제공이 정조의 지시로 이 유상을 모셔다가 서울의 오리梧里 이원익李元翼의 구거舊居에 봉안하고 옮겨 그려서 정조에게 올렸다(『樊巖先生集』卷18 詩 ○稀年錄〔中〕). 정조는 이를 어람한 후

그림 6-10 미수 허목 초상화. 정조의 명에 따라 채제공이 연천 은거당에 있는 허목 영정을 서울로 모셔와 화원 이명기에게 부탁하여 이모한 그림이다.

비단을 내려 한 벌 더 옮겨 그리게 하여 궁궐에 보존하고, 은거당에 있던 원래 유상은 연천의 허목 후손에게 보내며 새로 이모한 유상은 순흥의 소수서원으로 보내기로 결정하였다. 유상이 도성 문을 나가는 날, 이 행사를 주관한 채제공의 집에서 잔치를 벌인 것이다. 채제공 이하 남인 사대부 관료들은 빠짐없이 참석하는 잔치였다. 그런데 정약용은 손님이 왔다는 이유로 가지 않았다. 그러자 채제공은 젊은 문도들에게 정약용을 비판하라 하였고, 정약용은 이에 대한 변명으로 이 시를 써서 용서를 빈 것이다. 시고의 말미에 '죽란산인 정약용 재배'라고 써서 '산인散人' 즉 벼슬을 하고 있지 않은 상태에 있다는 것, 또 그가 명례방에 살고 있다는 것을 알 수 있다.

채재공의 시문집인 『번암집樊巖集』에는 허목 유상을 이모한 경위가 좀 더 자세히 수록되어 있다. 1794년(정조 18) 정조가 허목에 대하여 느낀 바가 있어 칠분소진七分小眞(초상화)을 보기 원했고, 채제공에게 명하여 찾아서 올리도록 하였다. 채제공이 여러 사람들과 의논하여 가을 7월에 연천 은거당에서 허목의 82세 때 진영을 찾아 서울로 모셔왔다. 정조는 유상을 보고 별도로 비단을 준비하여 화원畵員 이명기李命基에게 그 진영을 이모하라고 명하였다. 그렇게 모사된 허목의 초상화를 첩으로 만들어 대내大內(궁궐)에 두고, 연천 은거당에서 가져온 영정은 도로 그의 후손에게 내려주었다. 또, 사림의 의견이 소수서원에는 안문성공安文成公(안향), 주신재周愼齋(주세붕), 이오리李梧里(이원익) 선생의 영정이 모두 있으니 미수 허목의 진영도 추가로 봉안하는 것이 옳다고 하여, 새로 이모한 영정을 그곳으로 보내도록 하였다(『樊巖集』 卷59 雜著 「敬書眉叟許先生小眞」). 이로써

미수 허목의 유상이 연천 은거당, 궁궐, 순흥 소수서원 등 세 곳에 봉안
되게 된 것이다.

이를 기념하기 위해 채제공은 잔치를 벌였는데 동당同黨의 서른세 살
된 신예 정약용이 다른 일을 핑계로 참석하지 않았다. 젊은 다산이 당 단
합대회 격이라 할 수 있는 잔치에 참석하지 않은 것이다. 당 장악력이 강
한 채제공은 이를 좌시하지 않고 다산의 동료들로 하여금 공박하게 하였
고, 이에 정약용이 변명하는 시를 써서 올린 것이다. 미수 허목 유상의 소
수서원 봉안은 정치적으로 근기近畿 남인과 영남 남인, 남인 세력의 확장
과 관련하여 의미 있는 사건이라 할 수 있다. 수백 명의 유림이 참배한
그 잔치에 다산이 왜 핑계를 대고 가지 않았는지 궁금증을 불러일으킨다.

이 시기 채제공은 사도세자의 숭봉崇奉 문제로 김종수金鍾秀 등 벽파와
대립하고 있었다. 게다가 서학西學과 관련하여 벽파의 공격으로 채제공,
이가환 등 남인 시파는 궁지에 몰려 있었다. 정조의 비호로 채제공의 시
파 정권은 유지되었지만 마치 '추운 겨울에 얇게 언 얼음을 밟고 시내를
건너는' 형국이었다. 정약용은 2년 전 부친상을 당하여 상중에 있다가
그해 가을 막 비변사 낭청으로 관직에 복귀하던 무렵이었다. 스스로 '죽
란산인'이라 자칭한 것은 아직 정식으로 관직에 나아가지 않은 시기였음
을 의미한다. 사도세자의 죽음, 서교西敎(천주교)의 수용을 둘러싸고 벌어
졌던 시파와 벽파의 눈에 보이지 않는 암투와 대결 상황에서 이 시를 음
미하면 왜 정약용이 남인의 영수인 채제공이 소집한 모임에 참석하지 않
았는가에 대해 더 많은 상상을 하게 된다.

너무 마음이 아파 기록한다

『순암책력일기』의 이면

『순암책력일기』

국립중앙도서관에는 '안정복일기'라는 제목의 자료가 58책이나 소장되어 있다. 그런데 잘 살펴보면 58책 모두가 『동사강목東史綱目』을 쓴 역사학자 순암順菴 안정복安鼎福(1712~1791)의 일기는 아니다. 안정복의 일기 뿐만 아니라 그의 아들, 손자, 증손자까지 책력에 쓴 메모 일기와 순암가가 초록하고 수집한 자료들을 도서관에서 입수할 때 일괄하여 그렇게 명명한 것이다. 58책 속에는 순암이 책력에 메모 형식으로 쓴 일기도 당연히 포함되어 있다. 이를 『순암책력일기』라고 할 수 있겠다.

이기경李基慶(1756~1819)과 그의 5대손 이만채李晩采가 이어서 편찬한 『벽위편闢衛編』「추조적발사건秋曹摘發事件」 편에는 '안순암 을사일기安順庵乙巳日記'라는 항목이 있다. 거기에는 안정복의 '1784년 권철신과 사홍(이기양)에게 보내는 편지(甲辰與權哲身兼呈士興書)'도 인용하고 있다. ^{그림 6-12} 의 붉은 박스 안 『벽위편』이 간행된 경기도 양평 양근 일대는 안정복의 사위인

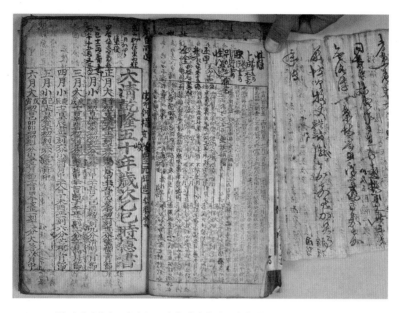

그림 6-11 『순암책력일기』. 안정복은 책력 여백에 빼곡하게 메모 형태로 일기를 썼다. 모자라는 부분은 첨지를 붙이거나 이면에 기록하였다.

권일신權日身과 그의 형 철신哲身이 살던 곳이고, 이기양李基讓(1744~1802)의 광주 이씨들도 그곳에 세거하고 있었다. 그곳은 또한 우리나라 천주교 도입기에 신서信西와 벽서闢西가 첨예하게 부딪치던 곳이었다. 이기경이 벽서파였음을 염두에 둔다면 순암의 일기나 편지가 『벽위편』에 인용되는 것이 이상하지 않다. 안정복이 책력 이면裏面에 일기로 기록한 '이기양 관련 메모'는 '추조적발사건'이라는 전례 없는 공안 정국하에 신서와 벽서가 어떻게 대립·갈등했는지를 잘 보여준다.

『순암책력일기』 을사년(1785, 정조 9) 10월 10일 자의 이면에는 4쪽에

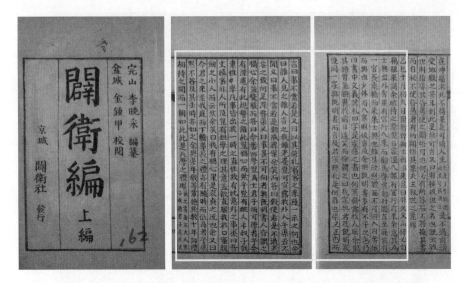

그림 6-12 『벽위편』. 이기경이 편찬한 것을 후손인 이만채가 일제강점기에 간행하였다. □ 안이 순암일기의 기록 부분.

걸처서 문외文義 현령으로 재임 중이던 복암茯菴 이기양이 안정복을 방문하여 격렬하게 항의하고 돌아간 일이 상세하게 기록되어 있다. ^{그림 6-13} 글의 마지막에는 "이기양이 돌아간 후 마음이 너무 아파서 쓴다. 우리들이이와 같은 지경에 이른 것도 역시 하늘의 뜻인가?(士興歸後 痛心而書之 吾儕之至於如此 亦天意也 奈何)"라고 하였다. 너무 마음이 아파서 잊지 않으려고그날의 상황을 생생하게 기록해둔 것이다. 이기양의 하늘과 안정복의 하늘은 다른 하늘이었나 보다.

그림 6-13 『순암책력일기』의 이면. 안정복은 1785년 10월 10일 이기양이 찾아온 일을 4쪽에 걸쳐 기록하였다.

책력일기의 이면, 순암의 메모

4쪽에 걸친 그날의 기록을 그대로 다 옮기기에는 상당히 길기 때문에 대략적으로 살펴본다. 내용은 네 개의 단락으로 나뉜다. 첫째 단락은 이기양이 안정복을 방문하는 장면이다. 10월 9일 양지 현감이 와서 곧 이기양이 방문할 것이라는 말을 전해주었다. 오랜만에 제자가 방문한다는 소식을 듣고 안정복은 들뜬 마음으로 기다렸다. 다음 날 가동家僮이 관인의 행차가 왔다고 전하기에 이기양이 온 것이라 생각하고 기쁜 마음으로 바깥채에 나가보았다. 과연 관인의 행차가 들어오는데 마을에 권마

그림 6-14 이기양 초상화 초본. 그림 우측에 '복암공 화상 초본茯菴公畵像草本'이라고 기록되어 있다.

성권마성成勸馬聲이 진동하였다. 가마를 탄 관장은 바로 집 뜨락 앞에까지 들어왔다. 기쁘고 위로가 되었으나 길 마당에서 맞이하기에는 체면이 서지 않았으므로 피하여 안채로 들어갔다. 이기양이 바깥채에 조금 있다가 안으로 들어와서 서로 안부를 묻고 좌정하였다.

　사돈이기도 하고 사제 관계이기도 한 이기양이 오랜만에 온다는 전언을 친구인 양지 현감 유순에게서 들었는데, 이튿날 바로 그가 양근을 거쳐 광주에 온 것이다. 그런데 그의 등장 자체가 그전 모습과는 매우 달랐다. 시끄러울 정도의 권마성을 울리며 마을에 나타나서는 가마에서 내리지도 않은 채 순암의 집으로 들어왔다. 그런 태도가 순암으로서는 당혹스러웠던지라 비례非禮를 피하기 위하여 안채로 들어갔다.

두 번째 단락은 본격적인 쟁변爭辯이다. 이기양이 먼저 따져 물었다. 순암이 권철신에게 보낸 편지에 불평하는 말이 있다는 것, 또 편지 중에 '문의언찰文義諺札' 네 글자는 자신의 어머니 편지인데 왜 그것을 다른 사람에게 알렸느냐는 항의였다. 이기양의 기색이 평소와 전혀 달랐지만 안정복은 웃으면서 "이 네 글자는 다른 게 아니네. 우리 집과 그대와 권철신의 집은 바로 한집안이네. 권철신에게 보내는 편지에서 자네 집 언찰을 언급한 게 무슨 죄인가"라고 변명하였다. 그러자 이기양이 정색하면서 "이렇게 해서는 안 됩니다. 왜 그 언찰을 손님들에게 일일이 보여주셨습니까?"라고 항의하였다. 이에 대해서 안정복은 "사돈집 언찰을 어찌 바깥 사람에게 보이겠는가?"라면서 손님들에게 언찰을 보여주었다는 것에 대해서는 부인하였다. 그럼에도 이기양이 "일을 이처럼 해서는 안 됩니다"라고 강경하게 말하자, 안정복은 "설령 그렇다고 하더라도 이는 노인이 조급하고 노망해서 그런 것이니 어찌 심하게 허물할 게 있는가?"라고 둘러댔다. 이기양은 또다시 "이는 정말 안 되는 것입니다"라고 강하게 항의하였다. 결국 안정복은 자신이 잘못했음을 인정하였다. 속으로는 불복하였지만 겉으로는 사과함으로써 그 자리를 무마하였다.

그러자 이번에는 이기양이 평소 선생께서 자신을 책망한 일이 한두 번이 아니었다면서 본격적으로 도전해왔다. 그에 대해서도 안정복은 자신이 원래부터 자제나 비복들 외에는 다른 사람들을 꾸짖은 적이 없는데, 하물며 이기양처럼 훌륭한 사람을 꾸짖을 리가 있겠느냐며 변명하였다.

이기양은 더 나아가 안정복이 세자시강원의 벼슬을 할 때 서울에서 여론이 좋지 않았지만 자신이 걸어서 도성까지 들어가 호의적인 여론 조성에 애썼는데, 선생이 자신을 대하는 것이 어찌 그럴 수가 있느냐며 옛날에 했던 일을 제 입으로 공치사하였다. 이에 안정복은 그러한 말은 노복이나 겸종배慊從輩들이 스스로 생색내면서 상을 바랄 때나 하는 말이건만 이 사람의 입에서 나오다니 한심함을 느꼈다.

다음 세 번째 단락. 언찰을 둘러싸고 한차례 격렬하게 부딪쳤던 두 사람은 순암이 서로의 열을 식히기 위해 이기양에게 술을 권할 것을 요구하고, 이기양도 마지못해 몇 잔 권하면서 누그러지는 듯하였다. 하지만 이것도 잠시, 이기양은 다시금 안정복이 어머니의 언찰을 다른 사람들에게 공개한 일과 권철신에게 편지를 보내 강하게 경고한 것에 대하여 '화심禍心'이 있는 것이 아니냐고 지적하였다. 이기양은 사람들로부터 순암이 '화심'을 가지고 있다는 말을 들었다면서 더욱 강력하게 항의하였다. 순암은 이에 대해 서학西學은 선비가 공부할 바가 못 된다고 분명히 말하고, 자신의 사위인 권일신(권철신의 동생)과 이기양의 아들 이총억, 동생 이기성이 형조에 잡혀간 일을 언급하면서 자신은 서학을 반대하지만 그렇다고 사위와 손녀사위(이기성)를 고발할 정도는 아니라고 반박하였다.

권일신과 이기성, 이총억 등이 형조에 잡혀간 일은 '추조적발사건'을 말한다. '추조적발사건'이란 1785년(정조 9) 봄에 형조(추조秋曹)에서 천주교도들의 비밀 신앙 집회를 적발한 사건이다. 이승훈이 이벽, 권일신 등과 명례동에 있는 김범우의 집에서 정기적으로 집회를 해왔는데, 마침 도박 단속을 위해 순라를 돌던 포졸들에게 적발되었다. 이때 이승훈, 정

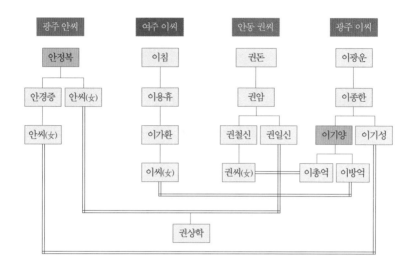

그림 6-15 광주 안씨, 여주 이씨, 안동 권씨, 광주 이씨의 통혼 관계

약전·정약종 형제, 권일신·권상학 부자 등 10여 명이 체포되어 모두 형
조로 끌려갔다가 풀려났다. 과연 안정복이 서학을 하는 이들을 형조에
고발했는지는 알 수 없다. 직접 고발하지는 않았을지라도 벽서闢西 문제
를 지인들과 논의하는 과정에서 자신도 모르게 얘기를 꺼내 고발된 것인
지도 모르겠다.

마지막으로 순암은 이기양이 자기를 찾아오면서 마을에까지 말을 타
고 들어오고, 게다가 가마를 탄 채 집 마당으로 들어서는 모습에서 그것
은 예의가 아니라고 강하게 비판하는 글을 썼다. 심지어 그들이 천주학
을 했기 때문에 그러한 예를 취한 것인가 생각하면서 세상이 변했음을
개탄하였다.

문의언찰과 '화심'

이기양의 광주 이씨와 권철신·권일신의 안동 권씨, 안정복의 광주 안씨, 이가환의 여주 이씨는 한집안처럼 얽혀 있다. 이기양의 큰아들 이총억과 권철신의 딸이 결혼했고, 이기양의 동생 이기성은 안정복의 손녀와 결혼함으로써 서로 사돈이 되었다. 또 이기양의 둘째 아들 이방억은 이가환의 딸과 결혼하였다. 권철신의 동생 권일신은 안정복의 사위이다. 이렇게 안동 권씨, 광주 이씨, 광주 안씨는 겹겹이 얽혀 있어 순암이 말하듯이 한집안과 같은 사이였다.

'문의언찰'이란 이기양의 어머니가 며느리인 안정복의 손녀에게 보낸 언찰이다. 이기양이 당시 문의 현감을 하고 있었기 때문에 '문의언찰'이라고 한 것이다. 며느리이자 안정복의 손녀에게 보낸 이기양의 어머니 언찰에는 자신의 손자인 총억과 방억의 신앙심이 깊다는 것을 칭찬하고 며느리에게도 천주교를 권면한 것으로 보인다. 안정복은 손녀에게 온 시어머니의 언찰을 주변 인물들에게 내보이면서, 자신의 주변에 서학·천학天學이 광범하게 유포되고 있는데 유럽의 사옥邪獄이나 일본의 천주교 박해 사건 등의 역사적 사례에 비추어 조선에서도 그것이 큰 문제가 될 것이라고 경계하였다. 이기양은 이를 '화심'으로 판단하고 양근을 거쳐 텃골 순암에게 와서 강력히 항의한 것이다.

이기양 어머니의 언찰을 공개한 것에 대해서 안정복은 변명할 여지가 없었으므로 정식으로 사과하였다. 그러나 순암이 서학에 대한 경계심을 늦춘 것은 아니었다. 오히려 이를 계기로 「천학고天學考」나 「천학문답天學

問答」을 통해 서학이 지닌 문제점들을 지적하고 벽서의 노선을 끝까지 견지하였다.

이기양이 순암에게 항의한 것은 다른 사람에게 언찰을 공개하여 문제를 일으켰기 때문만은 아니었다. 이기양은 순암이 자신을 한 번도 칭찬한 적이 없고 경계하는 말만 했으며, 순암이 세자시강원의 벼슬을 할 때 주변에서 말이 많았지만 자신은 이를 무마하기 위해 애썼는데도 그런 정성을 알아주지 않은 것에 대해 섭섭함을 토로하였다. 순암은 이기양이 문의언찰 문제에 대해 항의했을 때는 잘못을 인정하며 사과하고 술이나 권하라면서 분위기를 전환시키려 했지만, 세자시강원에서 벼슬할 때의 문제를 제기했을 때는 속으로 소인배들처럼 공치사를 한다고 생각하였다. 게다가 말과 가마를 타고 마을에 짓쳐들어와 집 뜰에까지 들어온 뒤에야 가마에서 내린 무례함을 지적하고, 그런 태도가 천주교의 예절인가 반문하면서 비난하였다.

순암은 자신과 이기양의 나이 차이가 많이 나는 데다 그의 아버지 이종한李宗漢이 자신을 존장尊丈으로 대했으며, 이기양은 자신의 아들인 안경증安景曾과 교유하는 사이이고 또한 자신을 스승으로 대했다는 것을 상기하면서 세상이 크게 변했다고 한탄하였다. 순암 안정복의 하늘과 복암 이기양의 하늘은 다른 하늘이었다.

임금이 사랑한 소나무, 어애송

어애송

　남산 아래 성명방誠明坊에 살던 검서관檢書官 박제가朴齊家(1750~1805)는 장경교長慶橋로 이사하였다. 명당 서울의 좌측 날개에 해당하는 낙산 밑 풍치가 좋은 곳이다. 사도세자의 사당인 경모궁景慕宮 남서쪽으로 100보 쯤 되는 곳이다. 집 앞 남쪽 창가에는 강릉 부사를 지내고 서화에 뛰어난 조희일趙希逸(1575~1638)이 심었다는 소나무가 서 있었다. 아름드리 무게를 견디지 못하여 서른두 개의 기둥으로 받쳐놓았다. 장경교 앞으로 이사한 박제가는 낙산 너머에서 떠오르는 아침 햇살을 받으며 빛나는 소나무가 아름답게 느껴졌다. 아침저녁으로 푸른 싱그러움을 선사하고 깊은 그늘로 사람들의 사랑을 받는 그 소나무가 서 있는 곳은 남이 장군이 살았다는 진령원眞泠園 터이기도 하였다.

　정조가 경모궁을 참배한 뒤 안국방에 있는 문희묘文禧廟(정조의 맏아들 문효세자의 사당)를 살피기 위해 이곳을 지나다가 사방으로 가지를 뻗은

짙푸른 소나무를 보고 감탄하며 칭송하였다. 곧이어 자신을 배종한 초계문신抄啓文臣들에게 이 소나무를 보고 각각 한 구씩 시를 이어가는 연구聯句를 짓도록 명하였다. 의궤청에서 근무하다가 늦게 집에 돌아온 박제가는 초계문신들이 남긴 연시聯詩에 자신도 차운하였다.

엉성한 술 그릇에 서너 가지 안주	酒器零星三四事
시권을 모으니 오언칠언 시 몇 수	詩卷叢殘五七字
머리에 관모 쓰고 이십 년 동안	頭上烏沙二十年
속으로는 속된 마음 없다고 믿네	自信胸中非俗意
창가에는 아침저녁 어애송 있어	囱前朝夕御愛松
이것은 선배의 조그만 배려	此是先生小排置
이제부터 편히 누울 계책도 얻었으나	從玆高臥計亦得
다만 걱정은 주방 연기 끊어질까	但恐廚煙青未易
괴이한 건 이웃과 왕래하지 않는데	顧怪鄰居絶往還
큰 나라 종백께서 붉은 편지 남기셨네	大邦宗伯留紅刺
그때의 높은 마음 만 리가 가벼워서	當日雄心輕萬里
세 차례 연행 길을 말 타고 달렸다네	三度幽燕馳馹騎

지금 임금께서 말씀을 하시면 문장이 되었다. 전에 시인 신광하를 심주沁州(강화부) 경력으로 임명하실 때 부탁하는 말(責旨) 4언을 나에게 불러주시며 쓰도록 하셨는데, 자연스럽게 운에 맞았다. 이어 대궐에서 직숙하는 여러 신하들에게 갱진하도록 명하셨다. 며칠 후에 초계문신 6인이

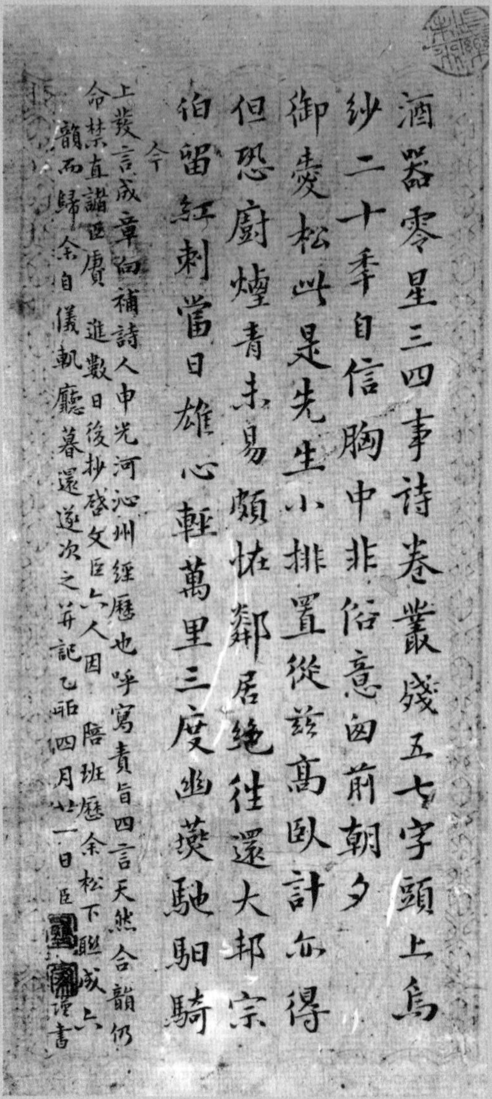

그림 6-16 박제가의 어애송 시 (유리필름)

반열에 배종하였다가 나의 소나무 아래에 들러서 6운으로 연시를 완성하고 돌아갔다. 내가 의궤청에서 저녁에 돌아와 그 시에 차운하고 아울러 기록한다. 을묘년(1795, 정조 19) 4월 21일 신 제가 삼가 씀.

今上發言成章 向補詩人申光河沁州經歷也 呼寫責旨四言 天然合韻 仍命禁直諸臣賡進 數日後抄啓文臣六人 因陪班歷余松下 聯成六韻而歸 余自儀軌廳暮還 遂次之并記 乙卯四月卄一日 臣 齊家 謹書

　정조는 말하는 것이 바로 문장이 될 정도로 말을 훌륭하게 잘하였다. 신광하를 강화부 경력으로 임명하면서 그에게 전하는 당부의 말을 박제가로 하여금 받아 적게 했는데, 그 말이 그대로 자연스럽게 운에 맞고 문장이 되었다는 뜻이다. 정조의 그 책지責旨에 궁중에서 직숙 중인 여러 신하들이 갱진賡進을 하였다. 며칠 뒤 정조가 경모궁을 참배할 때 초계문신 6인이 배종하였는데, 지나는 길에 박제가 집 근처의 소나무 아래에 들러 6운으로 연시를 짓고 돌아갔다. 이에 박제가도 의궤청에서 일하고 집에 돌아와 그 시에 차운한 것이다.

　박제가가 초계문신의 연시에 차운한 어애송 시를 보면, 그는 20년 동안 순수한 마음으로 벼슬살이를 하였고 나중에 편안히 은거할 계획을 갖고 있으나 다만 부엌에서 밥 짓는 연기가 끊어질까 봐 생계 걱정을 토로한다. 가까운 이웃과는 왕래가 끊어졌는데 멀리 청나라의 종백宗伯(예부 상서) 기윤紀昀이 편지를 보내왔다. 이미 세 차례의 연행燕行에서 높은 웅지를 품고 만 리 길도 가볍게 다녀왔던 자신을 돌아보고 있다.

박제가가 출근해 근무하는 곳은 정리소整理所 의궤청이었다. 이곳에서 일하며 유득공과 함께『정리통고整理通考』4책을 편찬하였다. 정조는 1795년(정조 19)화성 원행을 마친 뒤 의궤 제작뿐만 아니라 경모궁과 현륭원顯隆園에 관한 여러 사실을 담은 책을 만들라 지시하고 그 책에 '정리통고'라는 이름을 붙였다.

이 시기 박제가는 정조로부터 큰 아낌을 받고 있었다. 2년 전 1793년에 부여 현감으로 있던 중 진휼곡 문제로 암행어사 이조원李肇源의 탄핵을 받아 유배 갈 위기에 처했을 때, 정조가 근시近侍 직무를 맡았던 신하를 유배 보낼 수 없다며 감형을 조처했을 정도였다. 1794년 다시 검서관으로 복직한 박제가는 서너 달 동안 의궤청에 근무하면서『정리통고』를 편찬하였다. '뒤죽박죽'인 국왕으로서의 정통성과 국가 재정을 한꺼번에 정리할 목적으로 만들어진 것이 정리소였다. 정리소 의궤청에서 근무한 성과와 업적으로 박제가는 문과 출신만 맡을 수 있는 승지직을 '가승지假承旨'라는 이름을 딜고 정소의 최측근에서 보좌하였다. 왕의 총애가 깊을수록 주변 신하들의 견제와 시기, 질투도 커졌다.

1797년(정조 21) 심환지沈煥之는 화성 원행 때 박제가가 문반 참의參議 이상만 앉을 수 있는 휴대용 의자인 호상胡床에 앉아 있길래 하예下隸를 시켜 그 출처를 물으니 벌컥 화를 내면서 자신의 집에서 가져와 앉았을 뿐인데 왜 간섭하느냐고 오만하게 대꾸했다며 정조에게 그를 파직할 것을 요구하였다. 그러자 정조는 박제가의 원래 성격이 경솔하니 굳이 나무랄 것 있겠느냐고 두둔하면서 앞으로는 규례를 확실히 하도록 하라고 무마하였다.

그림 6-17 장경교 부근. 18세기 후반 작자 미상의 〈도성도〉

장경교

　장경교는 경모궁 앞에 있었다. 현재 종로구 대학로(연건동) 서울대 어
린이병원이 있는 앞이다. 정조가 즉위하면서 이 다리에 '장경長慶'이라는
이름을 하사하였다. 북쪽으로 성균관과 가깝고, 혜화문을 통해 들어오는
사람과 물자가 모두 이 다리를 거쳐 지나갔다. 좌우 난간의 돌이 새끼줄
처럼 연결되어 있는 이 다리 아래로는 샘물처럼 맑은 시내가 흘렀다. 주
변 둑을 끼고 가게가 조성되어 있고, 일정한 간격으로 심은 나무도 있다.

扶桑生遠夢春炉動芳懷
上國一為別相思空月朤
文能通譯語詩解繼
聲長慶橋西客 次脩
君望眼横
次金松園韻奉送
遠照軒尹公哂朝鮮近者朴惰也
乾隆壬子初春伊秉綬墨絅哳

그림 6-18 청나라 대학자 이병수의 시고. 마지막 연에 '長慶橋西客(장경교 서쪽에서 온 손님)'이라 하고 주석에 '차수次脩'(박제가의 자)라고 써서 박제가를 추억하고 있다.

박제가는 장경교가 성안 여러 돌다리 중에서 제일 아름답다고 여겼다. 북경 교외에 있는 노구교蘆溝橋처럼 천록天祿·벽사辟邪와 같은 상징적인 짐승들을 새기지 않은 것이 안타까울 뿐이었다.

박제가는 청나라의 명사들과 두루 교유를 하였다. 청나라 예부 상서 기윤도 일개 검서관에 불과한 박제가에게 편지를 보냈고, 청나라 관료이자 회화와 시서에 능한 대학자 이병수伊秉綬도 조선의 김이도金履度, 윤인태尹仁泰와 함께 박제가를 그리워하며 서신을 띄었다. 19세기 초 추사 김정희, 자하 신위 등의 북학 열기는 '당괴唐魁'(청나라 문화를 좋아한다고 해서 붙여진 별명) 박제가에게서 시작된 것이었다.

부상 동쪽은 나에겐 머나먼 꿈	扶桑生遠夢
봄풀에서 꽃다운 정이 이네	春艸動芳情
상국에서 한번 이별하여	上國一爲別
그리움 달처럼 밝네	相思空月明
글은 통역 말을 할 수 있고	文能通譯語
시는 나의 성조를 이해하네	詩解繼吾聲
장경교 서쪽에서 온 손님 차수	長慶橋西客(次脩)
그대로 하여 눈빛을 바라보네	因君望眼橫

송원 김이도의 시에 차운하여 원조헌 윤인태가 조선으로 귀국하는 것을 전송하고, 아울러 박 검서에게 이 시를 부친다.
건륭 임자년(1792, 정조 16) 초봄 이병수 묵경 초.
次金松園韻 奉送/遠照軒尹君歸朝鮮 並寄朴檢書
乾隆壬子初春 伊秉綬墨卿 艸

송원松園은 김이도의 호이고, 차수次脩는 박제가의 자字, 원조헌遠照軒은 윤인태의 호이다. 모두 북경 연행을 통해 중국 명사들에게 이름이 알려진 사람들이다. 청나라 명사들에게 얼마나 자랑했던지 박제가는 장경교 서쪽에 사는 사람으로 이해되었다.

여협 만덕

1795년 을묘년, 1796년 병진년 연속으로 제주에 흉년이 들었을 때 관기 만덕萬德이 재산을 털어 굶주리는 백성을 구휼하였다. 정조가 이를 기특하게 여겨 상을 주려고 하자 만덕은 사양하면서 대신 바다를 건너 서울에 가서 대궐을 구경하고 금강산을 유람하고 싶다고 하였다. 여자는 배를 타고 뭍으로 가지 못하는 것이 제주의 관습이어서 정조는 그에게 의관 벼슬을 주고 서울로 초청하여 금강산 구경을 하게 해주었다.

만덕의 육지 행차에는 정조를 비롯하여 많은 신료들이 그에 대해서 관심을 보이고 호의를 베풀고 전별시를 지어주었다. 만덕이 서울에 왔을 때 박제가는 호상 사건으로 심환지의 탄핵을 받아 울적함을 달래고 있었다. 집 앞의 푸르름을 드리우고 있는 소나무와 벗하며 두문불출하였다. 다음 글은 이러한 때 만덕에게 줄 전별시를 써주면서 지인에게 보낸 편지이다. 그림 6-19

기쁘게 내리는 빗속에 홀로 앉아 있는데 갑자기 문안 편지를 받으니 마치 마주 앉은 듯합니다. 아마도 여협女俠이 비록 간다고 해도 이번 16일이 지나서야 돌아갈 것입니다. 내일 아침은 어떻습니까? 시는 본래 글씨보다는 못하지만, 글씨는 영공께서 끌어 추천하셨으니 그냥 다시 해보았습니다. 큰 글씨를 쓸 수 없었던 것이 한입니다. 조그만 글씨로 써서 하나는 행인에게 드리고 하나는 해신이 구하는 데 대비하도록 하였으니 웃어주십시오. 인주가 다른 사람에게 가 있어서 탑가의 인장을

그림 6-19 박제가 간찰

쓸 수가 없으니 한탄스럽습니다.

근일에는 새옹의 복이 있는 탓에 문 밖을 나갈 이유가 없어 한결같이 푸른 소나무를 벗 삼고 있습니다. 안타깝지만 겹눈동자 희인과 푸른 소나무를 함께 즐기지 못할 것 같습니다. 이만 줄입니다.

정사년(1797, 정조 21, 48세) 6월 5일 제가 아룀.

喜雨孤坐 忽拜/問札 如對榻也 意謂女俠雖/行 當過今十六日歸矣 明晨
何/哉 詩本不足書 書是/令公薦引 聊復爲之 恨不得大/幅 作孼窠書 一爲
行人贈 一備海神索耳 好笑 印朱借/在人 未能榻家用章 可恨 近日有塞/
翁之福 無以出門 一如青松爲交/ 惜不令重瞳姬人 一玩蒼翠耳 姑不備
丁巳六月五日 齊家白

초상 사건으로 근신하고 있던 박제가는 겹눈동자 여성 만덕과 함께 어
애송을 감상하지 못하고 다만 전별시를 작은 글씨로 두 편 써주었을 뿐
이다. '글씨는 영공께서 끌어 추천하셨으니'라는 구절로 보아 이 편지의
수신인은 아마도 금대錦帶 이가환李家煥으로 추정된다.❀ 편지 마지막 부
분에서 문 밖을 나갈 이유가 없어 푸른 소나무와 지내고 있다며 새옹지
마의 복이 있다고 언급하였는데, 이는 호상 사건으로 근신하고 있는 상
황을 말하는 것이다.

박제가가 만덕을 제주로 보내며 지은 시는 유리필름이기는 하지만 마
침 원본이 남아있다.그림 6-20 현재 진적의 소장처는 알 수 없다. 이 시의
말미에는 박제가가 이 시를 쓴 날짜와 장소가 쓰여 있다. '丁巳夏季之三
日 貞蕤居士書于長慶橋西 解語畵齋' 즉, 1797년 6월 3일 장경교 서쪽
해어화재에서 정유거사가 썼다고 하였다. 여기에서 박제가는 스스로 '거
사'를 칭하고 있는데, 호상 사건으로 관직을 잃은 상태이기 때문이다. 또

❀『승정원일기』 정조 18년 12월 5일 무오 조에 이가환이 박제가가 글씨를 잘 쓴다고 추천하는
기사가 나온다.

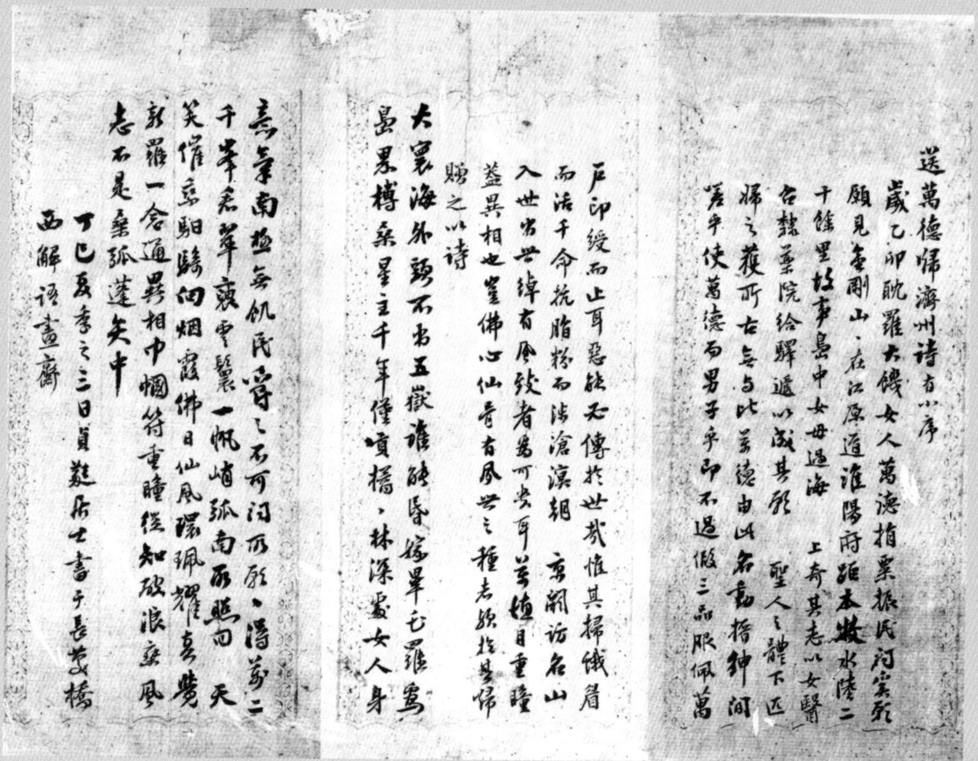

그림 6-20 박제가 시고, 「송만덕귀제주시送萬德歸濟州詩」(유리필름)

자신의 집을 '해어화재解語畵齋'라 하여 '말하는 그림', 즉 '시'가 있는 집이라고 하였다.

만덕이 서울과 금강산을 방문하고 돌아갈 때 그에게 써준 전별시는 박제가뿐만 아니라, 정조의 지시로 이가환, 정약용, 김희락金熙洛, 이희발李羲發, 조수삼趙秀三 등도 썼다. 채제공은 그의 전기를 썼다.

국왕의 친인척 관리
정조가 김한로에게 보낸 간찰

선물 목록

역사 자료의 가치는 여러 차원에서 평가될 수 있다. 골동 가치의 측면에서는 별것이 아니더라도 사료적 가치는 다를 수 있다. 공책이나 두루마리에 베껴진 자료라도 그 내용에 따라서는 사료적 가치가 매우 높을 수 있다.

여기에 소개되는 자료를 처음 정리한 사람은 이 자료의 이름을 '선물 목록'이라고 달았다. 첫 단락의 말미에는 풀솜(雪綿子) 3근, 표피豹皮 1령令, 초피사모이엄貂皮紗帽耳掩(초피로 만든 사모와 이엄) 1부部라고 쓰여 있고, 두 번째 단락 말미에는 별지別紙라고 하고서 유록색 구름무늬 갑사 관대로 쓸 것(柳綠雲紋甲紗冠帶次) 1필疋, 남색 구름무늬 비단, 내공으로 쓸 것(藍雲紋紗內供次) 1필, 표피 1령, 후추(胡椒) 2말(斗), 풀솜 3근, 인삼 1량兩이라고 목록을 제시하였는데, 물목物目의 종류도 많고, 마지막에는 '내탕에서 수송하라(內帑輸送)'는 문구까지 있다. 그러니 누군가에게 선물을 보내

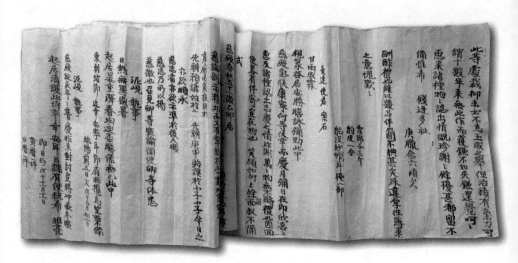

그림 6-21 정조가 김한로에게 보낸 간찰 등서축

는 녹록으로 착각할 만도 하다. 그런데 국왕의 사사로운 물품 창고를 의
미하는 '내탕內帑'이라는 말이 나왔으니 평범한 기록은 아님을 알아챌 수
있다.

이 자료는 정조가 정순왕후의 숙부인 김한로金漢老에게 보낸 편지를
옮겨 적은 두루마리 권축卷軸이다.ᵍ림 6-21 김한로의 후손이 정조에게서 받
은 어찰을 귀중하게 생각하여 원본의 내용을 정서해놓은 것이다. 1790
년(정조 14)부터 김한로가 죽기 1년 전인 1798년(정조 22)까지 정조가 김한
로에게 보낸 간찰 19통과 윤음綸音 1건이다. 1790년과 1791년에 각 1통,
1793, 1794, 1795년에 각 2통, 1796년에는 4통, 1797년에는 3통, 1798년
마지막 해에는 4통이다. 몇 통을 빼고 대부분 단오에 부채, 동지에 책력,
연말에는 세의歲儀를 보내면서 쓴 간찰이다.

두루마리 등서축謄書軸의 내용은 〈표 6〉과 같다.

〈표 6〉 정조가 김한로에게 보낸 간찰 등서축

	수신자 표시	서두	발신일	발신자 표시
①		此等處裁抑 未必 不爲玉成之擧	庚 臘念六 경술, 1790, 정조 14년	煩欠
②	長連使君 案右		卽 [辛亥] 1791, 정조 15년 6월 일	煩欠
③	金參議 案右		癸 臘之念 계축, 1793, 정조 17년	欠
④	金副摠管 台座		卽日 [癸丑十二月二十七日]	欠 頓
⑤	泥峴 案右		卽 [甲寅十一月二十八日] 1794, 정조 18년 11월 28일	欠
⑥	泥峴 台案		卽 [甲寅十二月十六日]	欠 草
⑦	泥峴 執事		卽 [乙卯十一月十一日] 1795, 정조 19년 11월 11일	欠 拜
⑧	知中樞 台座		卽 [乙卯十二月初十日]	欠
⑨	泥峴 台座		卽 [丙辰五月初一日] 1796, 정조 20년 5월 초1일	欠 頓
⑩	泥峴 調座		卽 [丙辰十一月十六日]	欠 頓
⑪	泥峴 執事		卽 [丙辰十一月二十三日]	欠 草
⑫	泥峴 入納		卽 [丙辰十二月十二日]	欠 拜
⑬	泥峴 金判書 執事		卽 [丁巳五月初一日] 1797, 정조 21년 5월 초1일	頓
⑭	金判書 執事		[丁巳十月二十七日]	
⑮	泥峴 執事		[丁巳十二月十二日]	欠 頓
⑯	泥峴 執事		卽 [戊午正月十七日] 1798, 정조 22년 5월 17일	欠 頓
⑰	宣諭大臣禮堂綸音			
⑱	泥峴 執事		端陽前三日 [戊午五月初一日]	欠
⑲	泥峴 執事		卽日 [戊午十一月十一日]	頓
⑳	泥峴 執事		卽 [戊午十二月初十日]	欠 草

* 을묘년(1795, 정조19) 2월 화성에 행차하여 혜경궁 회갑연

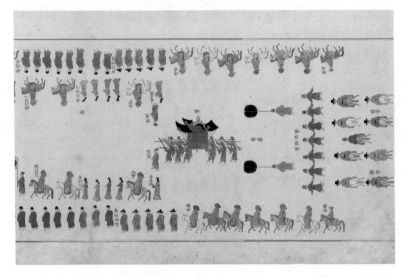

그림 6-22 『영조정순왕후가례도감의궤』 중 정순왕후의 연輦 부분

정순왕후와 경주 김씨

정순왕후(1745~1805)는 경주 김씨로 열다섯 살에 예순여섯의 영조에게 시집갔다. 정순왕후의 아버지 김한구金漢耉(1723~1769)에게는 한기漢耆 (1728~1792)와 한로(1741~1799) 두 동생이 있다. 김한로는 1790년 6월부터 1791년 8월까지 장연 현감에 재임하였다. 그러므로 〈표 6〉에서 ①, ②번 간찰은 김한로가 장연 현감으로 있을 때 정조에게 받은 것임을 알 수 있다. 이후 각 간찰은 수신자를 김 참의參議(③번 간찰), 김 부총관副摠管(④번 간찰), 지중추知中樞(⑧번 간찰)라고 관함을 붙인 것도 있지만, 실직에 있지

않을 경우에는 김한로가 살고 있는 동네인 진고개 이현泥峴을 칭하여 '이현 집사泥峴執事'라고 하였다.

발신일과 발신자는 밝히지 않고 단지 '卽 煩欠즉번흠', '卽 欠 草즉흠초', '卽 欠 拜즉흠배', '卽 欠 頓즉흠돈'이라고 하여 '초한다(草)', '절한다(拜)', '조아린다(頓)' 등으로만 적었다. 국왕의 간찰이어서 당연하다고 생각했는지 발신자의 이름을 밝히지 않았다. 날짜는 수신자인 김한로가 첨지를 붙여 적어두었다. 다행히 ⑤번 간찰의 원본이 남아있는 덕에 살펴볼 기회가 생겼고, 이 등서가 정조의 간찰을 옮겨 적은 것임을 확인하였다. 다른 간찰의 원본은 어떻게 산일散逸되었는지 행방을 알 수가 없다. ⑤번 간찰의 원본은 다음과 같다. 그림 6-23

【이현 안우】

내년의 경사는 포획 이후 거의 없었던 일입니다. 새 책력이 편집되었으니 기쁘고 축하하는 마음이 충만합니다.

요즘 지내시기는 좋으신지요.

행차를 곧 준비하여야 하니 촛불 아래에서 이만 줄입니다.

즉 흠

【갑인년(1794) 11월 28일】

【泥峴 案右】

明年之慶 庖畫以後所罕有 而新曆載編 欣祝萬萬 近日/起居淸重/ 宮蹕

將戒 燭下姑此

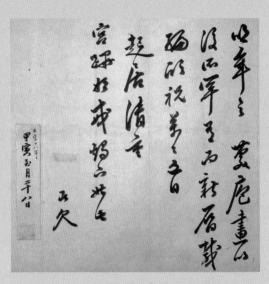

그림 6-23 갑인년(1794) 동짓날 정조가 김한로에게 보낸 간찰

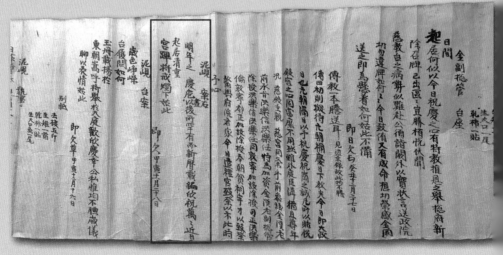

그림 6-24 정조가 김한로에게 보낸 간찰 등서축에서 갑인년(1794) 11월 28일 부분. ▢ 표시.

郎 欠

【甲寅至月二十八日】

날짜가 쓰인 첨지는 빼고 피봉의 '泥峴 案右'까지 포함하면 총 40자에 불과한 짧은 간찰이다. '내년의 경사'란 정순왕후가 51세가 되고 혜경궁이 61세가 되는 경사스러운 해라는 뜻이다. 새해의 양기陽氣가 시작되는 갑인년(1794) 동짓날에 보낸 편지라서 을묘년(1795) 새해의 의미를 부여한 것이다. 그해에 정조는 화성 성역城役을 시작하고 그 이듬해에는 화성 현륭원(사도세자의 묘)에 행차하여 혜경궁의 환갑연을 베풀었다. '포획'이란 중국 고대 전설상의 임금 복희씨伏羲氏가 팔괘를 그린 것을 말하는데, 이 간찰에서는 역사가 시작된 이래 거의 없었던 일이라는 뜻으로 과장하여 표현한 말이다. 편지를 보낸 동짓날은 다음 해의 책력을 반포하는 날이니 새해의 출발이 시작된다는 의미도 있다.

이날 정조는 익선관에 곤룡포를 갖추고 진시辰時(오전 8시경)에 창덕궁을 나서서 종가鐘街에 이르러 연輦을 잠시 멈추고 종묘宗廟, 경모궁景慕宮, 의소묘懿昭廟를 살피고 점검하도록 하였으며, 선희궁宣禧宮, 육상궁毓祥宮, 연호궁延祜宮에 나아가서 재배례再拜禮를 행하였다. 이 편지는 동지 행례 거둥을 하기 직전에 써서 보낸 것이다.

선희궁은 영조의 후궁이자 사도세자의 생모인 영빈暎嬪 이씨의 위패를 봉안한 사당이고, 육상궁은 영조의 생모인 숙빈淑嬪 최씨를 모신 사당, 연호궁은 영조의 후궁이자 추존왕 진종眞宗(영조의 첫째 아들)의 생모인 정빈靖嬪 이씨의 사당이다. 정조는 이듬해 혜경궁의 환갑에 앞서 영조의 친

어머니, 사도세자의 친어머니, 자신이 뒤를 계승하여 추존한 진종의 친어머니 사당을 전배展拜하였다. 이렇게 의미 있는 동지 제사의 재계를 하는 와중에도 자전慈殿인 정순왕후의 숙부 김한로에게 문안 편지 올리는 일을 잊지 않았다.

이 간찰 외에도 대부분의 간찰에서 자전 또는 동조東朝로 칭하는 정순왕후의 안부를 전하고 상대방의 안부를 물으며, 나아가 윤음을 내려 특별히 친인척을 우대한 조치에 대해서도 설명을 하고, 또 세시歲時에 맞추어 적절한 선물을 보냈다.

정조의 친인척 관리

정조는 즉위 후에 자전인 정순왕후와 자궁慈宮인 혜경궁 두 분을 모셔야 했다. 어머니 혜경궁보다 할머니 정순왕후는 열 살이 적다. 자신보다 일곱 살 많은 할머니와 열일곱 살 많은 어머니를 모신 정조는 할머니 정순왕후의 친족 중 유일하게 생존해 있는 숙부인 김한로를 위해 단오나 동지, 연말이 되면 문안 편지와 함께 부채, 책력, 세의를 잊지 않고 보냈다.

잘 알려져 있듯이 정조는 자신의 외가인 풍산 홍씨 인척들에게도 많은 편지를 보내서 오늘날까지 상당한 분량이 전해지고 있다. 혜경궁의 지시로 그 동생인 홍낙윤洪樂倫이 정리한 예찰睿札(세자나 세손 시절에 쓴 편지)과 어찰은 모두 58첩 2,094통이나 된다. 정조가 어렸을 때부터 죽을 때까지 보낸 모든 간찰이라고는 해도 상당히 많은 분량이다. 외할아버지 홍봉

한, 작은외할아버지 홍인한, 외삼촌 홍낙인·홍낙신·홍낙임·홍낙윤과 외
사촌인 홍취영·홍후영 등에게 보낸 것들이다. 40여 년간 외갓집에 썼던
편지가 2,000여 통 남아있으니 1년에 50여 통 이상의 편지를 보낸 셈이
다. 그뿐 아니라 심환지, 채제공 등 측근들에게 보낸 편지도 많이 남아있
다. 그러고 보면 정조는 편지를 통하여 여러 정치 세력을 컨트롤하고 친
인척을 관리하지 않았나 생각해본다.

문안 편지 한 장으로 족합니다
서애 유성룡이 만경 현령 이준에게 보낸 편지

허통첩

이준李浚(1540~1623)은 잠계潛溪 이전인李全仁의 아들이고 회재晦齋 이언 적李彦迪의 손자이다. '바위 틈에 핀 들꽃'처럼 거친 양반들의 텃세 속에 서 꿋꿋하게 선조를 현양하고 가문을 일으킨 현손賢孫이다. 어머니 석비 가 속량되어 이전인이 양인이 되었고, 이준의 어머니 정비 또한 사비였 지만 속량되어 그 아들인 이준·이순 형제는 양인이 될 수 있었다. 그러 나 양인이 되었다고 하여 과거시험을 보고 관직에 나아갈 수는 없었다.

예조가 만력 11년(1583, 선조 16) 12월 초1일에 왕명을 받듦. 병조의 수 교에 "국가가 불행히도 북쪽 오랑캐의 노략질로 인해 방어하고 지키는 일이 매우 힘들고 군사와 군량이 모두 모자란다. 이에 조처하여 준비 할 대책은 다만 상규를 지킬 수만은 없다. 서얼로서 무재武才가 없는 사 람이라도 납속을 한 자는 모두 벼슬길을 허통하라." 했으므로 비변사와

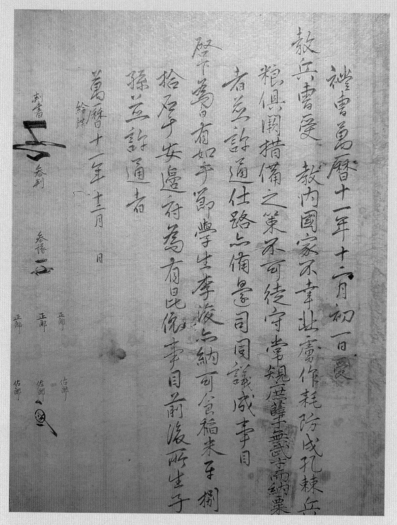

그림 6-25 1583년 이준이 예조로부터 발급받은 허통첩

함께 의논하고 사목을 만들어 왕의 재가를 받았다. 이번에 학생 이준이
먹을 수 있는 나락 평석으로 80석을 안변부에 납부하였으니, 사목에 따
라서 전후 소생 자손을 모두 허통할 것.

만력 11년(1583, 선조 16) 12월 일

　　급첩

판서 [수결] 참판 참의 [수결] 정랑/정랑/정랑/좌랑/좌랑 [수결]/좌랑

禮曹萬曆十一年十二月初一日受/敎 兵曹受敎內 國家不幸 北虜作耗 防
戍孔棘 兵/粮俱闕 措備之策 不可徒守常規 庶孼無武才而納粟/者 並許
通仕路亦 備邊司同議 成事目/ 啓下爲白有如乎 節學生李浚亦 納可食稻
米平捌/拾石于安邊府爲有昆 依事目 前後所生子/孫 並許通者

萬曆十一年十二月 日

　　給牒

判書 [手決] 參判 參議 [手決] 正郎/正郎/正郎/佐郎/佐郎 [手決]/佐郎

16세기 조선은 북쪽에는 오랑캐, 남쪽에는 왜구가 발호하는 '북로남왜
北虜南倭'의 상황이었다. 이준은 비첩자손인 얼자였지만 어미가 속량되어
자신도 양인이 되었으므로 과거에 응시하고 벼슬길에 나갈 길을 모색하
였다. 북로남왜의 비상 상황에서 국가는 마침 납속納粟에 의한 서얼 허통
을 허락하였다. 즉, 곡물을 바치면 서얼에게도 과거에 응시하여 관직에
나갈 수 있도록 허락하였다. 이준은 군량을 납부하여 허통을 받고 왜란
중에는 의병에 참여하여 벼슬을 받았다. 또 무과에 합격하였을 뿐 아니

라 임란 중에도 납속을 하여 벼슬이 높아졌다.

속량을 하고 허통을 받는 데는 많은 경제력이 필요하였다. 이전인·이준 부자는 비록 서얼이지만 아버지와 어머니로부터 별급 형태로 많은 재산을 물려받았고, 철저한 노비 전담 관리를 통해 재산을 증식시켜갔다. 1583년(선조 16) 북쪽 오랑캐 니탕개尼湯介의 난이 일어나면서 함경도 북부를 침입하자, 북쪽 변경에 많은 군사력과 군량이 필요하였다. 나라에서는 이를 조달하기 위해 서얼 허통의 법제를 완화하였다. 이준이 출세하는 첫 출발점이 된 허통첩許通帖이다. 그림 6-25

니탕개의 난으로 동북 변방에 병사와 병량이 필요했던 국가는 비록 서얼 출신이고 무재가 없어도 군량을 납속한 자는 모두 벼슬길을 허통하자는 논의가 있었고, 그에 따라 안변에 80석의 나락을 납부한 허준에게 허통첩을 내린 것이다. 이렇게 허통이 된 이준은 임란 시기에 무과에 합격하고 납속까지 하여 경산 현령, 만경 현령, 청도 군수 등을 역임하였다.

을사사화(1545)로 회재 이언적이 평안도 강계로 유배를 가자 이전인이 찾아가 7년 동안 유배지에서 아버지를 섬기고 공부했으며, 아버지가 죽자 추운 겨울에 그 시신을 모시고 경주까지 돌아왔다는 것은 잘 알려진 사실이다. 그뿐만 아니라 이전인은 회재가 국왕에게 올리려고 했던 「진수팔규進修八規」를 대신 상소하고, 또 퇴계 이황, 소재蘇齋 노수신盧守愼 등을 찾아다니며 아버지 회재의 복권을 위해 노력하였다. 그 결과 퇴계는 회재의 행장을 써주었으며, 복권이 된 뒤 선조 초년에는 유희춘柳希春에 의하여 한훤당寒暄堂 김굉필寒暄堂, 일두一蠹 정여창鄭汝昌, 정암靜庵 조광조趙光祖와 함께 4현의 글을 모아 편집한 『국조유선록國朝儒先錄』에 회재의 글이 들어가게 되었다. 문묘 종사의 기틀이 마련된 것이다. 이 과정에서 이전인과 함께 회재의 현양을 위해 애쓴 이는 이준이었다. 아버지 이전인이 죽은 후에도 회재를 현양하는 일은 손자 이준의 몫이었다.

서애의 편지 1

이준은 당대의 명류들과 교유하며 회재를 모시는 서원을 세우고 회재의 문집을 간행하였다. 1575년(선조 8) 『회재집』을 간행할 때 이언적의 행장은 이황이 써둔 것을 수록하였고, 서문은 소재 노수신, 발문은 미암 유희춘, 초당草堂 허엽許曄 등이 썼으며, 신도비명은 고봉高峯 기대승奇大升, 묘지墓誌는 백사白沙 이항복李恒福이 썼다. 당대의 명류들이 망라되어 있다. 회재를 현양하기 위해 이준은 온 정성을 다하여 명류들을 모셨다. 회재를 모신 옥산서원과 이전인을 모신 장산서원에는 이러한 자료들이 많이 남아있는데, 그중에는 잠계 이전인과 그의 아들 구암求庵 이준이 윤두수, 윤근수, 이산해, 유성룡, 정구, 김장생, 정창연, 이호민, 장현광, 정경세 등 명사와 주고받은 편지들이 보존되어 있다. 이 가운데 이준이 유성룡으로부터 받은 편지 두 통의 내용을 살펴보자.

【전 경산 현령 이 계서에게 보내는 답장 편지】
전에 하룻밤을 자면서 이야기할 수 있어서 매우 다행이었습니다. 작별 후에 더욱 그립습니다. 지금 또 사람을 보내어 문안을 하니 정말 정성이 느껴집니다.

집에 돌아가서 무양하다니 더욱 위로가 됩니다. 보내주신 선물도 잘 받았습니다. 어버이 모시는 데 감사합니다. 이곳은 대강 지내고 있습니다. 회재 선생의 지문誌文을 부탁하시는 것이 이처럼 정성스러우니 어찌 감히 고의로 사피辭避하겠습니까? 다만 이 일은 매우 중대하여서 끝내 저처럼 보잘것없는 사람이 맡을 것이 못 됩니다. 그래서 감히 쉽게 승낙을 못하고 있습니다. 몇 년을 기다린 후에 마음이 조금 안정되고, 형께서도 조금이나마 진척이 있으시다면 혹 따를 수 있겠습니다. 천만 헤아려주시기 바랍니다.

『자옥잡록紫玉雜錄』은 그 글씨를 완상하기에 딱 알맞으니 바로 돌려드리지 못하고 두었다가 뒷날 돌려드리겠습니다.

밀양에 보내는 편지는 써서 돌려드리려고 했는데 조금 거리끼는 것이 있고, 또 서원 일에 관계되는 것이라면 방백方伯(관찰사)에게 말해서 공적인 일로 하는 것만 같지 못합니다. 잘 헤아리셔서 다시 알려주시면 어떻겠습니까? 관원灌園(박계현)의 발문은 전에 없었던 것을 얻었으니 매우 기쁩니다. 바로 도산에 보내서 문집 중에 넣으라고 할 생각입니다. 어떻습니까? 이만 줄입니다. 삼가 답장을 합니다.

동지 후 2일 하상의 병든 사람.

【李慶山 溪棲 □(謹)謝東】

前得信宿之敍 幸甚 而/別後依戀倍深 今又/專人寄問 良荷惓惓 仍審/還
棲無恙益慰 惠貺亦/謹領 奉親感荷 此間/粗保爾/ 先生誌文之託 勤至若

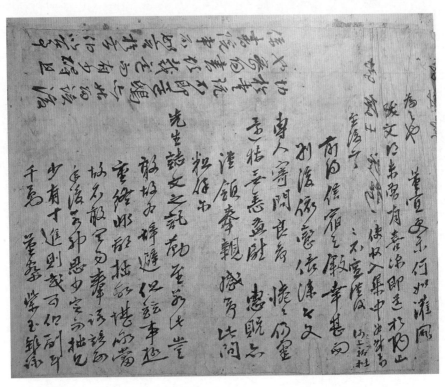

그림 6-26 1599년 유성룡이 이준에게 보낸 편지

此 豈/敢故爲辭避 但玆事極/重 終非鄙拙所敢承當/ 故不敢定易奉諾 竢

數/年後 若神思少定 而拙兄/少有寸進 則或可仰副耳/ 千萬量察 紫玉雜

錄// 切於書玩 不卽還鷗 亦姑留竢後/也 密陽書 欲裁還 而有少碍 且/係

書院事 不如言於方伯 而公事//爲之也 量宜更示何如 灌園□/跋文 得未

曾有 喜深 卽送於陶山/ 使收入集中爲計 如何/如何 不宣謹復

至後二日 河上病拙

이 간찰은 겉봉투가 없이 말아진 편지 이면에 '李慶山 溪樓 □(謹)謝東
이경산 계서 □(근)사간'이라고 씌어 있다. 수신자가 경산 현령을 역임하고 계
서溪樓라는 별호를 가진 사람, 즉 이준임을 알 수 있다. 또한 '(謹)謝東'
이라 했으니 이준이 먼저 보낸 편지에 답장한 간찰이라는 것을 알 수 있
다. 편지 말미에 자신을 '하상의 병든 사람(河上病拙)'이라고 했는데, 이를
통해 발신인이 서애 유성룡이라는 것도 알 수 있다. 유성룡은 1598년(선
조 31) 12월에 삭탈관작되어 1599년 2월에 하회로 돌아왔다. 따라서 이
편지는 그 이후에 쓴 것이다.

이준이 하회로 서애를 찾아가 하룻밤 자면서 여러 이야기를 나누고,
또 자신의 조부인 회재 선생의 지문誌文을 써달라고 부탁하였다. 그러나
서애는 몇 년 좀 기다리라면서 천천히 생각하자고 거절하였다. 이준이
부탁한 지문이 어떠한 성격의 글인지는 모르겠으나, 결국 『회재집』에는
유성룡의 문자가 실리지 않았다. 참고하라고 가지고 간 『자옥잡록』은 유
성룡이 좀 더 살펴보겠다며 나중에 돌려주겠다고 하였다.

『서애집』에는 이준이 1599년 2월에 하회로 서애를 방문한 기록이 남
아있다(『西厓先生別集』卷1 詩 二月 余自道心出河庄 前慶山縣令李浚 晦齋先生之孫
也 從慶州來訪 臨去以詩爲贈). 다음은 서애가 이준을 보내면서 쓴 시이다.

여기서 도화동까지 거의 일곱 마장 남짓	此去桃花洞 迢迢七舍餘
잔설에 홀로 멀리 친구의 거처를 찾아왔다네	獨來殘雪後 遙訪故人居
옛 의리 지금도 있고 사귀는 정 아프다고 성글지 않네	舊義今猶在 交情病未疎
봄바람에 한번 작별하니 안타까운 눈물 끝이 없다네	春風一相別 危涕各漣如

하룻밤을 자면서 여러 회포를 푼 두 사람의 이야기는 노년의 건강법에
도 미친 모양이다.

기해년(1599, 선조 32) 봄 내가 하회 시골에 있을 때 회재 선생의 손자인
전 경산 현령 이준이 경주에서 찾아와 방문하였다. 내가 쇠병衰病한 것
을 보고 자기 집에 『연수서延壽書』가 있는데 섭생하고 양성養性하는 방
도가 갖추어져 있다며 나에게 해보라고 권하였다. 가을에 한 부를 베껴
서 써 보냈다. 이 군은 신실한 선비이다. 그러나 맹자가 말했듯이 마음
을 다스리는 데는 욕심을 적게 갖는 것이 가장 좋다고 했는데, 이 한마
디에 다 축약되어 있다. ─『西厓先生文集』 卷18 跋 書延壽書後 己亥

『회재집』의 묘지는 결국 백사 이항복이 썼다. 이 묘지를 받기 위하여
일곱 번이나 서울을 왕복했다는 이야기가 이준의 문집인 『구암집求庵集』
유사遺事에 나온다. 한편 서애는 관원灌園 박계현朴啓賢이 쓴 발문을 도산
에 보내서 『회재집』에 넣도록 하겠다고 편지에 썼지만, 『회재집』에 박계
현의 발문은 없다.

서애의 편지 2

【 만경 현령에게 답장함 [수결] 】

매우 그립더니 편지가 와서 말할 수 없이 위로되고 기쁩니다. 이 사람

은 봄 이후로 하루도 아프지 않은 날이 없어 겨우 숨만 이어가고 있을 뿐입니다.

알리신 일은 비록 회재 선생에게는 더하고 빠지는 것은 없습니다만 적절치 못한 것이 매우 심합니다. 역시 시운時運이 그렇게 만든 것 같습니다. 그때의 사적을 자세히 고찰할 수가 없으니 매우 안타깝습니다. 그러나 지금 별집別集에 실린 계차啓箚 두세 편만 봐도 역시 그 대강은 알 수 있습니다. 일찍부터 당시의 10조 계사啓辭 및 차자箚子가 괴이하기는 했습니다. 을사년 가을의 두 편 글이 모두 큰 마디가 되는 것인데, 원집에 넣지 않고 별집에 둔 것은 왜 그런 것일까요? 아마 원집을 편집할 때는 이러한 문자가 나오지 않았는데 추가로 얻었기 때문에 그렇게 된 게 아닐까요? 몸이 아파 사람을 접견하지 않으니 바깥의 의논을 모르겠으나, 들으니 이곳의 유생들이 대궐에 나아가서 상소를 하려고 한다는데 그곳도 이러한 논의가 있습니까?

보내온 선물은 잘 받았습니다. 다만 공께서는 지금 관직에 있으니 이곳 시골에서 서로 주고받는 것과는 같지 않습니다. 매번 이렇게 하니 자못 적절치 않은 것 같습니다. 지금부터는 부디 정지하시고 때때로 문안 편지 한 장 보내면 족할 것입니다. 살펴주십시오. 갖추지 못합니다. 삼가 답장을 합니다.

5월 10일 하촌의 병든 늙은이.

【奉復 萬頃 [手決]】

戀極得/書 慰喜可言 此間 自春後無日/不病 僅延喘息而已 示事 雖於/先

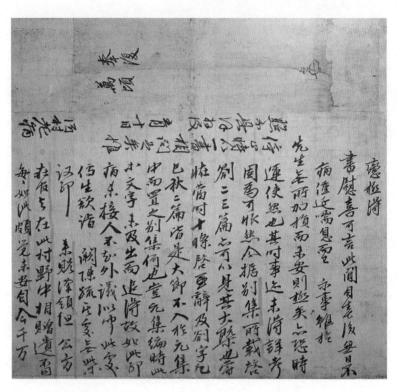

그림 6-27 1604년 유성룡이 이준에게 보낸 편지

生無所加損 而未安則極矣 亦恐時/運使然也 其時事迹 未得詳考/ 固爲

可恨 然今据別集所載啓/箚二三篇 亦可以見其大槩也 嘗/怪當時十條啓

辭及箚子 乙/巳秋二篇 皆是大節 不入於元集/中 而置之別集 何也 豈元

集編時 此/等文字未及出而追得 故如此耶/ 病未接人 不知外議 似聞此

處/儒生 欲詣闕陳疏 其處無此等/議耶 來覩謹領 但公方/在官 與在此村

野中相贈遺不同/ 每每如此 頗覺未安 自今千萬//停止 時以一書相問足

矣 惟/照不具 謹拜復

五月十日 河村老病

　겉봉투에 '奉復 萬頃봉복 만경'이라고 씌어 있는 것으로 보아 이 편지
는 이준이 만경 현령을 할 때 받은 것이다. 이준은 1603년(선조 36)에서
1605년까지 만경 현령을 지냈다. 먼저 이준이 유성룡에게 어떤 문제를
상의한 것으로 보인다. 유성룡은 이에 대해 그 문제는 회재 선생에게는
손해될 것도 이익될 것도 없지만 선생과 관련하여 매우 적절치 않은 부
분이 있다고 하면서, 그것도 시운時運이 그렇게 만든 것이라고 답하였
다. 당시는 북인이 집권을 하고 있어서 서애도 중앙 정계에서 밀려나 있
던 시기였다. 이때 이준이 논의한 문제는 을사사화 때 충재冲齋 권벌權橃
과 회재 이언적의 처신 문제였던 것으로 보인다. 서애는 을사년의 사적을
정확히 적시할 수는 없지만, 『회재집』에 실려 있는 계사啓辭나 차자箚子에
회재의 의사가 충분히 개진되어 있으므로 문제될 것이 없다고 하였다.
뒷날 문묘 종사와 관련해 '회퇴변척晦退辨斥'이 나온 것도 사실은 이러한
문제였으니, 두고두고 불씨가 된 것이었다. 서애는 안동의 유생들이 대
궐에 나아가 상소를 하려는 논의가 있다고 하면서 그곳의 여론은 어떤가
묻고 있다. 안동 유생들의 의견은 서애가 정리하여 아들 유진柳袗이 상소
하려 했으나 결국 시대적 추세가 상소에까지는 이르지 못하게 하였다(『西
厓先生文集』卷4 疏 晦齋辨明疏 代子袗作 竟不出 甲辰).

　이준은 서애에게 편지와 함께 선물까지 풍성히 보냈던 모양이다. 서애
는 보내온 선물을 잘 받았다고 하면서도 공적인 자리와 사적인 자리를

구분할 것을 명확히 하였다. "공께서는 지금 관직에 있으니 이곳 시골에서 서로 주고받는 것과는 같지 않습니다. 매번 이렇게 하니 자못 적절치 않은 것 같습니다. 지금부터는 부디 정지하시고 때때로 문안 편지 한 장 보내면 족할 것입니다." 당시 명류들과 교유하려 했던 미천한 신분의 이준 처지에서는 그들에게 가능한 한 푸짐한 선물을 안기고 싶어했을 것이다. 반면 서애는 공과 사를 엄격히 구분하는 자세가 몸에 배어 있었다. 시운이 무섭기도 했겠지만 서애는 공직자가 가져야 할 기본 자세를 강조하고 있는 것이다.

이 책에 쓰인 도판은 문화재청, 국립중앙박물관, 국립고궁박물관, 국립중앙도서관, 광주박물관, 수원화성박물관, 한국가사문학관, 국사편찬위원회, 한국학중앙연구원 장서각, 서울대학교 규장각 한국학연구원 등으로부터 제공받았습니다. 그 밖에 개인 소장 고문서와 그림 사진 등을 제공해주신 분들께 감사드립니다.